U0909707

21世纪高等职业教育规划教材

管理学基础

主编　赵有生
审稿　李文彬

中国财政经济出版社

图书在版编目（CIP）数据

管理学基础/赵有生主编 .—北京：中国财政经济出版社，2011.7 重印
21 世纪高等职业教育规划教材
ISBN 978 - 7 - 5005 - 8196 - 3

Ⅰ. 管… Ⅱ. 赵… Ⅲ. 管理学 - 高等学校：技术学校 - 教材
Ⅳ. C93

中国版本图书馆 CIP 数据核字（2005）第 047188 号

中国财政经济出版社 出版

URL：http：//www.cfeph.cn
E - mail：jiaoyu @ cfeph.cn
（版权所有 翻印必究）
社址：北京市海淀区阜成路甲 28 号 邮政编码：100036
发行电话：88190616 88190655（传真）
北京市慧美印刷厂印刷 各地新华书店经销
787×960 毫米 16 开 17 印张 274 000 字
2011年 7月第 1 版第 6 次印刷
定价：20.00 元

ISBN 978 - 7 - 5005 - 8196 - 3/F·7167
（图书出现印装问题，本社负责调换）

出版说明

为了进一步贯彻落实《国务院关于大力推进职业教育改革与发展的决定》和全国职业教育工作会议的精神，适应高等职业教育发展的趋势，满足各类职业技术院校专业教学的实际需要，我们组织编写了21世纪高等职业教育规划教材。该系列教材涵盖了高等职业教育教学中所需的公共课（包括文化基础课、思想政治课）、财务会计、市场营销、电子商务、金融与证券、国际贸易、旅游饭店与管理、文秘等专业主干课程，从2006年秋季开学起，这些教材将陆续提供给各类职业技术院校使用。

该系列教材是根据教育部提出的“以综合素质培养为基础，以能力培养为主线”为指导思想，结合高等职业教育的教学培养目标而编写的。新教材全面贯彻素质教育思想，从社会发展对高技术应用性人才的需求出发，在内容的构建上结合专业岗位（群）对职业能力的需要来确定教材的知识点、技能点和素质要求点，并注重新知识、新技术、新工艺、新方法的应用，注重对学生的创新精神和实践能力的培养。新教材在理论体系、组织结构和阐述方法等方面均作了一些新的尝试，以适应高等职业教育教学改革，满足各类高等职业技术院校教学需要。在此，我们真诚的希望各类职业技术院校在教材的使用过程中，能够总结经验，及时提出修改意见和建议，使之不断完善和提高。

2006年6月

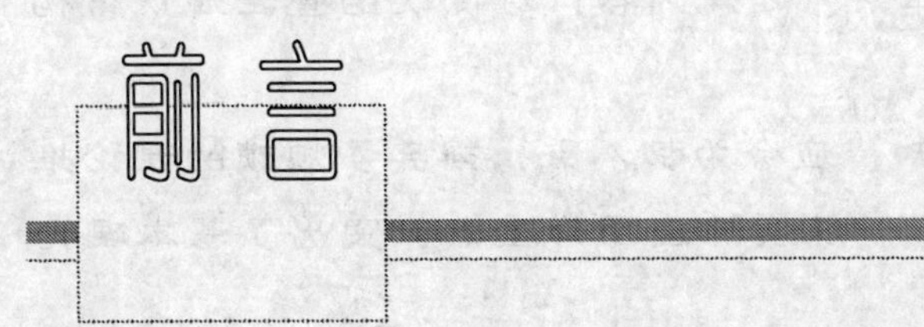

前言

管理学作为一门研究管理活动基本规律和一般方法的科学，它是一门科学性与艺术性有机结合的实用性很强的学科。在现代社会中，作为实现组织目标的一种有效手段，管理无处不在。人们不管从事何种职业，不管职位高低，每天都在进行着有意识与无意识的管理活动。

本书是根据高等职业院校市场营销专业开设管理学基础课程的需要而编写的。通过本门课程的学习，旨在拓宽学生的知识面，培养学生的经济思维方式和管理意识，提高学生的综合素质，使学生成为既具有一定专业技术理论和实践能力，又具有现代管理理论和技能的新型复合人才。

本书以管理学的应知、应会为切入点，理论知识以必需、够用为度，重点突出了基本理论的实际应用。本课程作为高等职业院校市场营销专业的一门主干课和必修课程，建议授课学时为48学时。

本书在编写过程中，特别强调了理论与实践的结合、传统与创新的结合、国外先进经验与中国实际的结合、全面与重点的结合。尽力使管理学基础教材符合高等职业教育教学规律，适应高等职业教育教学改革的需要。与同类教材相比，本书具有以下三个特点：

1. 针对性强。本书紧紧围绕高等职业教育教学改革的需要，从实际出发，重新构建体系、选择内容，对传统的管理知识结构体系进行了大胆的改革。

2. 实用性强。以应知、应会为切入点，摒弃了烦琐的理论推导，不做深度的理论展开。以实际应用为重点，突出了基本理论和基本方法的实际运用。

3. 时代性强。本书注重吸收国内外管理的新思想、新理论和新经验，加强了对当代管理前沿知识的介绍，使学习者能及时把握管理的发展方向，掌握与管理有关的新理论和方法。

本书由赵有生同志任主编，樊秀南、张耀平同志任副主编。编写分工为：赵有生编写第1章、第2章、第5章、第8章，樊秀南编写第4章、第7章，并参加了第3章、第6章部分内容的编写和修改工作，张耀平编写第3章、第6章。最后由赵有生负责总纂。

本书在编写过程中，得到了管理界专家、学者的大力支持和帮助，也参考、采纳了同类教材和有关论著的观点，在此一并表示诚挚的感谢。

由于时间仓促，加之本书对高等职业教育教材编写模式和编写内容作了大胆的改革尝试，难免存在不成熟和不妥之处，敬请读者批评指正。

编　者

2005年3月

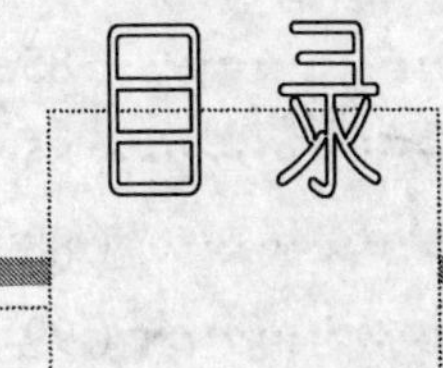

第一章

管 理 概 述

内容提要

管理是一门科学，也是一种艺术。管理作为人类实践中的一种极为重要的社会活动，是任何组织生存与发展所必需的。实现管理的现代化、科学化和规范化，就必须了解和掌握管理的基本理论、基本原理与基础知识。本章着重介绍了管理的含义、性质、职能、原理与方法，管理者的类型、角色、素质，以及管理学的特点、研究对象与内容。通过对本章的学习，可以对管理有一个总体的认识。

第一节 管 理

一、管理的含义

随着生产力的发展，人类生产日趋社会化和专业化，社会化大生产提出了分工合作的要求。劳动者之间如何分工与协作才能提高效率，取得最佳的效果，这就需要管理。管理活动自古有之。人们在长期的实践中认识到了管理的必要性和重要性。但管理作为一个独立完整的概念，作为一门学科进行系统的研究，只是近一二百年的事。因此，关于管理的概念，至今国内外众说纷纭，没有一个统一的定义。

我们认为，管理是社会组织中，为了实现预期的目标，通过计划、组织、领导、控制和创新，协调以人为中心的活动过程。管理的概念包括以下四个方面的含义：

1. 管理的目的是为了实现预期目标

所有的管理行为，都是为实现目标服务的。世界上既不存在无目标的管理，也不可能实现无管理的目标。

2. 管理的手段是计划、组织、领导、控制和创新

管理是一个动态过程，要实现管理目标就必须实施计划、组织、领导、控制和创新等管理行为与过程，这是一切管理者在管理实践中都要履行的管理职能。

3. 管理本质是协调

协调就是使人的努力与集体的预期目标相一致。每一项管理职能、每一次管理决策都要进行协调，都是为了协调。协调是社会组织不可少的活动，协调的中心是人，协调的方法是多样的。

4. 管理的主体是管理者

美国管理学家德鲁克认为，管理者的第一个责任是管理一个组织，管理者应明确，组织是什么，它的目标是什么，如何实现目标。管理者的第二个责任是管理管理者，对管理者应该通过目标管理和自我控制进行管理，管理者应该培养其下属。管理者的第三个责任是管理工作和工人，主要是激励组织成员发挥其创造的热情，求得组织的最佳效果。

二、管理的性质与职能

（一）管理的性质

管理的性质主要有：管理的两重性，管理的科学性和艺术性。

1. 管理的两重性

管理的两重性，是指管理所具有的合理组织生产力的自然属性和为一定生产关系服务的社会属性。管理是由许多人协作劳动而产生的，它是有效组

织共同劳动所必需的，具有同生产力、社会化大生产相联系的自然属性；另一方面，管理又体现着生产资料所有者指挥劳动、监督劳动的意志，因此，它又有同生产关系、社会制度相联系的社会属性。管理的两重性是马克思主义关于管理问题的基本观点。正确理解管理的两重性，具有十分重要的现实意义。自然属性是管理最根本的属性，它要求管理工作要适应现代化的客观要求，按社会化大生产的客观规律来合理组织生产力，采用科学的方法，不断提高管理的现代化水平。这有助于我们及时吸收和借鉴先进的管理经验和管理知识。同时，管理又具有明显的社会属性，任何一种管理方法、管理技术和手段的出现，总是带有时代的烙印，其有效性往往同生产力水平及社会历史背景相适应。实践证明，一个适用于古今中外的普遍管理模式是不存在的。因此，在学习和运用某些管理理论、原理、技术和手段时，必须要结合本国、本部门、本单位的实际情况，因地制宜，才能取得预期的效果。

2. 管理的科学性和艺术性

管理是科学与艺术的结合。管理的科学性是管理作为一个活动过程，其间存在着一系列基本客观规律。人们经过无数次的实践与成败，从中收集、归纳、总结出一系列反映管理过程中客观规律的管理理论和一般方法。管理是一门科学，是指它以反映管理客观规律的管理理论和方法为指导，有一套分析问题、解决问题的科学的方法论。管理的艺术性就是强调其实践性，没有一定的实践则无所谓艺术。如果管理人员仅靠背诵管理原则、原理进行管理活动，如同医务人员靠背医书诊断疾病，建筑师靠公式设计建筑一样，必然是脱离或忽视实际情况的无效活动。管理人员必须在管理实践中发挥积极性、主动性和创造性，因地制宜地将管理知识与具体管理活动相结合，才能进行有效的管理。所谓管理的艺术性，就是强调管理活动除了要掌握一定的理论和方法外，还要掌握和灵活运用这些知识和技能的技巧和诀窍。因此，管理既是一门科学，又是一种艺术，是科学与艺术的有机结合体。管理的这一特性，对于我们学习管理理论和从事管理工作来说是十分重要的。

（二）管理的职能

管理的职能一般包括计划、组织、领导、控制和创新五种。

1. 计划职能

计划职能是管理的首要职能，组织中所有层次的管理者，都必须从事计划活动。计划职能是指管理者为实现组织目标对工作所进行的筹划活动。计划职能一般包括：确定目标，调查与预测，选择实现预期目标的活动方案等一系列工作。

2. 组织职能

组织职能是把组织的各种资源、各个要素、各个环节，从劳动分工和协作上，从时间和空间的相互关系上，科学合理地组合起来，形成一个有机整体，从而有效地完成组织计划，实现组织目标。组织职能一般包括：设计与建立组织结构，合理分配职权与职责，选拔与配备人员，推进组织的协调与变革等。合理、高效的组织结构是实施管理、实现目标的组织保证。

3. 领导职能

计划与组织工作做好了，也不一定能保证组织目标的实现，因为组织目标的实现要依靠组织全体成员的努力。领导职能是指管理者指挥、激励下级，以有效实现组织目标的行为。领导职能一般包括：选择正确的领导方式，实现有效沟通，激励下级调动其积极性，加强领导者自身修养与领导艺术等。

4. 控制职能

人们在执行计划过程中，由于受到各种因素的干扰，常常使实践活动偏离原来的计划。为了保证目标及为此而制订的计划得以实现，就需要控制职能。控制职能是管理者为保证实际工作与目标一致而进行的活动。控制职能一般包括：制订控制标准，衡量工作成效，采取有效的纠正偏差的措施等一系列工作过程。

5. 创新职能

创新职能作为管理的一项重要职能，它与其他各种管理职能不同，它本身并没有某种特有的表现形式，它总是在与其他管理职能的结合中表现自身的存在与价值。创新职能一般包括：目标创新，技术创新，制度创新，组织机构和结构的创新，环境创新等内容。

三、管理的基本原理与方法

（一）管理的基本原理

原理是指某种客观事物的实质及运动的基本规律。管理原理是对管理工作的实质内容进行科学分析，总结而形成的基本规律，是现实管理现象的抽象总结，是对各项管理制度和管理方法的高度综合与概括，因而对一切管理活动具有普遍的指导意义。管理的基本原理主要有：人本理论、系统理论、效益理论、权变理论。

1．人本理论

人本理论是指在管理过程中要树立以人为中心的观念，有效地调动人的积极性、智慧和创造力，为管理系统的高效运作和功能的优化提供动力基础和保证。人本理论是关于企业管理核心的原理。企业是以人为主体组成的，企业竞争的活力和发展的潜力来自于人，企业是为满足人的需要而开展生产经营活动。因此，以人为本，以人为核心，是一切管理活动的出发点和落脚点。

人本理论的基本内容有：

(1) 以人为本，以人为核心的管理观念。企业管理是挖掘人的创造潜力，以实现企业预定目标的过程。高素质的人才是企业各种资源中最重要和最宝贵的资源。市场经济条件下，企业之间的竞争，归根结底是人的竞争。因此，企业管理必以人为本，以人作为全部管理工作的核心。

(2) 以企业文化为主体的管理模式。企业文化是指一个企业从上到下所共有的、属于统治地位的、独特的价值观念、行为准则、传统习惯和作风。它对于凝聚企业职工意志，规范和引导职工的行为，从根本上调动职工的积极性和搞好企业管理，具有重要的意义。

(3) 管理模式中理性化与非理性化的统一。企业管理的核心是人，而人按其本性而言，决非纯理性的，感性和心理因素的比重不容忽视。因此，过分拘泥于理性主义为基石的所谓“科学”和“理性”的手段是不足取的。

人本理论在企业管理中具体应用时，应把握好以下几个方面：

(1) 树立以服务为宗旨。既要为用户服务，又要为职工群众服务。只有努力为用户服务，满足用户的需求，企业才能赢得市场，增加盈利。也只有为职工群众服务，才能调动起职工的积极性和创造性，增加企业的活力和发展动力。

(2) 建立起以人为核心的双向管理模式。即从“命令——服从”的单向管理模式，转向“目标——参与”的双向管理模式，把管理的重心由物转向人，并逐步建立起一整套的激励职工积极性和创造力的动力机制。

(3) 注重企业文化的塑造，建树严爱结合的管理哲学。企业文化的核心是积淀于企业及其职工心灵中的意识形态，如理想信念、道德规范、价值取向和行为准则等。

(4) 加强和完善企业的民主管理。让职工有更多的机会直接参与管理。在满足他们基本物质需要的前提下，在参与管理的过程中实现自身的价值，激发职工的成就感。

(5) 重视人力资源的开发。要重点抓好企业员工从招聘、使用、评价到培养和激励等全过程的开发。要为人才成长创造良好的环境，要不断提高企业员工的整体素质，充分挖掘人的潜能。

2. 系统理论

系统理论是关于企业管理整体的理论。运用系统理论对管理工作进行研究，以达到现代化管理的优化目标，这就是管理的系统理论。

系统是指由若干相互联系、相互作用的部分组成，在一定的环境中运行，并具有特定功能的有机整体。除了自然系统外，凡是经人工改造或由人工创造的系统，都称为社会人工系统。企业管理就是一个社会人工系统。

人工系统具有以下特征：

(1) 目的性。系统都具有某种特定的目的，为了实现这个目的而具有特定的结构和功能。

(2) 整体性。系统不是各个要素的简单集合，而是各个要素按照同一目的，依据一定规则行动的集合体，它要以整体的观念来协调要素间的联系，使系统的功能达到最优。

(3) 层次性。系统都是由组成系统的子系统构成，这些子系统又由比它更下一层的子系统构成，最下层的子系统则是由组成该系统的基础单位的各个部分组成。这样系统可由若干个层次形成，在观察一个系统时，要注意系统的层次性。

(4) 环境适应性。任何一个人工系统都附属于另外更大的系统，都存在于系统环境之中，大系统和系统环境都在变化，必然影响所属系统，所属系统要存在，就必须要相应的变化，否则就不能继续存在。

在管理工作中运用系统理论分析问题时，要特别注意系统的特征。

系统的目的性说明每个系统都具有特定的目的。并根据系统的目的和功能建立系统的结构。因此，企业结构的建立要依据企业的目的和功能，要根据企业所生产产品的结构、工艺特点、生产规模等参数，来确定企业的生产单位。不同类型的企业，其管理机构和生产经营单位是不同的。

系统的整体性要求从事各项管理工作都要有整体观念，即从全局出发来考虑问题。系统功能不等于要素功能的简单相加，而是整体大于各个部分功能的总和。因此，在管理活动中，要以整体为主进行调协，局部要服从整体，使整体效果为最优。

系统的层次性要求各层次的子系统必须职责分明，各司其职，具有各层次功能的相对独立性和有效性。要正确处理好上下管理层次间的纵向关系和同一管理层次之间的横向关系，要分清层次，明确职责，避免越级指挥。

系统的适应性要求各子系统必须要依附于比它更大的系统，要适应大系统的变化。企业作为开放的人工系统，要想在激烈的市场竞争中求得生存和发展，必须主动面向市场，面向用户。只有企业的产品或服务得到了消费者的认可，企业才能不断发展壮大。

3. 效益理论

效益理论是关于企业管理目的的原理。按照市场经济规律的要求，企业要谋取利润最大化，不断提高竞争能力，就必须以获得经济效益为主要目的。因此，企业生产经营活动的目的，就是要千方百计地提高企业的经济效益。企业要通过加强管理工作，做到以尽量少的活劳动消耗、物化劳动消耗和尽量少的资金占用，生产出尽可能多的符合社会需要的产品，不断提高经济效益，这就是管理的效益理论。

效益、产出、投入三者之间的关系可表达为：$效益=\frac{产出}{投入}$

企业的效益可有三种情况：

(1) 有效产出小于投入，即效益小于1，企业处于亏损状态。企业的经营状态如果长期处于亏损，又无力扭转，企业系统的运行就要终止。

(2) 有效产出等于投入，即效益等于1，这是处于盈亏平衡状态。如果企业外部环境和内部条件没有大的变化，经营管理搞得好些，企业还可以维持简单再生产。

(3) 有效产出大于投入，即效益大于1，企业处于盈利状态。这是良好的经营态势，企业可以扩大再生产和提高职工的物质生活水平。

效益是管理的根本目的。管理就是对效益的不断追求。在企业管理中应用效益理论，要注意抓好以下几方面工作：

(1) 建立经济效益保证体系。所谓经济效益保证体系，是运用系统的概念和方法，根据提高经济效益的要求，从企业整体目标出发，把各部门、各环节结合起来，规定各自在提高经济效益方面的具体职责、任务和权限而建立的协调管理系统。

(2) 加强企业管理的基础工作。做到每一项基础工作都能促进活劳动和物化劳动消耗的节约，减少投入，增加有效产出。

(3) 注意企业整体素质的提高。处于科学技术迅速发展、企业之间竞争激烈环境中的企业，为使其产品和服务能符合市场的需要，获取盈利，就必须不断地从整体上提高企业素质，增强企业的竞争实力。

(4) 推行各种现代管理方法。价值工程、网络计划技术、量本利分析等各种现代化管理方法的运用，都可以促进企业经济效益的提高。

(5) 用指标评价经济效益。评价指标有三类：一是产出类，包括品种、质量、销量、产值、利税等指标。二是投入类，包括单位产品成本、原材料消耗、能源消耗等指标。三是综合效益类，包括资金利税率、人均净产值、流动资金周转率、产品适销率、可比产品成本降低率等指标。

4. 权变理论

权变理论是关于管理模式的理论。所谓权变理论是指为适应环境的变化而选择相应的管理模式和管理方法。

权变理论的基本内容有：

(1) 世界上不存在永恒而理想的管理模式。企业的情况以及他们所处的环境是多种多样的，要找到一种现成的、适应各种类型企业的万能管理模式是不可能的。因此，管理模式的选择必须立足于“权变”。

(2) 权变理论着重研究环境变量对管理行为的影响，它指明有效的管理依环境变化而不同。企业存在于一定的社会环境之中，企业与环境是相互依存的关系。环境制约着企业的生存与发展，企业同样也给环境以影响。因此，企业为适应环境变化而要相应地改变管理行为。这里既有“质”的适应和驾驭，又有“量”的把握和处理。

(3) 在企业内部，权变理论着重研究权变因素对管理行为的影响，指明在不同的权变因素搭配下，应采取不同的管理模式。即应根据不同的工作、不同的条件、不同的人员，采取不同的组织结构和管理方法。有效的管理者是那些适合群体环境并能与之紧密配合的人。

(4) 权变理论强调管理必须与实践相结合，要求管理的各种活动要服从企业内外环境的要求。

权变理论在企业管理中的应用，要把握好以下几个方面：

(1) 注意分析权变因素对管理的影响，因地制宜地设计或选择适当的管理模式。在企业管理中对管理模式选择构成影响的权变因素有很多，如外部环境的复杂性、多变性和可预测性，企业任务的多样性和规范性，企业职工的素质，管理人员的能力和经验等等。因此，要结合企业自身的实际，选择合适的管理模式。

(2) 保持管理职能的适度弹性。为保证企业生产经营活动的正常进行，计划、组织、领导、控制等管理职能都必须相对稳定。但为了适应企业内外环境的变化，也必须保持适度的弹性。如计划要有严肃性，不能朝令夕改，但也要有备选方案，保持适度的可塑性。

(3) 保持经营管理策略的高度灵活性。为适应复杂多变的管理对象和环境，企业在经营方向和经营方式上要考虑多种形式。在领导方式上要根据任务性质、上下级关系、被领导者素质等，采取灵活多样的方式。在调动职工积极性上，要根据职工的思想觉悟和实际需要，采用恰当的手段和方法。

(4) 注重提高企业管理人员的能力和技巧。企业管理人员既要注重企业管理新理论和新技巧的学习，理论结合实际，大胆创新，又要注重通过实践提高自身的能力和素质；既要认真总结和学习我国企业管理的成功经验，也要不断吸收和借鉴国外企业管理有益的经验和技巧。

(5) 增强改革和创新观念。为适应市场经济的要求，企业管理人员要不断提高自身的素质，与时俱进，不断增强改革和创新的观念。

(二) 管理的基本方法

管理方法是在管理活动中为实现管理目标、保证管理活动顺利进行所采取的工作方式。管理原理必须通过管理方法才能在管理实践中发挥作用。管理方法是管理理论、原理的自然延伸和具体化、实际化，是管理原理指导管理活动的必要中介和桥梁，是实现管理目标的途径和手段。管理方法一般可分为法律方法、行政方法、经济方法、教育方法和数学方法。

1. 法律方法

法律方法是指运用法律规范以及类似法律规范性质的各种行为规则来管理企业的一种方法。法律方法的主要形式有：国家法律、法规；企业内部的规章制度；司法和仲裁等。

法律方法具有严肃性、规范性、强制性的特点。严肃性是指法律和法规的制定必须严格按照法律程序和规定进行，司法工作必须通过严格的执法活动来维护法律的尊严。规范性是规定该做什么，不该做什么；同时又通过这种指引作为评价人们行为的标准。强制性是指法律、法规一经制定就要强制执行，任何企业、单位和个人都必须毫无例外地遵守，否则，将受到严惩。

法律方法宜于处理共性的一般问题，便于集权与统一领导，权力与义务分明，同时还能自动调节。但法律方法缺少灵活性和弹性，不便处理特殊问题和及时处理管理中出现的新问题。

2. 行政方法

行政方法是指依靠企业各级行政管理机构的法定权力，通过命令、指示、规定、条例，以及具有强制性的计划等行政手段来管理企业的方法。

行政方法具有权威性、强制性、垂直性、具体性、无偿性等特点。企业所有成员对上级所采用的行政手段，都必须服从和执行。行政方法是管理企业必不可少的方法。是执行管理职能的一种重要手段。

行政方法便于管理职能的发挥，是实施各种管理方法的必要手段，能处理特殊问题，灵活性强。但行政方法的管理效果受领导水平的影响，不便于分权，不利于子系统发挥积极性，容易使一些领导过分迷信行政方法的力量，从而助长某些领导者产生独断专行的行为。

3. 经济方法

经济方法是指按照客观经济规律的要求，正确运用价格、税收、信贷、利润、工资、奖金、罚款，以及经济合同等经济手段来管理企业的方法。

经济方法具有利益性、普遍性、灵活性、平等性的特点。利益性是指经济方法通过利益机制引导被管理者去追求某种利益。普遍性是指经济方法被整个社会所广泛采用，特别是经济管理领域，是最为重要的管理方法。灵活性是指经济方法针对不同的管理对象，可以采用不同的经济手段，或对同一管理对象，在不同情况下，也可以采用不同方式来进行管理。平等性是指经济方法承认被管理的组织或个人在获取自己的经济利益上是平等的。

经济方法有利于管理对象接受，能充分调动各级机构和人员的积极性。但也容易产生讨价还价的现象，易于诱发拜金主义思想。因此，既要注意将经济方法与教育方法等其他方法有机地结合起来运用，也要注意在管理实践中不断完善经济方法。

4. 教育方法

教育方法是指对职工进行思想政治教育和文化科学技术知识教育，提高企业职工素质，开发企业职工潜能的一系列有组织的活动。

教育方法的主要内容有：人生观及道德教育，爱国主义和集体主义教育，民主、法制、纪律教育，科学文化教育，组织文化建设等。

企业管理活动的主体是人，企业职工聪明才智和积极性的最大发挥，是企业发展的根本源泉。通过教育方法，激发职工的工作热情，使职工自觉地认识和接受法律方法、行政方法、经济方法的执行和监督。它是法律约束、行政命令、经济奖惩等所不能代替的。

5. 数学方法

数学方法是指用科学的理论及数学模型或系统模型，来寻求企业生产经营活动优化方案的定量分析方法。数学方法能使企业管理进一步定量化、合理化、精密化。企业管理常用的数学模型主要有：盈亏平衡点模型、线性规划模型、存储模型、网络模型。数学方法在企业管理中具有非常重要的作用。但由于人的因素难以用数学模型来描述，以及企业生产经营活动的复杂多变，数学方法也有它的局限性。最好综合运用各种方法，相互补充。

第二节 管理者

一、管理者及其分类

管理者（又称管理人员）是指在组织中全部或部分从事管理活动的人员，即在组织中担负计划、组织、领导、控制和创新等工作，以期实现组织目标的人。组织中的成员一般分为两大类，一类是作业人员，另一类是管理人员。管理人员的工作业务性质与其他作业人员的工作性质是截然不同的。作业人员直接在某一岗位上或某一任务中制造产品或提供服务，但是他们不负有监管他人的工作责任。当然，管理人员也有一些作业性任务。不管管理人员是高层的、中层的或一线的，他们都有下属。一个组织中从事管理工作的人可能有许多，不同的管理人员可处于不同的管理岗位上。

（一）按管理层次划分

1. 高层管理人员

高层管理人员是组织中的高级领导人。对整个组织的管理负有全面责任，主要职责是制定组织的总目标、总战略，把握组织的发展方向。并对组织的资源拥有分配权，尤其是对人力资源的调配，同时也对整个组织的业绩负责。

2. 中层管理人员

中层管理人员是介于高层管理人员和一线管理人员之间的管理人员，主要职责是贯彻执行高层管理人员所制定的重大决策和管理意图，监督和协调基层管理人员的工作活动，或对某一方面的工作进行具体的规划和参谋。

3. 基层管理人员

基层管理人员或监管人员，即最直接的一线管理人员，是直接监察实际作业人员的管理者，其主要职责是直接给下属作业人员分派具体工作任务，直接指挥和监督现场作业活动，确保下属的工作条件和工作环境，使工作流程一步接着一步顺利地进行，保证上级下达的各项计划和指令的完成。

上述三个不同层次的管理人员，其工作内容和性质存在着很大的差别。第一线管理人员所关心的主要是具体的战术性工作，而最高管理人员所关心的则主要是抽象的战略性工作。

（二）按管理领域和专业划分

1. 综合管理人员

是指负责管理整个组织或组织中某个部门的全部活动的管理人员。对于小型组织来说，可能只有一个综合管理人员，那就是总经理；而对于大型组织来说，可能会按产品类别设立几个产品分部，或按地区设立若干地区分部，此时的综合管理人员就包括总经理和每个产品或地区分部的经理。

2. 专业管理人员

是指负责管理组织中某一类活动（或职能）的管理人员。对于现代组织来说，随着其规模的不断扩大和环境的日益复杂多变，将越来越多地需要各种专业管理者，其地位也将变得越来越重要。根据这些管理人员所管理的专业领域性质的不同，又可以具体划分为生产部门管理人员、营销部门管理人员、人事部门管理人员、财务部门管理人员以及研究开发部门管理人员等。

（1）市场营销管理人员其主要职责和营销有关，即把该组织的产品或服务送到用户手中。

（2）财务管理人员其主要职责包括资金筹集、预算、核算与投资等。

（3）生产与经营管理人员其主要职能是建立一个能为组织制造产品和提供服务的系统。在这一系统中，他们负责计划、控制日常的营运活动。

（4）人力资源管理人员主要负责人力资源规划，员工的招聘与挑选、培训和发展，设计报酬福利制度，制定绩效评估制度，以及解雇表现不好和有问题的员工等。

(5) 行政管理人员或一般管理人员并不专门从事某一特定的管理专业领域的工作，他们往往是一个通晓多方面知识的全才，而不是只受过某一领域训练的专才。他们基本上对管理的各领域都有所了解并熟悉这些工作。

(6) 其他类型的管理人员。除了上述的各类管理人员外，在许多组织中还有其他一些专职管理人员。例如，公共关系人员、研究开发人员等。这些专业管理人员就其人数、性质及重要性来看，因不同的组织而异，但随着现代企业规模扩大和环境复杂化，这类管理人员的人数及其重要性也在不断增长和提高。

二、管理者的角色

管理者的角色是指管理者在组织体系内从事各种活动时，其立场、行为表现的一种特性归纳。美国著名管理学家彼得·德鲁克首次提出了“管理者角色”这一概念。加拿大管理学家亨利·明茨伯格通过认真的现场观察研究，提出了管理者在组织中扮演着三类十种不同的角色，即人际关系方面的角色、信息方面的角色和决策方面的角色。

(一) 人际关系方面的角色

管理者在人际关系上扮演了三种角色。

1. 头面人物

管理者是本单位、本部门的首脑。由于这种“领导人”的地位，他必须经常行使某些礼仪性的责任。例如，管理者有时需接待来访参观者，有时需出席某下属的婚礼喜筵，或参加一些必要的应酬等。

2. 领导者

管理者是组织氛围的创导者，他们通过扮演领导者的角色来提高职工的绩效、减少冲突、提供考核绩效反馈以及鼓励下属成长发展。

3. 联络者

管理者除了与上、下级经常联系外，还需发展与外部的横向联系。管理者有时需和其他部门同一层次的管理者、职能部门的专家、非本部门的职工共同工作，有时还需和外界人士接触。在这一角色中管理者通过发展外部联络来获取所需的信息。

(二) 信息方面的角色

管理者在信息方面也扮演了三种角色。

1. 监听者

管理者经常广泛寻求信息，并从收到的大量信息中，了解其组织和环境中究竟发生了什么事情。管理者收到的各种信息包括内部业务、外部事件、分析报告、各种意见和倾向等。此外，管理人员还会从各种形式的压力中获得信息。

2. 传播者

由于管理者掌握信息的特殊地位，使他能担任传播者的重要角色，他把外部的各种信息传播给他的组织，并把内部信息从一位下属传播给另一位下属。

3. 发言人

管理者被要求代表其工作单位或组织来讲话时，他有责任对外界发布有关本部门公开的信息情报。管理者一方面要使他的上级了解部门的情况，另一方面也需和组织外部进行沟通。

（三）决策方面的角色

管理者工作中最重要的是他担任决策角色的那一部分。决策角色共分四种类型。

1. 企业家

管理者要不断地提出新的思路、新的方法来改进其组织面对的新情况，这就要求他主动成为变革的发起人和设计者。企业的高层领导人还有责任确定其组织的发展方向，这些都属企业家角色。

2. 纠纷调解人

当工作环境中出现了部分失控现象，或发生了矛盾、纠纷，管理者不能忽视不管，必须在危机尚处于萌芽状态时，就及时解决它，或采取一些纠正措施。实现稳定是管理者的目标，但是它永远不能达到理想状态。作为全面负责者的管理者必须处理日常发生的各种矛盾和纠纷。

3. 资源分配者

管理者要负责决定工作单位中谁得到哪些资源，各人各得多少。这些资源包括货币、设施、设备和占用管理者的时间等。对高层管理者来讲，资源分配更是组织战略制定系统的核心。

4. 谈判者

管理者被要求花大量的时间参加各种谈判活动时，他就扮演了谈判者角色。谈判包括和供应商、经销商签订合同，或在组织内部平衡各部门提出的资源要求等。管理者必须充当谈判者，是由于他们是组织或工作单位中惟一掌握谈判中所需的信息和权力的人。

以上多重角色是管理者在完成其管理职能时所实际从事的工作。能否符合各种角色的要求，将关系到一个管理者的成败。任何管理者如在扮演其中一角色时发生问题，则将会对其工作单位产生一定程度的负面影响。

三、管理者的素质

素质是人在先天条件下，通过后天的教育训练和环境影响，而形成的比较稳固的、且在比较长时间内起作用的基本品质，它是一个人行为的基础和根本因素。管理者的素质就是指一个管理者应具备的各种条件在质量上的综合体现。管理者的工作决定了组织的成败，任何有成就的管理者都离不开其优良素质。管理者应该具备的素质很多，不同的管理岗位要求的素质又不尽相同，但有些素质是优秀的管理者均应基本具备的。我们将管理者的素质主要分为5个方面，即品德素质、知识素质、智力和非智力素质、能力素质、体能素质。

(一) 品德素质

管理者的品德素质是指管理者思想、认识和品性等在行为、作风中的表现。主要包括：

1. 思想政治品德

管理者要对国家和社会具有高度的责任感和奉献精神。具备一定的政治思想素质，可以使管理者将个人利益同组织利益保持一致，顾全大局，顾全整体。

2. 道德情操

情操是比情感更高层次的一种人类感情，是情感的一种升华。管理者在生活和工作中形成了各种道德情操，并用它来要求自己的行为。所以道德情操是衡量管理者素质的指标之一。主要是要具有明确的是非观念、遵纪守法、廉洁奉公、谦虚谨慎等。

3. 理想抱负

没有理想抱负的人是不可能有所作为的。管理者只有树立起一定的理想和抱负，才会有强烈的事业心和责任感，才会有干劲，才会对组织有所贡献。管理者的理想抱负主要指其对工作的责任感、他的进取心和坚韧性，在困难、压力和竞争的氛围中保持自信、勇往直前的精神等。

4. 言行作风

管理者的一举一动，言行作风会影响下属。所以管理者在工作中要善于调查研究，注意工作方法，讲求工作实效，要以身作则，言行一致，严于律己，宽以待人，作风民主，深入群众。

（二）知识素质

知识是提高管理者素质的根本和源泉。知识素质是指管理者做好工作所必须具备的基础知识与专业知识。管理学是一门综合性很强的学科，这就要求管理者善于学习掌握多方面的知识。管理者要提高知识素质，必须设计好自身的知识结构。现代管理者的知识结构应是具有时间概念的“T”型知识结构，或称通才的动态结构，要求管理者的知识不仅要有深度和广度，还要有新度。

掌握必要的管理理论和方法，了解管理理论的新发展，才能让管理者在工作中少走弯路，成为真正的管理者。掌握经济知识可以帮助管理者把握经济发展的规律。掌握专业方面的知识，有利于管理者了解经营业务与业务运行规律，了解本行业的科研和技术的发展情况。同样，管理者只有了解相关的政策法规，才能不违反国家的方针政策和法令法规，才能保证组织顺利发展，也才能维护自身合法权益。管理者的工作中心主要是和人打交道，因此掌握心理学方面的知识，可帮助协调上下左右的关系，做好人的工作。

（三）智商和情商

著名心理学家桑戴克（E.L.Thorndike）的理论影响形成了智力商数(IQ)，智商的观念在20世纪20～30年代已广泛普及。智商是个人智力水平的数量化指标，反映的是一个人的智力程度，显示一个人做事的本领。智商决定了个人理解和学习的能力、判断力、思维能力、记忆力和反应能力等。因此，智商对管理者很重要。专家研究表明，智商在一定程度上受先天因素的制约，但后天环境的影响对于智商的提高也非常重要。目前很多的科学家都在研究如何提高人类的智商，他们通过研究发现，运用心理诱导、专项训练、冥想静养、饮食营养、良好的环境教育等方法与措施，都有助于智商的提高。

20世纪90年代初期，美国耶鲁大学的心理学家彼得·塞拉维和新罕布什尔大学的约翰·梅耶最早提出了情绪智能、情绪商数概念（简称情商）。所谓情商（EI)，也称“情感智力”，是个人的一种理解、把握和运用自己及他人情绪的能力。国内也称其为EQ，它是从IQ借用过来的。情商目前还很难测量，所以较为确切的说法应该是 EI。情商包括认识自身情绪的能力，妥善管理自身情绪的能力，自我激励的能力，认知他人的能力，人际关系管理的能力，面对各种考验时保持平静和乐观心态的能力等。情感智力有天生的成分，先天性格或多或少会影响到 EI 的高低，但这种影响并不是绝对的，通过后天有意识的努力，可以从根本上提高对个人情绪进行成熟调节的能力。

专家认为，对人一生事业影响最大的是情感智力而不是智商，情感智力的高低会直接影响个人智商的发挥。“人在社会上要获得成功，起主要作用的不是智力因素，而是情绪智能，前者占 20%，后者占 80%”。在美国，人们流行一句话：“智商决定录用，情感智力决定提升”。IQ 和 EI 对管理者而言，管理者更应着重提高 EI，在提高 EI 的前提下来提高 IQ。如果用一句话来形容，就是：人才就像一朵美丽的花，智商可以使其更娇艳，情商则能使其结出硕果。

(四) 基本技能

管理者的基本技能是指管理者把各种管理知识和业务知识用于实践中所表现出来的能力。美国管理学者罗伯特·卡茨（L·Katz）指出管理者必须具备三种技能，即技术技能、人际技能、概念技能。

1. 技术技能

技术技能是管理者掌握和运用某一专业领域内技术、知识、方法和程序，并完成组织任务的能力。这是管理者对相应专业领域进行有效管理所必备的技能。管理者虽不能完全做到内行、专家，但必须懂行，必须具备一定的技术技能。特别是一线管理者更应如此。管理者如果不具备这一技能，将很难与所主管的组织内的专业技术人员进行有效的沟通，也就无法对其管辖的业务范围内的各项管理工作进行具体的指导，并且也会对他们决策的及时性、有效性造成不利的影响。管理者的技术技能可以通过学校专业教育或组织的在职培训获得。

2. 人际技能

人际技能或称“人事技能”，是管理者处理人事关系的技能，主要包括理解、激励和与他人相处的能力等。管理者除了领导下属人员外，还得与上级领导和同级同事打交道，还得学会说服上级领导，学会同其他部门同事紧密合作等，这些都需要人际技能。在以人为本的今天，人际技能对于现代管理者，是一种极其重要的基本功。没有人际技能的管理者是不可能做好管理工作的。

3. 概念技能

概念技能或称“构想技能”，是管理者观察、理解和处理各种全局性的复杂关系的抽象能力，包括感知和发现环境中的机会与威胁的能力；对全局性、战略性、长远性重大问题的处理与决断的能力；对突发性紧急处境的应变能力等。其核心是一种洞察力和思维力。这种技能对于组织的战略决策和发展具有极为重要的意义，是组织的高层管理者所必须具备的，也是最为重要的一种技能。

这三种技能，对任何管理者来说，都是应当具备的。但是不同层次的管理者，由于所处位置、作用和职责不同，各层次管理者对管理技能需要有差异性。高层管理者尤其需要概念技能，因为高层管理者面对的问题是全局性的，更具有复杂性，牵扯的因素多、范围广，所以管理者所处层次越高，对概念技能的要求越高。概念技能的高低，成为衡量高层管理者素质高低的最重要的尺度。高层管理者可以充分利用其下属人员的技术技能，因而对其自身的技术技能要求不高。与之相反，基层管理者更重视的却是技术技能。由于他们的主要职责是现场指挥和监督，所以若不掌握熟练的技术技能，就难以胜任管理工作。相比之下，基层管理者对概念技能的要求就不是太高。由于管理者的工作对象都是人，人际技能对于各个层次的管理者来说都是重要的。特别是作为今天和未来的管理者必须更加重视人际技能。

（五）体能素质

管理者的指挥、协调、组织活动不仅需要足够心智，而且要消耗大量的体力，因此，必须有强健的体魄，充沛的精力。

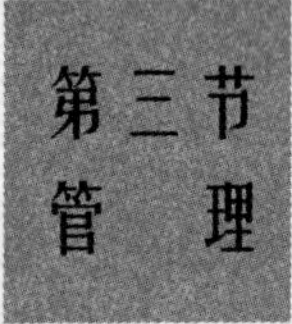

第三节 管理学

一、管理学的特点

管理学是一门系统地研究管理过程的普遍规律、基本原理和一般方法的科学。管理学有以下特点：

（一）一般性

管理学是研究所有管理活动中具有共同性原理的基础理论学科，是各门具体的或专门的管理学科的共同基础。“宏观管理”和“微观管理”，都需要以管理学的原理作为基础加以学习和研究。

（二）综合性

管理活动是很复杂的，影响这一活动的因素很多，有生产力、生产关系的基本因素，还有自然因素，以及政治、法律、社会、心理等社会因素。因此，要搞好管理工作，必须考虑到组织内部和外部的多种复杂因素，综合运用现代社会科学、自然科学和技术科学，研究管理活动过程中普遍存在的基本规律和一般方法。管理学与许多学科相互关联，它是一门综合性的学科。

（三）历史性

管理学是对前人管理实践、经验和管理思想、理论的总结、扬弃和发展。它是经过无数次的失败和成功，通过从实践中抽象总结出一系列反映管理活动过程中客观规律的管理理论和一般方法，再利用这些理论和方法来指导实践活动。因此，管理学是实践和历史的产物。

（四）实践性

管理学是指导人们如何进行管理活动的一门科学，它是管理实践活动在理论上的概括和反映，是管理工作经验的科学总结。它来源于管理的实践，接受管理实践的检验，反过来又指导管理的实践。管理学是为管理者从事管理活动提供基本的理论、原则和方法的实用性学科。只有把管理理论同管理实践相结合，才能真正发挥这门学科的作用。

二、管理学研究的对象与内容

既然管理学是一门系统地研究管理过程的普遍规律、基本原理和一般方法的科学，那么管理活动和管理过程就是管理学研究的对象。

根据管理的性质和管理学研究的对象与特点，管理学研究的内容大体上分三个层次或侧重点。

第一，根据管理活动总是在一定的社会生产方式下进行的，研究内容可分为三个方面：①在生产力方面主要研究生产力诸要素之间的关系，即合理组织生产力的问题；研究如何合理配置组织中的人、财、物，使各要素充分发挥作用的问题；研究如何根据组织目标的要求和社会的需要，合理地使用各种资源，以求得最佳的经济效益和社会效益的问题。②在生产关系方面主要研究如何正确处理组织中人与人之间的相互关系问题；研究如何建立和完善组织机构以及各种管理体制等；研究如何激励组织内成员，从而最大限度地调动各方面的积极性和创造性，为实现组织目标而服务。③在上层建筑方面主要研究如何使组织内部环境与其外部环境相适应的问题；研究如何使组织的规章制度与社会的政治、经济、法律、道德等上层建筑保持一致的问题，从而维持正常的生产关系，促进生产力的发展。

第二，从管理的历史出发，着重研究管理实践、思想、理论的形成、演变及其发展。

第三，从管理者的活动出发，着重研究管理的过程，主要有：①管理活动中有哪些职能；②执行这些职能涉及组织中的哪些要素；③在执行各项职能中应遵循哪些原理，采用哪些方法、程序、技术；④执行职能过程中会遇到哪些障碍、阻力，如何克服这些障碍、阻力。

案例分析

案例 1.1 威尔森制胜之道

总部设在美国西雅图的波音飞机制造公司创建于 1916 年，是世界航空航天业中一颗璀璨的明珠。它于 20 世纪 20 年代开创了世界上最早的航空邮政业务，30 年代建立了自己的全金属运输机系列。第二次世界大战期间为战胜德、意、日法西斯立下了汗马功劳，第二次世界大战后率先把喷气式客机送上了蓝天，波音公司取得了一个接一个惊人的业绩。到 1991 年，波音公司的销售额达 293.14 亿美元，利润额为 15.67 亿美元，雇员 16 万多人，在世界 500 家最大的工业公司中排名第 32 位。

然而，在波音公司令世人瞩目的业绩背后却经过了披荆斩棘的历程，公司的发展并非总是一帆风顺的。最让波音人刻骨铭心的是 60 年代末期，蒸蒸日上的波音事业开始由于机构的日趋庞大而运转不灵了。当时仅总部机构就达 2000 多人，官僚习气滋生，遇事互相扯皮。更糟糕的是，公司的领导人陶醉于已取得的赫赫成就，无视瞬息万变的市场和日益强劲的竞争同行，躺在一两项大宗的官方合同上过舒服日子。很快惩罚来了，公司装配场里摆满了卖不出去的喷气式客机，曾有18个月公司竟无一张订货单，此时公司的老板们才惊恐地发现曾一度拥有的高效率已不复存在。

与此同时，世界飞机制造业强手迅速崛起，特别是欧洲“空中客车”工业公司和老对手麦克唐纳·道格拉斯飞机公司实力雄厚，相继推出先进的新型飞机，其势直逼波音，波音公司面临着强劲的挑战。

威尔森受命于危难之际，出任波音公司的董事长。30多年的实际工作经验使他深谙企业面临危机的症结和回天之术。他一到任便使出了被人称为“威尔森五招”的措施，使波音公司迅速摆脱了困境，再次走向辉煌。

1. 精兵简政

“新官上任三把火”，威尔森到任后的第一把火就是力排众议，精兵简政。他从庞大的公司办事机构中，调出1800名技术人员和管理人员充实到生产第一线，并把决策权逐级下放，将责权与各级主管负责人的经济利益挂钩。紧接着公司又大量裁减雇员，仅西雅图地区的10.5万名雇员就裁掉3.8万人，这是一段至今使波音人回想起来仍心有余悸的历史。但这一做法立竿见影，公司的办事效率和劳动生产率迅速得到提高。

2. 研究与开发

为了振兴波音，公司在60年代末先后共投入了69亿美元的研究和开发经费，70年代后期面临石油危机，威尔森不惜投入30亿美元，研制出被认为是现代民航史上最经济、最省油、最安全的“波音757”、“波音767”两种新型客机。波音公司的研究开发（R&D）经费逐年提高，1988年为7.51亿美元，1989年为7.54亿美元，1990年为了开发产品和新技术，共计投入了1.6亿美元的新仪器和设备费用，以及8.27亿美元的科研开发费。1991年R&D经费增到14.17亿美元。在越来越激烈的竞争面前，波音公司把加强研究和开发放在首位，力争走在同行的前面。

3. 质量就是生命

对于飞机制造业来说，产品质量不仅关系到企业的“生命”和前途，而且涉及亿万乘客的生命和安全。因此，波音公司对产品质量格外重视。他们认为，从长远看，无论在哪个市场上，惟一经久不衰的价值标准是质量本身。公司要求每一个雇员都要牢固树立质量第一的观点，每一个工厂、每一个部门都建立了严格的质量管理制度，切实保证每一个部件、零件，甚至每颗螺丝钉都以第一流的质量出厂。威尔森逢会必讲：质量是飞机的生命，质量不合格就意味着杀死人的生命。

此外，飞机飞行是否安全，还取决于航空公司是否对飞机进行严格的定期检测和维修，机组人员是否严格地按规定操作，以及天气恶劣的程度等。波音公司对可能发生的飞机事故高度重视，他们重新设计了生产程序，以杜绝隐患。在车间里，工程师们对每个工人的每项工作都进行严格检查，公司对生产过程的各阶段进行监控，联邦航空局任命的检察员对每架飞机的检查多达800次。波音747－400型大型客机研制后，接受了1500小时的飞行检验，1900小时的地面检验。这些检验涉及17000项不同功能，700多万个数据。如此严格的检测真是近乎“天衣无缝”。

4. 重视推销

美国航空公司高级副总经理唐纳德·劳埃德曾说过：“从技术上说，波音公司是非常能干的，但洛克希德公司、麦克唐纳·道格拉斯飞机公司也非常能干，主要的区别是波音公司有独特的推销方法。杰出的推销艺术使买主感到波音公司能充分理解自己的需要，从而形成了强烈的信心，认为波音公司说话一定能够兑现，并对顾客一视同仁。”

多年来，为了保持世界上最大民航飞机制造商的地位，为了同日益强劲的对手争夺有限的新订单，波音公司在推销上竭尽全力，采取了灵活应变的制胜谋略。例如，为了将波音757S飞机推销给西班牙伊比利亚航空公司，波音公司签订了允许西班牙CASA公司为波音飞机生产零件的合同；而作为对英航订购21架波音747－400S客机的回报，波音公司将一个零件仓库设在伦敦附近……

5. 售后服务

为全世界7000多架波音飞机提供维修服务，是波音公司的另一项重要业务。公司拥有一支效率高、技术硬的维修队伍，只要顾客需要，波音的维修人员将会以最快的速度从西雅图赶到全世界任何地方。不少买主赞叹道：我们在星期一下午向波音公司说需要一个零件，星期二上午我们就能得到这个零件。在波音没有“一锤子买卖”，公司在买主之中赢得了比合同和买卖更重要的东西，那就是信誉和信任。

由于成功地运用了上述策略，波音公司在激烈的竞争中取得了累累硕果，波音的事业持续繁荣。波音公司的历史启示我们：一个企业的成功不仅取决于它的策略制定和管理过程，而且取决于它永不松懈的进取精神。

问题：

1. 威尔森是个成功的管理者吗？为什么？

2. 从管理理论的角度分析波音公司的管理活动。

3. 威尔森是怎样进行管理创新的？

案例1.2 西安杨森的个性化管理

西安杨森制药有限公司成立于1985年10月。合资企业的中方以陕西省医药工业公司为代表，外方为美国强生公司的成员——比利时杨森制药有限公司。总投资1.9亿元人民币，注册资本比例为外方占52%，中方占48%，合资期限50年。

1. 严格管理，注重激励

合资企业的工人和中层管理人员是由几家中方合资单位提供的。起初，他们在管理意识上比较淡漠，不适应严格的生产要求。有鉴于此，合资企业在管理上严格遵循杨森公司的标准，制定了严格的劳动纪律，使员工逐步适应新的管理模式。

通过调查研究发现，在中国员工尤其是较高层次的员工中，价值取向表现为对高报酬和工作成功的双重追求。优厚的待遇是西安杨森吸引和招聘人才的重要手段，而不断丰富的工作意义，增加工作的挑战性和成功的机会，则是公司善于使用人才的关键所在。在创建初期，公司主要依靠销售代表的个人能力，四处撒网孤军奋战，对员工采取的是个人激励。从“人员——职位——组织”匹配原则出发，选用那些具有冒险精神、勇于探索、争强好胜，又认同企业哲学对企业负责的人作为企业的销售代表，主要是医药大学应届毕业生和已有若干年工作经验的医药代表。同时，西安杨森大力宣传以“鹰”为代表形象的企业文化，“鹰是强壮的，鹰是果敢的，鹰是敢于向山颠和天空挑战的，他们总是敢于伸出自己的颈项独立作战。在他们的队伍中，鼓励出头鸟，并且不仅要做出头鸟，还要做搏击长空的雄鹰。西安杨森要成为全世界优秀公司中的雄鹰。”

2. 注重团队建设

在1996年底的销售会议中，集中学习并讨论了“雁的启示”：“……当每只雁展翅高飞时，也为后面的队友提供了‘向上之风’。由于组成V字队形，可以增加雁群71%的飞行范围”。“当某只雁偏离队伍时，它立即感到孤独飞行的困难和阻力。它会很快飞回队伍，善用前面同伴提供的‘向上之风’继续前进”。

3. 充满人情味的工作环境

每逢年节，总裁即使出差、休假，也不会忘记邮寄贺卡，捎给员工一份祝福。员工过生日时，总会得到公司领导的问候。员工生病休息，部门负责人甚至总裁都会亲自前去看望，或写信问候。员工结婚或生小孩，公司都会把这视为自己家庭的喜事而给予热烈祝贺，公司还曾举办过集体婚礼。公司有的活动，还邀请员工家属参加，一起分享大家的快乐。公司主办的内部刊物名字就叫《我们的家》，以此作为沟通信息、联络感情、相互关怀的桥梁。

经过公司中外双方高层领导间几年的磨合，终于形成共识：员工个人待业、就业、退休保险、人身保险由公司承担，由部门专门负责；员工的医疗费用可以全部报销。在住房上，他们借鉴新加坡的做法，并结合中国房改政策，员工每月按工资支出25%，公司相应支出35%，建立员工购房基金。

4. 加强爱国主义的传统教育

1996年11月22日，西安杨森的90多名高级管理人员和销售骨干，与来自中央和地方新闻单位的记者，及中国扶贫基金会的代表一起，由江西省宁岗县茅坪镇向井冈山市所在地的茨坪镇挺进，“进行30.8公里的‘96西安杨森领导健康新长征’”活动。他们每走30.8公里，就拿出308元人民币捐献给井冈山地区的人民，除此以外员工个人也进行了捐献。公司还向井冈山地区的人民医院赠送了价值10万元的药品。

1996年冬天的早晨，北京天安门广场上出现了一支30多人身穿“我爱中国”红蓝色大衣的队伍，中国人、外国人都有，连续许多天进行长跑，然后观看庄严肃穆的升国旗仪式，高唱国歌。这是西安杨森爱国主义教育的又一部分。

前任美籍总裁罗健瑞说：“我们重视爱国主义教育，使员工具备吃苦耐劳的精神，使我们企业更有凝聚力。因为很难想像，一个不热爱祖国的人怎能热爱公司？而且我也爱中国！”

问题：

1. 西安杨森公司的管理实践中用到了哪些管理方法？

2. 失去员工认同的经营理念会成功得到贯彻吗？

3. 你认为在企业管理中应该如何正确运用教育方法？

案例1.3 张瑞敏的管理哲学

张瑞敏的管理哲学是：日本管理的团队意识和吃苦精神，加上美国管理的个性舒展和创新竞争，再加上中国传统文化的管理精髓。张瑞敏的管理哲学是出自管理理论与实践的良好结合——从实践上升到理论再指导实践。

他的管理哲学中，有一些非常生动的内容，例如“吃休克鱼”。在中国，人们往往将企业间的兼并收购比喻为“吃鱼”，或是“大鱼吃小鱼”（大企业兼并小企业），或是“小鱼吃大鱼”。在市场经济发达的国家，企业的兼并经过3个阶段：第一个阶段是大鱼吃小鱼，亦即弱肉强食；第二个阶段是“快鱼吃慢鱼”，技术先进的企业吃掉落后的企业；第三个阶段是鲨鱼吃鲨鱼，亦即强强联合。但是在中国，国企之间的兼并，却不会出现这3种情况，因为是国有的企业只要有一口气，就不会被吃，且“小鱼不觉其小，慢鱼不觉其慢，各得其所（张瑞敏语）”。“死鱼”就根本不能吃。这是中国的国情决定的。张瑞敏的管理哲学正是建立在这个基础上的，既不能吃活鱼，又不能吃死鱼，惟有吃“休克鱼”。

所谓“休克鱼”是指企业的表面死了，但是肌体还没有坏，只是处于休克状态，这类企业的管理有严重问题，停滞不前。在短短的几年里，海尔通过资产重组、控股联营，兼并盘活了亏损总额5.6亿元的18个企业，以无形资产盘活有形资产18.2亿元。海尔吃“休克鱼”式企业的兼并管理经验被编入哈佛商学院教材，张瑞敏也因此成为第一个走上哈佛讲坛的中国企业家。

张瑞敏对当前国际管理的发展趋势非常关注，也善于从中吸取可以为己所用的东西。近年来，他加强企业内部的调整，成立了物流和商流部门，扩张发展中注重国内外并重，并且加快发展网上商务。张瑞敏极其强调速度，认为速度就是生命。海尔和中国建设银行合作，建立了支付网络，加快了物流和商流的速度。

问题：

1. 在管理实践中，为什么既要注重理论学习，又要学会在实践中创新？

2. 张瑞敏的管理哲学对你有何启示？

复习思考题

1. 怎样理解管理的概念？

2. 管理的性质和职能有哪些？

3. 如何理解管理的基本原理？并举例说明如何运用。

4. 管理的方法有哪些？如何正确运用这些方法？

5. 管理者的类型有哪些？

6. 管理者在管理过程中通常需要扮演哪些角色？

7. 为什么处于较高层次的管理者更多地需要人际技能和概念技能，而处于最低层次的管理者尤其需要较强的技术技能？

8. 管理学有哪些特点？

第二章

管理思想的发展

内容提要

管理实践和管理思想有着悠久的历史，自从有了人类社会，人们就开始了管理实践并逐渐产生了管理思想。随着社会的发展和科学技术的进步，人们又对管理思想加以归纳总结、系统化，形成了管理的基本理论。本章按时间段把管理史划分成早期管理实践与管理思想、古典管理、新古典管理和现代管理四个阶段，并将各阶段有影响的管理思想和管理理论及其代表人物加以介绍。通过对本章的学习，能够基本上把握住管理的产生、形成和发展的整体脉络。

第一节 管理思想发展概述

一、管理实践、管理思想、管理理论三者之间的关系

管理思想是人们在漫长而重复的管理活动中逐步形成的。随着社会生产

力的发展，人们把各种管理思想加以归纳总结，形成了管理理论。人们运用管理理论去指导管理实践，以期取得效果，并在管理实践中不断修正和完善管理理论。管理实践、管理思想、管理理论三者之间的关系如图2-1所示。

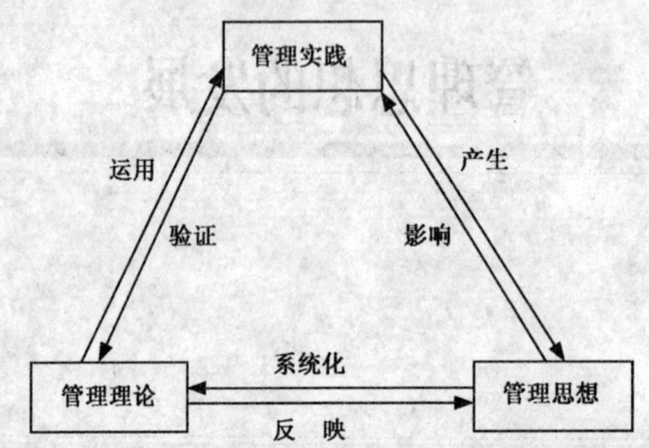

图2-1 管理实践、管理思想、管理理论三者关系示意图

二、管理形成与发展阶段的划分

综观管理实践、管理思想、管理理论的发展史，管理形成与发展大体可以分为四个阶段：早期管理实践与管理思想、古典管理理论阶段、新古典管理理论阶段、现代管理理论阶段。

（一）早期管理实践与管理思想

19世纪末20世纪初以前，人类仅仅为了谋求生存而进行各种活动，虽然在管理上提出了某些见解，但尚未认识到管理本身的重要性和必要性。人们虽然有意识地观察和分析管理活动，并对管理活动在组织中所起的作用有了一定的认识，但还未形成较系统的管理理论。

（二）古典管理理论阶段

古典管理理论阶段是指20世纪初泰罗科学管理理论出现后，到20世纪30年代行为科学理论出现之前。这一阶段的主要代表人物和管理理论有：泰罗及其科学管理理论、法约尔与管理过程理论、马克斯·韦伯与理想行政组织理论等。

（三）新古典管理理论阶段

新古典管理理论阶段是指20世纪30～60年代这一段时间。主要指行为科学理论的形成发展。这一阶段的主要代表人物有梅奥、巴纳德等。

(四) 现代管理理论阶段

现代管理理论阶段是指从 20 世纪 60 年代到现在。这一时期管理领域非常活跃，出现了一系列管理学派，有“管理理论丛林”之称。在 20 世纪 60 年代中后期到 80 年代初，出现了以战略管理为主，研究企业组织与环境关系的时代。在 20 世纪 80～90 年代初期，出现了企业再造时代，美国企业从 80 年代起开始了大规模的“企业重组革命”，日本企业也于 90 年代开始进行所谓“第二次管理革命”。在 20 世纪 90 年代以后，出现了全球化和知识经济时代的组织管理。

第二节 早期管理实践与管理思想

一、早期管理的特点

早期的管理思想是指 19 世纪末 20 世纪初管理思想系统化之前，人类经过管理实践和经验总结，而形成的对管理某些方面的思考和认识。人类进行的管理实践，大约已超过了 6000 年的历史。著名的埃及金字塔，从设计到施工组织管理，都堪称是人类社会最光辉的遗产。还有巴比伦的“空中花园”、罗马水道以及我国的万里长城等，都是历史上伟大的管理实践。这些著名的文明古国在国家管理、生产管理、军事、法律等方面，也都曾有过许多光辉的实践。

进入 18 世纪 60 年代后，以英国为代表的西方国家，开始了第一次工业革命（又称产业革命），即资本主义的机器大工业，代替手工技术为基础的工场手工业的一场重大的变革，使生产力有了很大发展，随之而来的是管理思想、管理方法和管理手段的创新，出现了一批卓有贡献的思想家、经济学家和管理学家。因此，工业革命的完成，生产关系的变革，工厂制度的建立与发展，促进了人们对管理的普遍关注。

早期管理也称为传统管理或经验管理，虽然有许多学者从不同的角度提出了一些管理思想，但并没有形成一种系统化的理论体系。这一阶段管理的主要特点有：

(1) 管理的指导思想是惰性的，认为工人总是偷懒，必须进行强制性的管理。

(2) 管理的重点是解决分工和协作的问题，侧重研究通过分工和协作来保证生产顺利地进行，减少资金消耗，提高工人的日产量指标，获得更多的利润。

(3) 管理的方式是家长式的，独断专行的，专制式的。

(4) 管理的依据是靠个人的经验和感觉，不靠数据而靠记忆、靠主观判断来管理。没有统一的计划和管理办法，管理工作的好坏完全取决于管理人员的经验。

(5) 工人和管理人员的培养，靠师傅带徒弟的办法，没有统一的标准和要求。

二、早期的管理思想

早期管理时期对管理理论最先做出贡献的是英国古典经济学家亚当·斯密（1723～1790）。他在 1776 年发表了《国民财富的性质和原因的研究》（简称《国富论》）一书，系统地阐述了劳动价值及劳动分工理论。亚当·斯密认为，劳动是国民财富的源泉，各国人民每年消费的一切生活日用必需品的来源是本国人民每年的劳动。劳动创造的价值是工资和利润的源泉。他在分析增进“劳动生产力”的因素时，特别强调了分工的作用，认为劳动分工可以使工人重复完成单项操作，提高熟练程度，提高劳动生产率；可以减少由于变换工作而损失的时间；可以简化劳动，使劳动者的注意力集中在一种特定的对象上，有利于创造新工具和改进设备。劳动分工理论不仅符合当时生产发展的需要，而且也成了以后企业管理理论中的一条重要原理。

在亚当·斯密之后，英国的数学家查尔斯·巴贝奇，进一步发展了亚当·斯密劳动分工理论，提出了许多关于组织机构和经济学方面带有启发性的问题。

在此期间，还有英国的空想社会主义者罗伯特·欧文，提出了在工厂生产中要重视人的因素，他的改革试验证明，重视人的因素和尊重人的地位，可以使工厂获得更多的利润。

早期管理的各种管理思想是随着生产力的向前发展，适应了当时工厂制度发展的需要而产生的。这些管理思想虽然不系统、不全面，没有形成专门的管理理论和学派，但对于促进生产及以后科学管理理论的产生和发展起到了积极的作用。

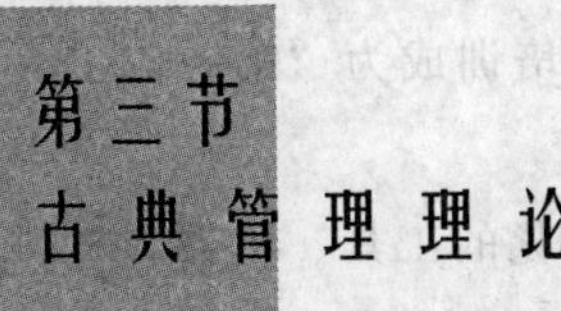

第三节 古典管理理论

一、古典管理的特点

早期管理思想实际上是管理理论的萌芽。管理理论比较系统的建立，是在19世纪末20世纪初。古典管理理论阶段是从20世纪初到30年代行为科学理论出现之前。这个阶段所形成的管理理论，称为"古典管理理论"或"科学管理理论"。所谓科学管理，是指符合客观规律的管理，也就是按照社会化大生产的特点和规律进行管理。具体特点有：

1. 为了满足社会需要而生产优质产品。
2. 在生产活动中不断采用新的科学技术，依靠科学技术发展生产。
3. 保持生产过程的连续性和比例性。
4. 在生产经营活动中，要求职工必须具有高度的组织性和纪律性。
5. 实行集中统一领导和指挥，按照计划进行生产经营活动。

二、古典管理时期的代表人物及其管理理论

古典管理时期的代表人物及管理理论主要有：泰罗及其科学管理理论、法约尔与管理过程理论、马克斯·韦伯与理想行政组织理论。

（一）泰罗及其科学管理理论

泰罗（F·W·Taylor，1856～1915）是美国古典管理学家，科学管理的主要倡导人，被称为"科学管理之父"。

泰罗所创立的科学管理理论要点包括以下八个方面：

1. 科学管理的中心问题是提高劳动生产率

泰罗认为，提高劳动生产率的潜力很大。方法是选择合适而熟练的工人，把他们完成每一项动作，每一道工序的时间记录下来，并把这些时间加

起来，再加上必要的休息时间和其他延误时间，就得出完成该项工作所需的总时间。据此制定出“合理的日工作量”，这就是所谓工作定额原理。

2. 为了提高劳动生产率，必须为工作配备“第一流的工人”

泰罗认为那些能够工作而不想工作的人不能成为第一流的工人，只要工作合适，每个人都能成为第一流的工人。而将工人培训成为“第一流工人”是企业管理当局的责任。

3. 要使工人掌握标准化的操作方法，使用标准化的工具、机器和材料，并使作业环境标准化

泰罗认为必须用科学的方法，对工作的操作方法、使用的工具、劳动和休息时间的搭配，以至机器的安排和作业环境的布置等进行分析，消除各种不合理因素，把各种最好的因素结合起来，形成一种最好的标准化的方法。而这种方法的制定是企业管理的首要职责。

4. 实行有差别的计件工资制

按照作业标准和劳动定额，规定不同的工资率，对完成和超额完成定额的人，以较高的工资率支付工资；对完不成定额的人，则按较低的工资率支付工资。

5. 工人和雇主双方都必须来一次“精神革命”

泰罗认为工人追求的是高工资，资本家追求的是高利润，如果劳动生产率得到了提高，工人不仅可以增加工资，而且资本家可以获得高额利润。因此，泰罗认为劳资双方必须变相互对抗为互相信任，共同为提高劳动生产率而努力。

6. 把计划职能同执行职能分开，变原来的经验工作方法为科学工作方法

泰罗指出，有意识地把以前由工人承担的工作分成计划职能和执行职能。计划职能归企业管理当局，并设立专门的计划部门来承担。至于现场的工人，则从事执行职能，即按照计划部门制定的操作方法和指令，使用规定的标准化工具，来代替原来的经验工作方法。

7. 实行职能工长制

泰罗认为，为了使工长能够有效地履行职责，必须把管理工作细分，使每一个工长只承担一种职能。这种做法使一个工人同时接受几个职能工长的指挥，容易造成混乱，所以没有得到推广。但这种思想为后来职能部门的建立和管理专业化奠定了基础。

8. 在管理控制上实行例外原则

泰罗认为规模较大的企业，不能只依据职能原则来组织或管理，还必须运用例外原则，即企业高层管理人员把一般的日常事务授权给下层管理人员去处理，自己只保留对例外事项（超出常规标准的例外情况，如特别好或特别坏的重要事项等）的决策和监督权。

(二) 法约尔与管理过程理论

亨利·法约尔（Henri Fayol，1841～1925）出生于法国，是欧洲古典管理理论的创始人，被称为“管理过程理论之父”。

法约尔和泰罗都是同时代的杰出人物，管理科学的奠基人。法约尔与泰罗的背景、经历不同，研究的视角有所不同。泰罗是以普通工人的身份进入工厂的，他研究的是车间层的管理，采用的是科学方法；法约尔作为公司的高层领导，将其39年的经验经过升华，研究的是所有管理者的活动，其理论适用于各种组织。

管理过程理论要点包括以下四个方面：

1. 企业职能不同于管理职能

任何企业都有六种基本活动或职能，即技术、商业、财务、安全、会计、管理，管理活动是其中之一。在各类企业中，下属人员的主要能力是具有企业特点的职业能力，而较上层人员的主要能力是管理能力，而且随地位的上升，管理能力越显重要。

2. 管理要素

法约尔提出，管理这一职能活动是由五个管理职能组成的。即计划、组织、指挥、协调、控制。法约尔认为，管理就是实行计划、组织、指挥、协调和控制；计划就是探索未来、制定行动计划；组织就是建立企业的物质和社会的双重结构；指挥就是使其人员发挥作用；协调就是连接、联合、协调所有的活动及力量；控制就是注意是否一切都按已制定的规章和下达的命令进行。

3. 管理的十四条原则

法约尔提出了管理人员解决问题时应遵循的十四条原则：分工、职权与职责、纪律、统一指挥、统一领导、个人利益服从整体利益、人员报酬、集中化、等级链、秩序、公平、人员稳定、首创精神、团结精神。

4. 管理教育的必要性和可能性

法约尔认为，企业对管理知识的需要是普遍的，而单一的技术教育适应不了企业的一般需要。管理能力可以通过教育来获得，没有理论就不可能有教育。因此应尽快建立管理理论，并在学校中进行管理教育，使管理教育起到象技术教育那样的作用。法约尔原来打算写一本包含四个部分的管理学著作，囊括自己毕生的思想和经验，全书分为：论述管理教育的必要性与可能性、论述管理的原则和要素、论述法约尔个人的观察和经验、论述第一次世界大战的教训。遗憾的是第三、四部分始终没有写出。前两部分是法约尔于1908年在圣艾安蒂矿业学会成立五十周年时所做报告的基础上，他把它写成《工业管理和一般管理》一书。

(三) 马克斯·韦伯与理想行政组织理论

马克斯·韦伯（Max Weber，1864～1920）是德国古典管理理论代表人物，被称为“组织理论之父”。

理想行政组织理论要点包括以下两个方面：

1. 权力论

任何组织都必须有某种形式的权力作为基础，才能实现目标。只有权力，才能变混乱为秩序。韦伯认为，存在三种纯粹形态的权力：理性——法律的权力（合法的权力）；传统的权力；超凡的权力。理性——法律的权力是指由社会公认的法律规定的，或者掌有职权的那些人下命令的权力。传统的权力是由历史沿袭下来的惯例、习俗而规定的权力。超凡的权力是以对某人的特殊和超凡的神圣、英雄主义或模范品质的崇拜为基础的。在这三种纯粹形态的权力中，传统权力是世袭得来的，而不是按能力挑选的，其效率较差。超凡的权力是以对某人的特殊和超凡的神圣、英雄主义或模范品质的崇拜为基础的，其过于注重感情色彩并且是非理性的。因此，这两种权力都不宜作为行政组织体系的基础。而理性——法律的权力是指由社会公认的法律规定的，或者掌有职权的那些人下命令的权力，所以只有理性——法律的权力，才能作为理想组织体系的基础。

2. 理想的行政组织体系

所谓“理想的”，是指这种组织体系并不是最合乎需要的，而是组织的“纯粹的”形态。韦伯就理想的行政组织体系的管理制度、组织结构提出了具有深刻影响的思想。其观点主要有：明确的分工、自上而下的等级系统、人员的考评和教育、职业管理人员、遵守规则和纪律、组织中人员之间的关系。韦伯认为，理想的行政组织体系和其他组织形式相比，具有能够取得高效率的特点。

第四节 新古典管理理论

一、梅奥及霍桑试验

乔治·埃尔顿·梅奥（Geofge Elton Mayo，1880～1949），是原籍澳大利亚的美国行为科学家。1924～1932年间，美国国家研究委员会和西方电气公司合作进行了一项研究，由梅奥负责。由于研究是在西方电气公司所属的霍桑工厂进行的，因此后人称之为霍桑试验。霍桑试验共分四个阶段：

第一阶段：工场照明试验（1924～1927年）

试验将一批工人分为两组：一组为“试验组”，让工人在不同照明强度下工作；另一组为“控制组”，工人在照明度始终维持不变的条件下工作。但是照明度的变化对生产效率几乎没有什么影响。这个试验似乎以失败告终。但这个试验得出结论：工场的照明只是影响工人生产效率的一项微不足道的因素，生产效率仍与某种未知因素有关。

第二阶段：继电器装配室试验（1927年8月～1928年）

这项试验研究各种工作条件（材料供应、休息时间、作业时间、工资等）的变动，对小组生产率的影响，以便能够更有效地控制影响工作效果的因素。试验的结论是，这些因素对生产率很少或没有多大影响，但似乎由于督导方法的改变，使工人工作态度有所变化，产量有所增加。

第三阶段：访谈计划（1928～1931年）

两年内他们在上述试验的基础上，进一步开展了全公司范围的普查与访问，调查了2万多人次，发现所得结论与上述试验所得相同，即“任何一位员工的工作绩效，都受到其他人的影响”。于是研究进入第四阶段。

第四阶段：接线板接线工作室试验（1931～1932年）

试验以集体计件工资制刺激，企图形成“快手”对“慢手”的压力以提高生产效率。结果发现，工人既不会为超定额而充当“快手”，也不会因完不成定额而成为“慢手”，当他们达到自认为是“过得去”的产量时，就会自动松懈下来。试验的结论是，车间里除了存在按照公司编制建立的正式组织外，还存在因某些因素而形成的非正式组织，这些非正式组织有时会严重影响工作效率。

二、人际关系学说

根据霍桑试验的结果，梅奥于1933年出版了《工业文明中人的问题》一书，提出了与古典管理理论不同的新观点，形成了人际关系学说，其主要观点是：

1. 工人是“社会人”

作为复杂社会系统成员，金钱并非刺激工人积极性的惟一动力，他们还有社会、心理方面的需求，因此社会和心理因素等方面所形成的动力，对效率有更大影响。

2. 企业中存在着“非正式组织”

霍桑实验发现，除了存在正式组织之外，还存在着非正式组织。非正式组织是企业成员在共同工作的过程中，由于具有共同的社会感情而形成的非正式团体。这种无形的组织有它特殊的感情、规范和倾向，左右着成员的行为。

3. 新型的领导应通过对职工“满足度”的增加，来提高工人的士气，从而达到提高效率的目的

霍桑实验认为效率的升降，主要取决于工人的士气，而士气的高低，则取决于社会因素，特别是人群关系对工人的满足程度，即他的工作是否被上级、同伴和社会所承认。满足程度越高，士气也越高、生产效率也就越高。所以，领导的职责在于提高工人的士气，善于倾听和沟通下属职工的意见，使正式组织的经济需求和工人的非正式组织的社会需求之间保持平衡。这样就可以解决劳资之间乃至整个“工业文明社会”的矛盾和冲突，提高效率。

4. 霍桑效应

试验表明，工人对于新环境的好奇与兴趣，可以导致较佳的成绩，至少在最初阶段是如此。

梅奥的人际关系理论为管理思想的发展开辟了新的领域，标志着管理的研究开始转向强调人的因素在组织中的作用。但梅奥的理论也存在一定的局限性，主要表现为过分强调非正式组织的作用；过多地强调感情的作用；过

分否定经济报酬、工作条件、外部监督、作业标准的影响等。梅奥的人际关系学说是早期的行为科学，在此基础上发展形成了行为科学理论。

三、行为科学理论

行为科学是研究人类行为规律的科学。行为科学的发展是从人际关系学说开始的。人际关系学说的代表人物是梅奥。他通过著名的“霍桑实验”，创立了人际关系学说。梅奥所创立的人际关系学说为后来的行为科学研究奠定了基础。1947年在美国芝加哥召开的一次跨学科的会议上，梅奥首先提出了行为科学这一名称，由此进一步形成和完善了行为科学理论，在梅奥之后该理论的研究主要集中在四个领域：有关人的需要、动机和激励的问题；有关所谓“人性”的问题；有关非正式组织及人际关系的问题；有关领导方式的问题。六十年代，为了避免管理学中的行为科学与广义的行为科学相混淆，出现了组织行为学这一名称。组织行为学实质是包括人际关系学说在内的狭义的行为科学。

目前从组织行为学研究的对象和所涉及的范围来看，可分成三个层次，即个体行为、团体行为、组织行为。有关个体行为的理论主要包括两个方面：一是有关人的需要、动机和激励理论，可分成三大类，即内容型激励理论，如需要层次理论、ERG理论、双因素理论、成就需要理论等；过程型激励理论，如期望理论、公平理论、波特——劳勒模式等；行为修正型激励理论。二是有关企业中的人性理论，如X、Y理论、不成熟——成熟理论等。有关团体行为理论，团体行为介于个体行为与组织行为之间。有关组织行为理论，如领导性格理论，领导行为理论，领导权变理论等。

第五节 现代管理理论

一、现代管理的特点

现代管理是从20世纪60年代开始，直到现在。现代管理是近代所有管理理论的综合，是一个知识体系，是一个学科群。现代管理与“科学管理”相比，具有以下几个显著的特点：

第一，突出了经营决策。提出了“管理的重心在经营，经营的重心在决策”。

第二，广泛运用现代管理工具和现代科学技术。如将电子计算机、运筹学、价值工程、网络技术等应用于生产经营管理，极大地提高了管理效率和管理水平。

第三，实行以人为中心的管理。提出了以尊重人为号召，以激励人为手段，笼络人心，鼓舞士气，并进行智力开发投资，对职工实行终身教育。

第四，实行系统管理。把系统论、控制论原理引进企业管理中来，把整个企业看作一个动态的开放系统。应用系统工程原理，从系统最优化观念出发进行经营决策。

第五，重视“非正式组织”的作用。非正式组织是人们以感情为基础而结成的集体，这个集体有约定俗成的信念，人们彼此感情融洽。利用非正式组织，就是在不违背组织原则的前提下，发挥非正式群体在组织中的积极作用，从而有助于组织目标的实现。

第六，强调不断创新。要积极促变，不断创新。管理就意味着创新，就是在保证“惯性运行”的状态下，不满足于现状，利用一切可能的机会进行变革，从而使组织更加适应社会条件的变化。

二、现代管理理论丛林

在现代管理时期，有许多管理学家和实业家从事现代管理的研究，呈现出各种学派林立的局面。他们研究的对象虽然相同，但研究的侧重点各不相同，各学派及其理论的相互补充，促使管理科学的内容更加丰富。现将现代管理阶段中几个主要学派的管理理论介绍如下：

（一）管理科学理论

管理科学理论是泰罗的“科学管理”理论的延续和发展，他以运筹学、系统工程、电子技术等科学技术为手段，从操作方法、作业水平的研究，向科学组织研究扩展，同时吸取了现代自然科学和技术科学的新成果，形成一种现代的组织管理科学。

管理科学理论有以下几个主要特点：

1. 生产和经营领域的各项活动都以企业总体的经济效益做评价标准，

即要求行动方案能以总体的最少投入，而获得总体的最多产出。

2. 借助数学模型求得最优实施方案，使各项活动效果定量化。

3. 广泛应用电子计算机进行各项管理活动。

4. 强调运用先进的科学理论和管理方法。如系统论、信息论、控制论、运筹学、概率论等数学方法和数学模型。

管理科学理论的主导思想是用先进的数学方法及管理手段，使生产力得到最合理的组织，以获得最佳的经济效益，而很少考虑人的行为因素。

管理科学解决问题的程序一般为：提出问题、建立研究系统的数学模型、对数学模型进行求解、检查数学模型和它的解的实际意义、对所求解进行控制、把方案付诸实施。

管理科学学派的代表人是布莱克特、丹齐克、丘奇曼等人。主要观点是利用数学、自然科学和社会科学知识，把管理问题建立起数学模型，并进行求解而展开系统研究。

(二) 社会系统理论

社会系统理论将组织看作是一种社会系统，是一种人们相互关系的协作体系，组织是社会大系统中的一部分，受到社会环境各方面因素的影响。管理人员的作用就是要围绕着物质的、生物的和社会的因素去适应总的合作系统。美国的高级经理和管理学家切斯特·巴纳德 (Chester Barnard) 是该理论的创始人，他的代表著作是《经理的职能》。该理论有以下一些要点：

1. 组织是一个社会协作系统。这个系统能否继续生存，取决于协作的效果、协作的效率和协作目标能否适应协作环境。

2. 正式组织的存在有三个条件：共同的目标、协作的愿望、信息的沟通。

3. 经理人员的职能有三条：建立和维持一套信息传递的系统、善于激励组织成员为实现组织目标而做出贡献、确定组织目标。

(三) 决策理论

决策理论是以统计学和行为科学作为基础的。决策理论是研究企业中决策行为的理论，决策理论的主要代表人物是美国管理学家、计算机科学和心理学家赫伯特·西蒙 (Herbert Simon)。由于他在决策理论研究中作出了重要贡献，1978 年获得了诺贝尔经济学奖。

决策理论的主要观点有：

1. 管理就是决策。西蒙等人认为，管理活动的全过程都是决策的过程。确定目标，制定计划，选择方案，是经营目标及其计划决策；机构设计，生产单位组成，权限分配，是组织决策；计划执行情况的检查，在制品控制及控制手段的选择，是控制决策。决策贯穿于整个管理过程，所以管理就是决策。

2. 决策分为程序性决策和非程序性决策。程序性决策就是按既定的程序所进行的决策。对于经常发生的需要决策的问题，往往可以制定一个例行程序，凡遇到这一类问题，就按照既定程序进行决策，例如，存贮问题的决策就属于程序性决策。当问题的涉及面广，又是新发生的，非结构性的，或者问题极为重要而复杂，没有例行程序可以遵循，就要进行特殊处理。对这类问题的决策就是非程序决策。例如，开辟新市场、开发新产品的决策就属于非程序性决策。而且在一个企业中，上层管理者更多的是进行非程序性决策，基层管理者往往是作程序性决策。

3. 决策过程中要充分考虑人的经验及智能。管理决策中要解决的问题往往是很复杂的，影响因素也是多样的，有些因素的影响程度是难以用公式计算出来的，而是要靠管理者长期工作的丰富经验来确定，因此，决策过程中，人的经验及智能是很重要的。

(四) 系统管理理论

系统管理理论，是以一般系统论为理论基础来研究管理问题，它侧重于对组织结构和模式进行分析，并建立起系统模型以便于分析，从系统的角度考察计划、组织、控制和联系等管理的基本职能。该理论的主要内容包括系统观点、系统分析、系统管理等方面。主要代表人物是卡斯特（F.E. Kast)、罗森茨威克（J.E. Rosenzweig）等美国管理学家，其代表作是《系统理论和管理》。

系统管理理论认为，系统是由一系列相互关联、相互依存的部分组成的整体。社会是一个系统，汽车、动物、人体等同样也都是系统，组织如同一个有机体，也是一个系统。系统有封闭式系统和开放式系统，封闭式系统不受环境影响，也不与之发生联系。相反，开放式系统则与环境发生着动态的相互作用。

系统管理理论认为，组织是一个由相互联系的若干要素所组成的开放系统，它具有系统的集合性、相关性、目的性和动态环境适应性，这些要素可以被称为子系统。组织系统中任何子系统的变化，都会影响其他子系统的变化。为了更好地把握组织的运行过程，就要研究这些子系统及其相互关系，研究它们如何才能构成一个完整的总系统。系统理论和系统分析方法在管理中的广泛应用，极大地拓展了管理人员的思想和视野，提高了管理人员对管理所涉及的各种相关因素的把握和分析能力。

（五）权变管理理论

权变管理理论是20世纪70年代在美国形成的一种管理理论。这一理论的核心就是力图研究组织的各子系统内部和各子系统之间的相互联系，以及组织和它所处的环境之间的联系，并确定各种变数的关系类型和结构类型。权变管理理论认为，在管理中要根据企业所处的内外条件随机应变，没有什么一成不变，普遍适用的“最好的”管理理论和方法。

美国尼布拉加斯大学教授卢桑斯（Fred Luthans）在1976年出版的《管理导论：一种权变学》一书中，系统地概括了权变管理理论。他认为：当过程、计量、行为、系统等四个学说结合在一起时，就产生了“不同部分总和的某种东西”。这就是管理的“权变学说”，这里包含着“权变关系”和“权变理论”。前者是指两个或两个以上的变数之间的一种函数关系。后者就是考虑到有关环境的变数，同相应的管理概念和技术之间的关系，使所采用的管理观念和技术能有效地达到目标。这一理论强调随机应变，灵活运用过去各学派学说。

（六）管理过程理论

管理过程理论是在法约尔管理思想的基础上发展起来的，主要研究管理的过程和职能，其代表人物是美国的哈罗德·孔茨（Harold Koontz）和西里尔·奥唐奈（Cyril O'Donnell）。该理论的基本研究方法是：首先把管理人员的工作划分成一些职能，然后以管理职能为框架进行研究，从丰富多彩的管理实践中探求管理的基本规律。

管理过程理论的基本观点是：

1. 管理是一个过程，即让别人同自己一起去实现既定目标的过程。

2. 管理过程的职能有五个，即计划、组织、人事、领导和控制。

3. 管理职能具有普遍性，即各级管理人员都执行着管理职能，但侧重点则因管理级别的不同而异。

4. 管理应具有灵活性，要因地制宜、灵活应用。

案例分析

案例 2.1 康洁利公司的"洋经理"

康洁利公司是一家中外合资的高科技专业涂料生产企业，总投资 594 万美元，其中固定资产 324 万美元，中方占有 60%的股份，外方占有 40%的股份，生产玛博伦多彩花纹涂料等 11 个系列的高档涂料产品。这些涂料不含苯、铅等有害物质，无毒无味，在中国有着广阔的潜在市场。

开业在即，由谁出任公司总经理呢？外方认为，康洁利公司引进的 20 世纪 90 年代先进的技术、设备和原材料均来自美国，中国人目前尚没有能力进行管理。要使公司迅速发展壮大，必须由美国人来管理这个高新技术企业。中方也认为，由美国人来管理，可以学习借鉴国外企业的管理方法和经验，有利于消化吸收引进的技术和提高工作效率。因此，董事会形成决议：从美国聘请米勒先生任总经理，中方推荐两名副总经理参与管理。

米勒先生年近花甲，但身心健康，充满自信。他有 18 年管理涂料生产企业的经验，自称"血管里流淌的都是涂料"，他对振兴康洁利公司胸有成竹。公司职工也都为有这样一位洋经理而庆幸，都想憋足劲大干一场，好好地赚钱。

谁料事与愿违，公司开业 9 个月不但没有赚到一分钱，反而亏损 70 多万元。当米勒先生一年的签证到期时，被总公司的董事会正式辞退了。1994 年 3 月 26 日，米勒先生失望地返回美国。来自太平洋彼岸的洋经理被"炒鱿鱼"的消息在康洁利公司内外引起了强烈的反响，这位曾经在日本、荷兰主持建立并成功地管理过涂料工厂的洋经理，何以在中国败走麦城呢？这自然成了人们议论的焦点。

多数人认为，米勒先生是个好人，工作认真，技术管理上是内行，对搞好康洁利公司怀有良好的愿望，同时，在吸收和消化先进技术方面做了许多工作。他失败的主要原因是不了解中国的实际情况，完全照搬他过去惯用的企业管理模式，对中国的许多东西不能接受，在经营管理方面缺乏应有的弹性和适应性。中方管理人员曾建议根据中国国情，参照我国有关“三资”企业现成的成功管理模式，结合国外先进的管理经验，制定一套切实可行的管理制度，并严格监督执行。对此，米勒先生不以为然。他的想法是“要让康洁利公司变成一个纯美国式的企业”。他对企业的计划不信任，甚至忧虑，以致对正常的工作计划都持抵触态度，害怕别人会用计划经济的一套做法去干预他的管理工作。米勒先生煞费苦心地完全按照美国的模式设计了公司的组织结构，并建立了一整套规章制度，但最终还是使一个生产高新技术产品且有相当实力的企业缺乏活力，在起跑线上停滞不前，陷入十分被动的局面。

也有人认为，米勒先生到任后学会的第一个中文词就是“关系”，而他最终还是因搞不好关系而离华返美。

对于中国的市场，特别是中国“别具一格”的市场情况和推销方式，米勒先生也不甚了解。他将所有有关市场营销的事情都交给一位中方副总经理，但他和那位副总经理的关系并没有“铁”到使副总经理为他玩命地去干的程度。

在当时的管理体制下，米勒先生试图建立一套分层管理制度：总经理只管两个副总经理，下面再一层管一层。但他不知道，这套制度在中国并不适用，如果没有上下级间的心灵沟通与相互间的了解和信任，会出现什么样的状况和局面。最后的结果是管理混乱，人心涣散，员工普遍缺乏主动性，工作效率低下。

米勒先生临走时扔下一句话：“如果这个企业出现奇迹的话，肯定是上帝帮忙的结果。”然而，上帝并未伸出援助之手，奇迹却出现了。

康洁利公司在米勒先生走后，中方合资厂家选派了一位懂经营管理、富有开拓精神的年轻副厂长刘思才任总经理，并随之组成了平均年龄只有33岁的领导班子。新班子迅速制定了新的规章制度，调整了机构，调动了全体职工积极性。公司的新领导班子认识到自己的产品质量虽好，但尚未被人认识，因而在销售方面采取了多种促销手段，并确定在1994年零利润的状态下，主动向消费者让利销售，使企业走上了良性循环。1994年5月，康洁利首次盈利3万元，宣告扭亏为盈。

问题：

1. 从康洁利公司的起落中你得到什么启示？

2. 试分析总结米勒先生的管理思想及管理哲学。

案例2.2　管理理论真能解决实际问题吗？

海伦、汉克、乔、萨利四人都是美国西南金属制品公司的管理人员。海伦和乔负责产品销售，汉克和萨利负责生产。他们刚参加过在大学举办为期五天的管理培训班学习，在培训班里主要学习了权变理论、社会系统理论和一些有关职工激励方面的内容。他们对所学的理论有不同的看法，现正展开激烈的争论。

乔说："我认为对于我们这样的公司社会系统理论是很有用的。例如，如果生产工人偷工减料或做手脚的话，如果原材料价格上涨的话，就会影响到我们的产品销售。系统理论中讲的环境影响与我们公司的情况很相似。我的意思是，在目前这种经济环境中，一个公司会受到环境的巨大影响。在油价暴涨时期，我们当时还能控制自已的公司。现在呢？我们要想在销售方面每前进一步，都要经过艰苦的战斗。这方面的艰苦，我们大概都深有体会吧？"

萨利插话说："你的意思我明白，我们的确有过艰苦的时期，但我不认为这与社会系统理论之间有什么必然的联系。我们曾在这种经济系统中受过伤害。当然，你可以认为这与系统理论是一致的。但是我并不认为我们就有采用社会系统理论的必要。如果每个东西都是一个系统，而所有的系统都能对某一个系统产生影响的话，我们又怎么能预见到这些影响呢？所以，我认为，权变理论更适合我们。如果你所说的事物都是相互依存的话，系统理论又能帮我们什么忙呢？"

海伦对他们这样的讨论表示了不同的看法，她说："对社会系统理论我还没有好好地考虑。但是，我认为权变理论对我们是很有用的。虽然我们以前亦经常采用权变理论，但是却没有意识到自己是在应用权变理论。例如，我经常听到一些家庭主妇顾客讨论关于孩子和如何度过周末等问题，从她们的谈话中我就知道她们要采购什么东西了。顾客也不希望我们‘逼’她们去买自己不需要的东西。我认为，如果我们花一两个小时与他们交谈的话，那肯定会扩大我们的销售量。但是，我也碰到一些截然不同的顾客，他们一定要我向他们推销产品，要我替他们在购物中出出主意。这些人也经常到我这里来走走，但不是闲谈，而是做生意。因此，你们可以看到，我每天都在应用权变理论来对付不同的顾客呢。为了适应形势，我每天都在改变销售方式和风格，许多销售人员都是这样做的。”

汉克显得有些激动地说：“我不懂这些理论是什么东西。但是，关于社会系统理论和权变理论的问题，我同意萨利的观点。教授们都把自己的理论吹得天花乱坠，他们的理论听起来似乎很好，但是这些理论却无助于我们的管理实际，对于培训班上讲的激励因素我也不同意。我认为，泰罗在很久以前就对激励问题有了正确的论述，要激励工人，就要根据他们的工作及时支付给他们报酬。如果工人什么也没有做，就不用付任何报酬。你们和我一样清楚，人们只是为钱工作，钞票就是最好的激励。”

问题：

1. 海伦、汉克、乔、萨利的观点有什么不同？你同意哪一个人的意见？

2. 你认为管理理论与管理实践有什么关系？

3. 如果你是海伦，你如何使萨利信服系统理论？

4. 你认为汉克的观点是属于哪种管理理论观点？

案例 2.3　肯德基成功登陆中国市场

肯德基最早是在 20 世纪 30 年代由美国人哈兰德·山德士，研制出来的一种快餐。其制作方法是首先把鸡肉裹上一层有 11 种草本植物和调料的面糊，然后在高温下用油炸。这种风味独特的美国“南方炸鸡”，成为风行一时的食品。1964 年，年迈的山德士以 200 万美元和终生领取薪金为报酬，把他的炸鸡技术售出。买主是 29 岁的原肯德基的律师约翰·布朗及他的财务赞助人，60 岁的麦克·马塞。

由于新管理者积极进取和美国快餐业的迅速发展，肯德基家乡鸡公司的生意增长十分迅猛，到 1970 年销售额达到 2 亿美元，新建炸鸡店约 1000 家，其中绝大部分是以出让特许权的方式设立的。

1971 年，布朗和马塞以 2.75 亿美元的价格把“肯德基”的特许权卖给了 Heublein 公司，在这前后开始建立国际业务。1970 年在日本的大阪开了远东第一家分店，1973 年日本发展到 64 家分店，绝大部分在东京地区。同时肯德基又开展了在香港、澳大利亚、英国和南非的业务。其间，由于肯德基在国外的当地管理者对在文化传统差异极大的东道国生搬硬套美国炸鸡店的设计、菜谱和销售方法感到很不适应，和公司领导之间的关系紧张。于是出现严重亏损，肯德基于 1975 年关闭了在香港的全部分店。日本的分店在 70 年代也不景气。同时，肯德基在国内面临同行业的严重挑战。特别是由于许多高级管理人员纷纷辞职或被解雇，导致了特许经销代理人的混乱，进而导致质量不稳定，清洁卫生差和为顾客服务不规范，致使公司销售额、利润下降。

1975 年 Heublein 挑选了迈克尔·迈尔斯来拯救肯德基，打了一场翻身仗。迈尔斯的战略是“回到基本宗旨”，即在选择菜谱、提供优质的产品、服务及清洁卫生（QSC）等方面，重新回到当初办店的基本宗旨上来。他实施了一个新的职工系列培训计划，不定期抽查公司在美国的分店及特许经销分店，同时进行新的广告宣传：“我们烹调鸡肉的方法最科学、风味最独特”。结果肯德基的经营发生了戏剧性的变化，销售迅速增长，在国外的分店数超过了麦克唐纳。到 1982 年，肯德基在日本拥有大约 400 家分店，在新加坡有 23 个特许经销分店。

1982 年夏，R·J·雷诺以 14 亿美元购买了 Heublein 公司。查德·梅耶接替迈尔斯当了肯德基的总经理。雷诺制定了一个雄心勃勃的向世界范围扩展的计划，并许诺在 5 年内拨款 10 亿美元作为实现这一计划的基金。到 1983 年，肯德基已在东南亚地区建立了 85 个特许经销分店，包括在印度尼西亚的 20 家，马来西亚的27家和新加坡的23家。经过10年的惨淡经营，肯德基于1985年重新回到香港，在香港的第一家肯德基店，开业后的第一周，即卖出了41000多块炸鸡，创造了开业营业额的最高纪录。

从肯德基创立和发展的历史中，我们看到它在国外，特别是在东南亚扩展业务的能力，也看到了它成功和失败的主要经验教训，下面看它是怎样进入中国市场的。

1985年1月，该公司主要老板梅耶和托尼·王之间进行了关于如何打入中国市场可行性的最初讨论。托尼·王提出："我完全相信肯德基在目前打入中国市场，要比任何其他美国快餐连锁店都有绝对的竞争优势……我认为，肯德基可以打开中国的大门，并通过建设一个稳固的家禽供应基地，来取得一个无可争辩的领先地位。"这一建议，得到了肯德基总公司R·J·雷诺的鼓励。梅耶对王的建议也表现出极大的兴趣，梅耶认为，中国这个市场太重要了，以致不能不作为一个公司的业务加以研究。1986年夏天，王接受了肯德基东南亚地区办公室副总经理的职务。他把在中国建立第一个西方风味快餐店的机会视为一个历史性的机会，不论对他个人，对整个公司都是这样。他还意识到这一工作具有极大的风险。

为实施这一计划，王决定对中国市场进行全面彻底的调查。其首要问题是：中国的第一家肯德基店，地址选在何处？他最初想到的是天津，肯德基打入中国市场的其他选址方案还有上海、广州和北京。他们逐一比较、详细分析了这些城市优缺点。

经过一个城市一个城市的考察评价，最后把投资地点的决策目标定在中国的首都北京。考虑到北京众多的现代化宾馆、大量的流动人口、在全国的形象及影响力，王决定把北京作为一个起点。托尼·王出生在四川，后来去了台湾和美国。王来中国开设肯德基分店前，曾在天津办了一家合资企业。他为什么不把第一家肯德基快餐店选在成都或天津呢？王是一个喜欢冒险的人物，他清楚肯德基第一家分店的地点如选择得当，可以使打入中国的风险大大降低。王还认识到，由于在中国的快餐业中尚没有其他的竞争者，目前这个时候恐怕是采取行动的最佳时机。如果耽误时间就等于把市场让给他人，这才是最大的冒险。这样，王在那些可能的风险及可能的收益之间进行了反复权衡，作出了最后的选择。

此后，王开始寻找当地的合作伙伴，组成合资企业。1986年12月，托尼·王和中方的合伙人签署一份合资协议，成立了北京肯德基家乡鸡有限公司（B—KFC）。其中肯德基占60%股份，北京旅游局占27%的股份，北京畜产公司占13%的股份。并商定了董事会的组成及董事的名额分配，中美双方各占一半。1987年2月，北京市颁给北京肯德基有限公司营业执照，在批文中，B—KFC获得两年免税，3年减半的优惠，即在获利的第3、4、5年所得税税率为16.5%，以后年份所得税税率为33%。虽然在操作过程中，托尼·王曾有过一些疑虑，但实践已经证明，这项决策是成功的。

自从肯德基打入中国市场以来，以其不紧不慢且稳健踏实的步伐在中国这个世界上最大的市场站住了脚，而且得到了一笔可观的回报。据估计，肯德基在中国市场售出的肉鸡总量已达到7100万只，若将每只鸡首尾相连排列起来，相当于往返中国最北端的漠河到最南端的曾母暗沙四次的距离，肯德基在中国平均每天接待40万人次的消费者，约占它在全球每天平均消费人数的十五分之一。

目前，美国肯德基国际公司的子公司达9000多个，遍布全球60多个国家和地区。

问题：

1. 肯德基历任管理者的管理思想及其文化根源是什么？
2. 肯德基迅速发展的一个关键因素是什么？
3. 肯德基在中国的成功归根到底取决于什么？

复习思考题

1. 如何理解管理实践、管理思想和管理理论三者间的关系？

2. 管理的形成与发展经历了哪几个阶段？各阶段有何特点？

3. 亚当·斯密对管理理论的形成所作出的主要贡献是什么？

4. 古典管理阶段有哪些代表人物？他们的主要观点是什么？

5. 什么是霍桑实验？人际关系学说的主要观点是什么？

6. 行为科学理论研究的有那些？组织行为学的理论主要包括那些？

7. 现代管理阶段有哪些主要理论？他们的主要观点是什么？

第三章

计　　划

内容提要

“凡事预则立，不预则废”，这是谈事业成败与事业计划之间的紧密关系。一个管理者，要想使自己的工作卓有成效，就要搞好自身工作的计划；要想使工作有明确的方向，并能朝着这个方向去努力，就要做好计划的执行工作。本章突出介绍计划与计划工作、计划工作的核心—决策、计划的实施等方面内容，旨在掌握计划的重点知识、计划的技术与方法。

第一节 计划与计划工作

一、计划工作及特征

计划，亦称谋划、筹划或规划，是指在工作或行动之前，通过科学的分析、预测与决策，对未来工作或行动作出全面筹划和部署的一系列活动。计划有广义和狭义之分。广义的计划是指制订计划、执行计划和检查计划的执行情况这三个阶段的工作过程，即计划工作。我们常常把计划工作简称计划；狭义的计划则是指制订计划。

计划在管理中处于首要地位、具有重要作用。《孙子兵法》的首篇，即“计篇”指出，“用兵之道，以计为首”。同样，管理也要以计划为首。计划可以协调经济利益关系，可以形成可持续发展，可以建立科学管理的依据，可以发挥一切因素的积极性。列宁曾经指出：任何计划都是尺度、准则、灯塔、路标。这是对计划作用的最形象的比喻。实践证明：一个好的计划，即科学性、准确性很强的计划，对于我们的工作将起到事半功倍的作用；相反，一个科学性、准确性很差的紊乱的计划，则使我们的工作事倍功半，甚至一无所得。因此，计划是十分重要的。

计划的基本特征可以概括为以下五个方面：

第一，目的性。任何组织都有其目的，都要通过精心的计划来实现目标、实现组织的生存和发展。计划是人们的一种意识形态，其实质就是对目的进行分析与设计。通过计划工作，可以确立目标、实现预期目的。

第二，首位性。管理者进行组织工作、人员配备、指导与领导工作以及控制工作等，意图在于促使计划的实现，因此计划理应放在其他四项工作之前进行。计划成为各行各业用来组织、指挥、调节和控制的工作基础，已表明了计划工作是具有首位性的。

第三，普遍性。计划是各级管理者应履行的一项工作职责。各级管理人员的职位有高低，职权有大小，但他们在工作中始终都要按照计划来进行，因此计划对各级管理人员而言具有普遍性。

第四，实践性。计划是在管理实践的基础上提出来，又去指导未来的实践，并在实践中接受检验。它在全面考虑实际情形和可能遇到问题的前提下，力求使计划合乎未来的变化，并在未来得到进一步的充实和完善。

第五，效率性。计划的效率是投入与产出的比率，不仅指人力、物力、财力这些有形物质，还指诸如个人、团体和社会的满意程度这一类无形的评价标准。某个计划的实现，如果付出了太高的或者是不必要的代价，那么这个计划就是低效率的。既使某个计划的开始是鼓舞人心的，但实施计划的方法不当，也会引起不满情绪，使计划的效率降低。

从计划的上述特点可以看出，计划包括很多内容，主要内容为：描述未来行动的整体目标与分支目标；实施行动的具体内容、程序和起止时间；明确行动过程中人、财、物的分配；规定行动过程中组织、人员的相互配合和协调，以及过程之间的衔接关系；提出行动中的各种工作规范、行为准则、政策和要求。

二、计划工作的原理

（一）限定因素原理

限定因素是指妨碍目标得以实现的因素。也就是说，在其他因素不变的情况下，抓住限定因素，就能实现期望目标。所谓限定因素原理，是指在计划工作中，越是能够了解和找到对达到目标起限制性和决定性作用的因素，就越是能准确地、客观地选择可行方案。

毛泽东同志曾在《矛盾论》中用哲学的语言说明了相同的原理："任何过程如果有多数矛盾存在的话，其中必定有一种是主要的，起着领导的、决定的作用，其他则处于次要的和服从的地位。因此，研究任何过程，如果是存在着两个以上矛盾的复杂过程的话，就要用全力找出它的主要矛盾，捉住了这个主要矛盾，一切问题就迎刃而解了"。

限定因素原理是计划与决策的精髓。计划与决策的关键，就是尽可能地找出和解决限定性的或策略性的因素。否则，对问题面面俱到地安排计划、组织决策、进行检查，不仅会浪费时间和费用，而且还有可能把主要注意力转移到工作的非关键性问题上，从而影响预期的目标实现。

（二）许诺原理

在计划工作中，选择合理的计划期限应当有某些规律性可循。一般来说，计划工作和作为计划工作基础的预测工作是复杂且耗费资金的。如果考虑经济上不合算的话，就不应当把计划时期定得太长。当然短期计划也有风险。那么如何确定合理的计划期限呢？关于合理的计划期限的确定问题，就体现在"许诺原理"上。所谓许诺原理，是指任何一项计划都是对完成某项工作所做出的许诺，许诺越大，所需的时间越长，因而实现目标的可能性就越小；承担者的任务越多，计划工作的期限就越长，反之就会缩短。

工业上常用的投资回收率就是这个原理的具体应用。工业上把从投资开始到收回投资的时间，作为投资项目的计划期限，从许诺原理出发，这就要求计划的许诺（任务）不能太多，因为许诺越多，相应的计划工作和作为计划工作的预测工作就越费力、耗资就越大，则计划时期就越长。计划期限越长，未来的不肯定性就越多，从而影响计划工作的准确性，在人力、物力、财力上都是不合算的。

在计划工作中选择合理的期限，还应加强短期计划和长期计划之间的协调，即长期计划的短安排。如果短期计划实现了，那么长期计划就能实现。这样，计划工作的期限就不致于因拉得过长，而影响计划工作的质量。

(三) 灵活性原理

计划工作是面向未来的，而未来又是不确定的，所以在制订计划时，就要尽可能更多地预见计划在实施过程中可能出现的问题，制定出具体的应变措施、灵活对策。一旦发现问题，可以及时解决，从而确保计划能尽可能地顺利实施。所谓灵活性原理，是指计划工作中体现的灵活性越大，未来出现意外事件时，引起损失的危险性就越小。

计划工作必须具有灵活性。当出现意外情况时，就有能力改变措施而不必花太大的开销。必须指出：灵活性原理是指制订计划要留有余地。例如，某项建筑工程的施工进度计划，应该要求按照工程计划的时间完成施工任务，但在制订施工进度计划时却没有考虑到可能出现在雨季不能进行露天作业的情况，因而对完成任务时间的估计一定要留有余地。但是，在施工计划的执行中，一般是不允许有灵活性的。

对管理人员来说，灵活性原理是计划工作中最重要的原理。在承担的任务重、目标期限长的情况下，讲求灵活性将凸现它的作用。当然，灵活性是有限制条件的，限制条件是：①我们不能总是以推迟决策的时间来确保计划的灵活性。如果我们一味地追求非常周全、准确地把握未来，以此来拟定应变措施，当断不断，就会反受其乱，坐失良机，造成损失。②计划具有灵活性可能需要花钱，甚至由此而得到的好处可能仍补偿不了它的费用支出，因此计划必须重视效率性。③有些情况往往根本无法使计划具有灵活性。基于上述原因，灵活性原理还应灵活掌握与运用，不能死搬教条，到处套用。在制订计划时，应量力而行，不留缺口，但要留有余地；要以十分的措施来保证十分的指标，预防一部分措施因故无法落实，而影响计划执行的风险。

(四) 改变航道原理

所谓改变航道原理，是指计划工作人员定期地检查现状和预期前景，以及调整计划、修订计划、完善计划，使计划执行过程具有应变能力，以实现计划承诺与目标。

计划执行中，计划工作人员要象航海家一样、必须经常核对航线，一旦遇到障碍便可绕道而行，因而此原理称为“改变航道原理”。这个原理与灵活性原理不同，灵活性原理是在制定计划时要有适应性，而改变航道原理是在计划执行过程中要有应变能力。

计划制定出来后，计划工作人员就要管理计划，促使计划的实施。而不能被计划所“管理”，被计划所框住。必要时，可以根据当时的实际情况作必要的修订。因为未来情况随时都可能发生变化，因此就要在计划执行中及时运用改变航道原理，不断调整计划。

三、计划的类型、计划指标体系

(一) 计划的类型

计划的类型很多，从宏观、中观、微观层次分的计划各不相同，以各行各业划分的计划又各有所异。计划通常从以下几个方面进行分类：

1. 按计划的规模分类

可分为计划和规划。规划是对较大的范围、较大规模的工作、较长的时间，所作出的总方向、大目标、主要步骤和重大措施的设想蓝图。这种规划并不规定各项有关指标，也不具体指明有关的工作步骤和实施措施等；而计划是在规划的指导和规定下，根据一定的决策目标作出的较短时间内的具体安排和落实措施。计划在指标、措施、步骤、时间安排上都比规划详尽而具体。

2. 按计划的期限分类

一般可分为长期计划，中期计划和短期计划。无论哪种范围的计划，都包括有短、中、长期的计划安排，且长、中、短的时间是相对的。一般地讲，长期计划一般为期在五年以上，是战略性计划，可以解决发展的一些最重大的问题，因而，它在整个计划体系中占有特别重要的地位；中期计划一般指为期一年以上、五年以下的计划，是根据长期计划提出的战略目标和要求，并结合计划期内的实际情况制定的。中期计划是实现计划管理的基本形式。中期计划是长期计划的具体化，又是短期计划的依据。有了中期计划，才能保证计划的连续性；短期计划一般是指一年以下，包括季、月、旬、日、轮班和小时的计划，短期计划是贯彻实施中、长期计划的具体执行计划。上述三种计划，相互衔接，反映事物发展在时间上的连贯性。

3. 按计划的内容分类

就宏观来讲可以分为：社会总产品和国民收入计划、国家工业发展计划、国家农业发展计划、国家人口发展计划等，这些内容是国民经济计划的主要组成部分；就微观来讲可以分为：专项计划和综合计划。专项计划又称专题计划，是指为完成某一特定任务而拟定的计划，例如基本建设计划、新产品试制计划。综合计划是指对组织活动所做出的整体安排，例如，年度工作计划、全面达标计划。综合计划与专项计划之间是整体与局部的关系，专项计划是综合计划中某些重要项目的特殊安排，专项计划必须以综合计划作指导，要避免同综合计划的脱节。

4. 按计划所涉及的层次分类

可分为上层管理计划、中层管理计划、基层管理计划。一般地讲，上层管理计划与长期的战略性计划有关，中、下层管理计划与中、短期的战术执行性计划有关。计划层次越高，计划的指导面就越大、作用力就越大。

5. 按计划所起的作用分类

可分为进入计划、撤退计划和应急计划。进入计划是指发展一项新的工作时，如何准备上马的措施计划；撤退计划是指对原来从事的工作如何压缩或淘汰的措施计划；应急计划是指发生“意外情况”，如何对应地采取适当措施的计划。

6. 按计划所约束的不同内容分类

可以分为指令性计划、指导性计划和市场调节计划。在计划工作的实际中，计划表现形式是多样的，如宗旨、目的或任务、目标、战略、政策、程序、规则、规划、预算等。各类计划是相对的，相互联系的，在实际工作中往往是综合运用。

(二) 计划指标体系

计划具有时间、空间、层次等不同的特征，因而反映不同的目标和任务，这就形成一个统一的有机整体，即计划指标体系。计划指标体系是由多种计划系列组成的，一般有如下分类：

1. 以对象或内容为标志的计划指标体系

根据经济、社会、科技等不同对象或内容分别制订计划，把握不同对象或内容的内在联系，建立有机结合、相辅相成的计划指标体系。

2. 以时间为标志的计划指标体系

按照计划时间的长短，分设长期计划、中期计划和短期计划，促使长、中、短期计划各自发挥作用，形成远近结合、相互联系的计划指标体系。

3. 以层次为标志的计划指标体系

根据统一计划、分级管理的原则，制定不同层次的计划，促使大的方面不失控、小的方面能搞活，建立互相联系、互相制约、有不同层次决策权的计划指标体系。

4. 以管理形式为标志的计划指标体系

按照计划管理的约束性，分设刚性计划、弹性计划，以确保重大的全局的工作强制完成、多变的灵活的工作自主管理，形成约束适度、刚柔相济、有重点的计划指标体系。

在计划实践中，计划指标体系要保持一定时期的相对稳定，反映国家、主管部门的要求，体现综合平衡的观点；要落实简明扼要，便于考核。计划指标体系的指标构成可以是：数量指标和质量指标，实物指标和价值指标，指令性指标和指导性指标，单项指标和综合指标。

四、计划工作的步骤

（一）计划工作的前提与步骤

计划工作的任务就是预先决定做什么（What），为什么要做（Why），何时做（When），何地做（Where），何人做（Who），以及如何做（How），也就是通常所说的5WlH。要完成计划任务，需要事先预定计划、安排措施、确定控制标准、考核指标等，因而，它要求管理者具有创新能力。由于计划是非常重要的，因而现代管理中一些较大的系统，通常都设有专门履行计划职能的部门。

计划工作是否正确、有效，其关键是对计划前提的分析研究与科学把握。计划的前提是进行外部环境的分析、内部条件的分析、外部环境与内部条件结合的分析，在系统分析的基础上整体把握、科学分解，有机结合地处理外部的机遇与威胁、内部的优势与劣势。外部环境分析的主要内容是：直接环境因素（包括需求因素、资源因素、竞争因素、文化因素、心理因素等）的影响，间接环境因素（政治因素、法律因素、经济因素、社会因素、技术因素等）的影响；内部条件分析的主要内容是：构成计划活动的各个因素以及相互关系，如内部的组织、人员、设施、资金、技术、质量、机制等因素的现状及配合，内部因素在本行业中的水平、相对优劣、未来趋势等。

计划工作遵循三个步骤：即制定计划、实施计划、考评计划。其中，科学的制订计划的程序是计划工作的保证。

（二）科学地制定计划的程序

1. 估量机会

这包括对外部环境与内部条件结合的分析，是计划工作的起点。其内容包括：对未来可能出现的变化和机会进行初步分析，形成判断；根据自己的长处和短处，明确自己所处的位置；了解自己利用机会的能力；列举主要的不确定因素，分析其发生的可能性和影响程度，在反复斟酌的基础上，认识可控的与不可控的，掌握主动权，下定决心，扬长避短。

2. 确定目标

在估量机会的基础上，为本单位及其所属的下级部门确定计划工作的目标。其内容主要是：说明基本的方针和达到的目标；说明制定战略、政策、规则、程序、规划和预算的任务；指出工作的重点与考评标准。

3. 确定前提条件

计划工作的前提条件，是指计划工作的假设条件，即计划实施时的预期环境。当然未来环境的复杂性决定了对每一个细节都提出假设是不现实的，但对一些关键性的、具有战略意义的前提条件，必须通过预测来加以确定。

4. 拟订可供选择的方案

要尽可能多地提供可供选择的方案，探索和考查可供选择的行动方针、效率、成本、时间等，通常至少拟定两个方案。有时，最显眼的方案不一定就是最好的方案，所以要对那些不是一眼就能看清的方案给予特别的注意。

5. 评价各种备选方案

这一步是按照前提和目标来权衡各种因素，比较各个方案的利弊，对各个方案进行评价。当然，评价在实质上是一种价值判断，在很大程度上取决于评价者的各种主观因素和所采用的标准，作为计划部门应当力求保证评价的客观性。这就需要运用一些科学方法去进行评价。

6. 选择方案

这是计划工作的关键性的阶段，是从一系列备选方案中选出一个最佳方案，即作出确定某一方案的抉择。在作出抉择时，应当着重考虑的问题是：选择在可行性、满意性和效益性三个方面结合得最好的方案，应对各个方案进行排序。有时可能会遇到同时有两个难分优劣的方案，在这种情况下，应当确定出首先采取哪个方案，而将另一个方案也进行细化和完善，并作为后选方案。

7. 拟订派生计划

派生计划就是总计划下的分计划。总计划要靠派生计划来保证，派生计划是总计划的基础。当总计划确定之后，就要拟定系列派生计划，对总计划加以支持和补充，以弥补总计划的某些不足。

8. 编制预算

计划工作的最后一步是把计划转化为预算，使之数字化。预算实质上是资源的分配计划。预算工作做好了，可以成为汇总和综合平衡各类计划的一种工具，也可以成为衡量计划完成进度的重要标准。

（三）制定计划遵循的原则

1. 先进性与可行性的原则

即自觉地认识到计划的客观性，努力了解和找到制定计划的一些关键性的限制条件，并据此提出和评价各种可行方案。

2. 短期性与长期性的原则

计划工作应使长期计划和短期计划结合起来，用长期计划统帅和引导短期计划，同时又用短期计划补充和丰富长期计划。

3. 灵活性与稳定性的原则

在正确的假设条件下，保持计划的相对稳定，是计划得以实现的基本条件之一；但未来的不确定性又决定了计划必须具有一定的灵活性，计划要能动地应付环境的各种可能的变化。

4. 统筹性与重点性的原则

制定计划时既要考虑到计划系统的各个组成部分以及相互关系，又要考虑到计划系统外的相关系统及相互关系，进行统一筹划。在统一筹划、全面把握的基础上，区分主次轻重与缓急，突出重点，确保影响全局的重点因素、重点内容、重要环节、重要问题的处理，做到万无一失。

5. 创造性与群众性的原则

制定计划时要根据发展变化着的客观情形，发扬创新精神，不断地制定出具有开创性的计划；要发扬民主作风，把计划寓于群众之中，最大限度地调动人们的主观能动性和创造性。

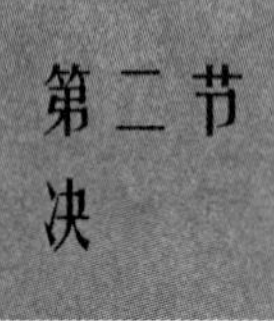

第二节 决策

一、决策的含义及特征

（一）决策的含义

所谓决策，就是对未来的行为确定目标，并从两个或两个以上的可行方案中，选择一个合理方案的分析判断过程。

1. 决策的具体内容

(1) 决策要有明确的目标。决策是为了解决问题，而解决问题就要提出相应的目标。这个目标必须十分明确，体现三个特点：成果的可计量性、时间的确定性、责任的明确性。否则，不仅行动没有方向，而且决策本身也无需存在。

(2) 决策要有两个或两个以上的可行方案。如果没有能够用于比较和选择的多个可行方案，也就无法决策。

(3) 决策要作分析评价。在选择方案作出决策时，制订一个合理的评价标准，对方案进行分析评价，以便比较各个可行方案的优劣。

(4) 决策要进行优选。在对方案评价的基础上进行合理的优化选择，称之为优选。优选的方案不一定是最优的方案，因为最优的方案可能尚未包括在已提出的可行方案之中，但它应是可行方案中最令人满意的方案。

(5) 决策是要进行实施的。要加强对实施方案的监督和控制，保证决策的顺利实施。一旦客观条件发生了预想不到的重大变化时，要及时修正决策的实施方案。

由此可见，决策不是瞬间的决定，而是一个提出问题、分析问题、解决问题的系统分析判断的过程。决策是行为的选择，行为是决策的执行，正确的行为来源于正确的决策。对于每个管理人员来说，改进管理决策、提高决策水平，应当成为经常注意的重要问题之一。管理者只有具备有关决策原理、概念和方法的坚实基础；收集分析、评价信息和选择方案的娴熟技能；经受风险和承担决策中某些不确定因素的心理素质这三个方面，才能实现有效的决策。

2. 决策的作用

(1) 决策是管理的基础和核心。管理从决策的目标出发，又以决策目标的实现而告终。管理的全过程，就是制定决策和执行决策的循环往复的过程。从这个意义上说，“管理就是决策”。

(2) 决策是管理者的首要工作和基本职能。美国学者马文曾经说过，如果向单位的高层管理者提出三个问题，一是每天在哪些方面花时间最多？二是每天中最重要的事情是什么？三是在履行职责时感到最困难的是什么？绝大多数人的回答是两个字——决策。从这个意义上说，“领导就是决策”。

(3) 决策在管理中起着决定性的作用。决策不仅是影响管理效果的直接因素，而且是关系事业成败的关键。在一切成功中，决策的成功是最大的成功；在一切失误中，决策的失误是最大的失误。决策是管理活动的“生命”。

(二) 决策的特征

1. 决策具有针对性

也就是说，决策总是针对解决一定问题和确定一定目标而进行的。

2. 决策具有现实性

也就是说，决策是人们行动的纲领，一切行动都要按照决策进行。

3. 决策具有选择性

也就是说，决策是在两个或两个以上方案中选择一个最优方案。

4. 决策具有风险性

也就是说，决策时所面对的客观情况是复杂多变的，决策者的知识、经验和能力是有限的，将要发生的问题是不以人们的意志为转移的、难以控制的，所以决策的后果具有很大的不确定性或风险。

5. 决策具有科学性

也就是说，决策是遵循一定的原则和科学程序，运用科学的方法，经过系统分析作出的符合客观实际的判断。

现代决策具有极大的信息吞吐量、多目标综合和快速多变的性质，更加着眼于广阔的背景和遥远的未来，因而，科学化的决策是在充分调查、科学预测的基础上，准确认识、集体参与的前提下，按照一定程序、原则、方法来决策的。只有这样，才能正确地做事，做正确的事，高效地做事。

二、决策的类型

人类活动的领域是相当广阔的，存在着各种各样的问题，需要进行各种不同类型的决策，决策已成为一门科学。决策的类型是多种多样的，一般可以作以下分类：

(一) 战略决策和战术决策

战略决策又称宏观决策或全局决策，是指对全局性、根本性和影响深远的重大问题进行的决策。重点是解决管理系统与外部环境的关系问题。例如投资方向和生产规模的选择、新产品开发、企业的技术改造、市场开拓、人力资源等问题的决策。

战术决策也称作微观决策或局部决策，是指对局部性、短期性问题进行的决策。战术决策服务于战略决策，它受战略决策的指导和制约。重点是解决如何组织企业内部力量的问题。例如，日常的营销决策，物资储备，资金分配等决策。

（二）程序化决策和非程序化决策

程序化决策，也称常规性决策或例行性决策，它解决的是再现性问题，有固定的决策程序套用，实施结果比较确定，一般不会发生意外。如定货程序，日常的生产技术管理等决策。

非程序化决策，也称非常规性决策或随机性决策，它解决的问题比较新奇，不经常出现或未出现过，这类决策没有固定的程序，无先例可循，带有很大的风险性。如新产品开发、产品方向变更、市场开拓、人事变更、机构改革等决策。

（三）定性决策和定量决策

定性决策又称非数量决策或定性分析决策，它是对决策目标难以用准确数量表示和分析计算时，主要靠决策者的创造能力和分析判断能力，对问题的性质、特点进行分析研究的一类决策。如个人、集体、经验类推等做法的决策。

定量决策又称数量决策或定量分析决策，它是对决策目标能用数量表示和分析计算，主要用数学方法来进行的一种决策。如通过时间序列分析、计算系数、比例或平均数等做法进行的决策。

（四）经验决策和科学决策

经验决策是靠决策者的知识才干和经验判断进行的决策。科学决策是决策者运用科学的原则、程序、方法和工具进行的决策。二者相辅相成，互相渗透，各有所长。

当然，决策的分类远不止这些。如，按决策的层次分，有宏观决策、微观决策；按决策者的位置分，有高层决策、中层决策、基层决策；按决策的达标要求分，有最优决策和满意决策；按决策要求的结果和时态分，有单项决策和序列决策；按决策的内容及工作分，有综合决策、单项决策；有计划决策、生产决策、销售决策、财务决策，人事决策等等，这里不再一一列举。

三、决策的程序

科学化决策的组织保证是决策体系。从组织上保证决策的条件和各种条件之间的相互衔接的系统，就叫决策系统。决策系统包括决策研究机构和决策机构，两者形成“谋”和“断”的既相对分离，又紧密配合的体系。任何单位都要建立合理分工、职责分明，上下结合、互相协调的决策体系，使决策体系与信息系统、控制系统等形成密切衔接的有机整体。只有这样，决策才能按程序进行。决策的程序是一个动态而完整的活动过程，它由以下相互联系的四个阶段或步骤组成：

（一）确定目标

确定目标，是决策的前提或先决条件。如果没有目标，决策就没有方向，也就无决策可言。如果目标错误，后面的工作就成为无用之功，甚至会产生背道而驰的效果。所以有“决策目标一旦确定，决策的问题就解决了一大半”的说法。因此，在调查研究和广泛收集资料信息的基础上，要合理准确地确定和选择决策的目标。这一阶段主要作好以下几个方面的工作：

1. 调查研究，收集资料

找出问题确定决策目标，首先要进行深入细致的调查和分析、广泛收集资料和信息，收集的资料必须符合全面、客观、准确、可靠和及时的要求。经过对资料的分析研究，找出存在而且需要解决的问题，这些问题就是决策的目标。

2. 筛选目标，抓住关键

在实际工作中，需要解决的问题很多，这就有多个目标的问题。如目标是多个，就需要对目标进行筛选。筛选目标就是处理多目标的问题，要坚持需要与可能相统一的原则，尽量减少目标的数目，抓住急需解决的关键问题，作为决策的目标。

3. 决策目标要具体明确

具体明确的决策目标有五层含义：一是把决策目标分为必须达到的目标和希望达到的目标两类；二是决策目标是单义的；三是决策目标的落实必须要有时间要求；四是决策目标要有明确而具体的衡量标准；五是决策目标必须是可以确定部门和个人责任的。

4. 弄清目标的约束条件

决策目标可分为有条件目标和无条件目标。实际上大多数目标都是附加一定约束条件的，有的是客观存在的约束条件，有的是根据主观要求规定的约束条件，还有法律、制度等方面的一些限制性规定。确定目标时必须把这些约束条件搞清楚。

（二）拟定方案

拟定方案是决策的基础。决策就是选择最优方案，如果没有具体方案，选择最优方案只是一句空话。这一阶段的任务，就是根据已确立的决策目标，制定多个备选方案。完成这一任务，必须做到以下几点：

1. 大胆探索，精心设计

拟定方案的过程，是大胆探索和精心设计的过程。首先，大胆探索需要有创新精神，勇于创新，不能因循守旧、墨守成规。即使是有类似的经验，也应该不断研究新情况，发现新问题，探索解决问题的各种途径和办法。其次，精心设计需要冷静的头脑和坚毅的精神，善于理性思维、系统思维，对拟定的方案逐个预计其效益和可能出现的后果，努力寻求实现方案和预防意外情况发生的各种措施。初步大胆探索、精心设计的结果，只能是方案的雏形，还要进一步加工。只有通过反复地大胆探索和精心设计，才能拟定出可供选择的方案。

2. 拟定的方案应具备的特点

为了保证最后选择的决策方案正确性，就要求每个方案都要力求做到经济性、有效性、系统性、可靠性、灵活性的有机结合。拟定的备选方案应具有如下特点：

(1) 详尽性。拟定的方案在指标及其标准、措施和办法、落实等方面，要详细完全，切忌残缺不全。

(2) 可行性。拟定的方案要符合实际情况，是可以执行的。“可行性”同义于“可能性”，是指方案应具备“做得到，行得通，能实现，会成功”的可能性。

(3) 相互排斥性。要拟定多个方案，方案之间要有各自的特点和质的区别，类似的方案只能算一个方案。

(三) 方案优选

方案优选是在方案评价基础上进行的，是决策的关键，它关系到决策的成败。因此，方案优选是具有决定性意义的阶段。决策者优选方案，并非一下子就可以拍板定案，需要做大量细致的工作，切忌草率、盲目和随意性。首先，要选择与运用科学的方法，对多个可行性方案进行全面与综合的分析、比较和评价。比较、评价的标准应包括方案的作用、效果、利益、意义等。评价选择时，对那些不能用的、重复的、超过资源限度的、以及处于劣势地位的方案应予以筛除，能合并的予以合并。如果出现没有一个方案是“令人满意”的情况时，则应进一步寻求理想的方案。对每一个可行性方案进行充分的论证时，要突出技术上的先进性、经济上的合理性、实践上的可能性来评价；其次，进一步分析形势上的变化、预测执行中可能出现或发生的问题；最后，决策者要广泛听取群众和专家的意见，特别是反对意见更应当重视。在上述工作的基础上，经过比较筛选，选出“满意”方案，即执行方案。在实践中，不是把全部备选方案都找到后，才最后进行一次选择，而是先拟定一批，初选淘汰一些，补充修改一些，再进行选择，直到选出满意方案为止。

（四）执行与反馈

执行与反馈，即决策付诸实施。它是决策的最后一个阶段，选择方案不是决策的目的，目的在于实施方案。决策目标能否实现，同执行与反馈关系极大。如果执行不力，信息不能及时反馈，决策目标就难以实现。为此，必须做好以下工作：

1. 目标分解，层层落实、责任到人

在执行前，要及早解决与实施决策方案有关的问题，建立和完善各项保证措施和制度；要把决策目标分解为中目标和小目标，上至领导下至部门和个人，具体明确目标和任务，做到“横到边、竖到底”。

2. 密切注意目标的运行情况

在执行过程中，随时掌握目标的运行情况，要跟踪检查，及时、准确地反馈信息。对出现的偏差及时采取措施加以纠正，力求决策不断优化和完善，保证正确决策的贯彻执行，促使决策目标的实施贯彻到底。

从以上论述中可以看出：决策的每一个阶段，都是一个复杂过程，决策的四个阶段是一个有机整体、相互联系和相互制约，不可分割。如果决策的某一个阶段在可靠程度上出现了偏差，就会导致整个决策的失败。因此，只有做好每一个阶段的工作，才能保证决策目标的最终实现。

四、决策的方法

随着科学技术的发展，已经形成了一些科学的决策方法。按照是否运用数学方法，可分为定性决策方法和定量决策方法两大类。定性决策方法是不用数学方法评价和选择方案，而用社会学、心理学和行为科学的成果和方法，对方案或方案的某些因素、内容进行综合分析评价，并且充分发挥决策者和专家群众的集体智慧、知识和经验的决策方法。如程序化决策方法、经验型决策方法、创造性决策方法等；定量决策方法常用数学的理论方法，如模型法、概率法、期望值法、决策树法等，帮助决策者选择达到目标的方案和对方案进行经济评价。按照决策问题所处自然状态性质的不同，可分为确定型决策方法、风险型决策方法、非确定型决策方法。定性和定量的决策方法各有所长和不足，不同决策方法运用的前提、条件、作用、结果各不相同。

（一）定性决策方法

1. 程序化决策（又叫例行问题的处理）

程序化决策主要用于例行问题的处理。例行的问题有很多，如公文传递、设备使用等，处理例行的问题就是要按已有的决策结论，如政策、规章制度、业务常规等来办理。

程序化决策时，决策者要善于确定问题是否属于例行问题，可通过列举、排队、归纳等方法来加以确定。当决策者感到无从下手时，可通过事例比较、民主讨论等形式来决定。

程序化决策可以帮助管理者更快地处理日常事务，节省时间和精力，有利于处理其他问题。缺点：可能会减少发现处理问题更好方法的机会，而且政策、规章制度、程序一旦建立，人们就必须按其规定去做，即使有更好的方法，也不能轻易改变，这就易使决策出现僵化。

2. 经验型决策方法

经验型决策就是决策者凭自己阅历、知识等方面积累的经验来进行决策。在人们日常生活中，凭借一些经验进行的简单决策有很多，有时我们常会借助于一系列的经验总结来指导决策。如足球运动员在形势危急时，有意将球踢出场等。

由于个人心理、知识、阅历等方面的局限性，因此凭个人的经验来进行决策，有时会出现重大的失误。但在一些情况下，如信息资料不完整、问题较复杂，涉及大量不可预知的因素等，为了避免出现重大问题的决策失误，导致严重的后果，利用经验进行决策时，可以采用渐进式经验决策的方法。

渐进式的经验决策，是指在众多途径中选择一条先走一步，也就是我们常说的摸着石头过河，然后凭借经验与先走一步的成效改进决策，步步前进、慢慢靠近目标。

这种方法虽然缺少力度和直接性，但由于可根据每一步的结果作出下一步的行动，因此可以避免严重的错误、重大的损失。这种方法适合于重大问题的经验决策。

3. 创新性决策方法

创新型决策是指发现新的、富有想象力的、解决问题的方案，运用创新思维进行的决策。创新思维对决策作了很多的研究，提出了很多能够激发人们想象力的方法。

(1) 头脑风暴法：一群人通过相互启发，形成多种方案的方法。一般有5～9人组成一个小组，要求每个人提出自己的方案，每个人都可以对他人的方案进行修正、提出更好的方案，但不允许指责批评别人的方案。

(2) 发散思维的方法：促使人们打破原有的模式，通过发散思维的方式，从全新的角度来提出解决问题的方案。这种方法的主要鼓励人们摆脱传统的思维模式，从不同角度去看待问题。

(二) 定量决策方法

1. 确定型决策的方法

确定型决策是研究环境条件为已确定情况下的决策，也就是自然状态已知的决策。一般都可以根据已知条件，直接计算各可行方案的损益（损失与收益）值，比较其损益值就可确定最优方案。

确定性决策方法有很多，如直接择优法、临界点分析法，时间序列分析法、差量分析法等。在实际工作中，这类决策并不简单。如一辆运送货物的汽车，从一个城市到另十个城市巡回一次，其路线有：10×9×8×……×3×2×1＝3628800条，要从中找出最短的路线，就需要用线性规划的数学方法才能解决。所以确定型决策可以用数学规划，包括线性规划、非线性规划、动态规划等方法得到最优解。但在实践中许多决策问题不一定追求最优解；只要能达到满意即可。

2. 非确定型决策的方法

非确定型决策是研究环境条件不确定，可能出现不同的情况（事件），而情况出现的概率也无法估计的决策。非确定型问题的决策只能计算出在特定的情况下，各种方案在可能出现的几种自然状态下的收益值或损失值（可以用收益矩阵表示）。决策者根据计算结果，按照个人的特点相应采取不同方法进行最终决策。在进行非确定型决策时，可按四个准则确定：

——保守主义准则（小中取大决策法）；

——冒险主义准则（大中取大决策法）；

——最小机会损失准则（最小最大后悔值法）；

——可能性准则（加权平均法）。

从上述四准则可以看出，不管采用那一种准则，主要是取决于决策者个人的特点，因此，相应的四种方法也多少带有主观的色彩。决策方法的选择，与决策者的知识、经验、综合分析判断能力和魄力有很大关系。现通过实例逐一加以说明。

例：某企业生产一种时令产品，有D1、D2、D3三种推销方案，在未来市场上可能遇到E1、E2、E3三种销售情况，它的收益矩阵见表3-1。

表3-1 单位：万元

自然状态 / 损益值 / 方案	E1	E2	E3	小中取大法	大中取大法	最大后悔值法	加权平均数	
							相同权数	不同权数设为0.8
D1	102	70	-40	-40	(102)	70	44	(73.6)
D2	80	50	20	20	80	(22)	(50)	68
D3	50	40	30	(30)	50	52	40	46

(1) 小中取大决策法。决策者比较稳健，处理非确定型的决策问题十分谨慎小心，深怕由于决策失误造成重大损失，决策时总是基于最坏的结果，在此基础上选择最好的结果，这种决策方法称为“小中取大”决策法。其特点是对方案的选择持保守主义的态度，故又称为悲观的决策法。

进行决策的步骤是：从收益矩阵（表3-1）的行中，选出最小值（-40，20，30），然后，再从中选最大值（30）所对应的D3方案为决策方案。

(2) 大中取大决策方法。决策者敢于冒风险，对非确定型决策问题持乐观态度，决策总是基于最好的结果，且争取好上加好，这种决策方法称为大中取大决策法。其特点是对方案的选择持冒险主义的态度，一心追求最大收益，故又称为乐观的决策法。只有实力很雄厚的企业，预计损失对企业影响不大时才用。

进行决策的步骤是：从收益矩阵（表3-1）的行中，选出最大值（102、80、50），然后，再从中选最大值（102）所对应的D1方案为决策方案。

(3) 最小最大后悔值法。由于非确定型决策问题中，各个方案的自然状态概率是未知的，就有可能出现这种情况：当某种自然状态出现时，由于错选了方案而蒙受了机会损失，出现机会损失时就会想到后悔，可得而未得的收益值，就是后悔值。现在的问题是要使这种后悔值减少到最低程度。

进行决策的步骤是：首先将每种自然状态下的最大收益值减其他方案的值，从而求出每个方案的最大后悔值，然后再选择最小的最大后悔值相对应的方案为选用方案。即从收益矩阵（表 3－1）某列中选最大值，用它减去该列各值，仍填在各值的位置；然后由行中选最大，再从中选最小，详见表 3－2。

表 3－2 单位：万元

D1	102－102＝0	70－70＝0	30－（－40）＝70	70
D2	102－80＝22	70－50＝20	30－20＝10	（22）
D3	102－50＝52	70－40＝30	30－30＝0	52

此例中应选取收益矩阵中最小的最大后悔值（22）所对应的 D2 方案为决策方案。

（4）加权平均法。这是一种介于悲观与乐观之间的决策方法。某些决策者既不象悲观主义者那样保守，也不像乐观主义者那样冒险，他们在对待非确定型问题决策时，总是持折衷的态度，总是用折衷的标准进行平衡，使用折衷的方法来决策。

①相同权数的加权平均法。决策者不能确切知道每一个自然状态出现的概率，可以认为各种自然状态发生的机会是均等的，即假设各种方案在各自然状态下的权数相同来进行加权平均，从中选择最大平均值所对应的方案为选定方案。

现以权数为 1，分别计算（表 3－1）收益矩阵中 D1，D2，D3 各方案的加权平均收益值 Q1，Q2，Q3。

$Q1 = [(102\times1+70\times1+(-40)\times1)]/3=44$

$Q2 = (80\times1+50\times1+20\times1)/3=50$

$Q3 = (50\times1+40\times1+30\times1)/3=40$

因此，应选取（44，50，40）中的最大平均值（50）所对应的方案 D2 为决策方案。

②不同权数的加权平均法。决策者根据资料分析和经验，确定一个冒险权数 n（$0\leqslant n\leqslant1$），n 值的大小表示对决策问题的冒险程度。当 n＝1 时，为冒险主义标准；当 n＝0 时，为保守主义标准；（1～n）为折衷主义标准。

值得注意的是，n 的大小是依不同的决策对象而定的，是一个经验数字。决策的步骤是：根据决策者本身冒险和保守的程度，分别对最好结果和最坏结果给予相应的权数，然后计算各方案的加权平均收益值，其计算公式如下：

$$Q = n \cdot Q_{max} + (1 - n)\ Q_{min}$$

式中：Q 为某方案的加权平均收益值。

Qmax 为该方案最大收益值。

Qmin 为该方案最小收益值。

最后比较各方案的加权平均收益值，选择最大数值所对应的方案为决策方案。

现仍以表 3-1 收益矩阵为例，设 n=0.8，即决策者偏于冒险，则：

Q1=0.8×102+（1-0.8）×（-40）=73.6

Q2=0.8×80+（1-0.8）×20=68

Q3=0.8×50+（1-0.8）×30=46

因此，应选取（73.6，68，46）中的最大值（73.6）所对应的 D1 方案为决策方案。

从此例可以看出，上述的四种非确定型决策方法，都带有相当程度的随意性，由于决策方法不同，决策选用的方案也不同。实际上，这四种方法不仅可以单个使用，而且也可以并应该综合使用。对四种方法计算的结果进行综合评价，将中选次数最多的方案作为决策方案。

3. 风险型决策的方法

风险型决策是研究环境条件不确定，但能以某种概率出现的决策。决策者所选定的任一行动方案都会遇到两个及两个以上的自然状态，这些自然状态发生与否虽然不能确定，但其概率可以通过统计资料求得，或凭决策者经验估计出来。由于决策问题的因素是不确定的，是具有概率变化的，所以无论决策者选定那一个方案，都要承担一定的随机风险。风险型决策的可靠性在很大程度上取决于对各种自然状态发生概率估算的准确程度。因此，要注意三点：第一点，凡是能用实验方法（如抽样法）取得概率值的，应积极进行科学实验；第二点，无法采用实验方法的，应根据历史资料加以确定或计算；第三点，只有在过去和现在确无资料的情况下，才可采用主观概率。

风险型决策的方法主要有期望值法和决策树法两种。前者多用于静态决策，后者多用于动态决策或序列决策。

（1）期望值法。期望值法是把每个可行方案的期望值求出来，然后根据决策目标的要求，选取最大期望收益值或最小期望损失值所对应的方案为决策方案的方法。

以期望值（在不同自然状态下期望得到的值，有期望收益值与期望损失值之分，是可能出现的不同自然状态下的损益值的加权平均）作为选择方案的标准，其前提是假定概率是稳定的。而在实际中，概率有时是变动的和转移的。因此，各个方案的期望利润是根据该方案在各种自然状态下的收益及损失，在假定发生概率的情况下计算出来的，它掩盖了在偶然情况下的损失。

(2) 决策树。决策树是用树形图来表示决策过程中，各种备选方案和各方案可能发生的事件（状态）及其结果之间的关系，以及进行决策的程序。它是一种辅助决策的工具。决策树的基本原理也是以决策损益为依据，通过计算做出择优决策。所不同的是决策树是一种图解方式，对分析较为复杂的多层次的决策问题非常适用。其优点是：①形象直观。可明确地对比解决问题的各种可行方案的优劣；②对与某一方案相关的事件表现得一目了然；③能标明每一方案实现的概率；④能计算出每一方案预期的盈亏结果；⑤特别适合于分层次多级决策。树形图层次清楚，阶段明显，便于集体讨论研究。

构成决策树的要素有四个：①决策点。用来表明决策的结果；②方案枝。从决策点引出若干条直线，以表示该决策点可供决策者选择的若干方案。每条直线上要标明方案名称，称它为方案枝。③状态点。用来表示各种自然状态所能获得效益的机会。④概率枝。从状态点引出若干条直线，以表示采纳该方案后将来可能发生的若干状态，在每条直线上标明状态名称及发生的概率，称之为概率枝（或状态枝）。在各概率枝的末端，因具体问题而异，有的标上结果点，并标明所对应状态的收益值（或损失值）；有的再标上新的决策点，又从该点引出若干方案枝，并由各方案枝分别引出若干概率枝，如此一直到结果点为止。

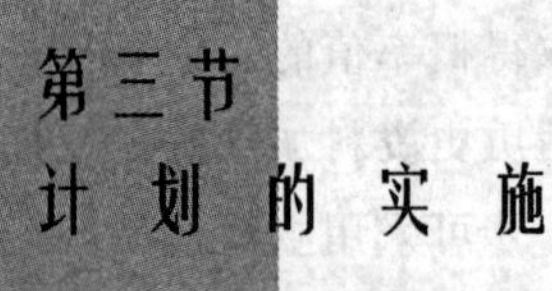

第三节 计划的实施

一、目标管理

（一）目标管理的含义、特点与作用

所谓目标管理，是管理者在管理过程中，通过制定、控制和评价管理目

标，对全部活动实施有效管理的一种科学方法。它是运用系统论、控制论、管理心理学和行为科学的基本原理，对一个单位的全部活动实行全面、系统、有效的综合性管理。它以谋取整体最优效果为目标，最广泛地组织全体成员参与管理，使一个单位的每一组成部分和成员的各项活动，都紧紧围绕整体目标的实现而统筹规划、协调运转。

目标管理的精髓是需要共同的责任感，依靠团队合作；核心目的是激励与控制；它强调的是“目标”导向的管理模式与“工作和人统一”的管理模式。目标管理有如下特点：

1. 目标的整体性

目标管理有一个完整的目标体系，它的设计程序保证了每个下一级的目标都同单位的整体目标保持一致。这种体系能够把全体员工的智慧和积极性集中到实现总体目标上来，形成一种以最终目标为核心的向心力、凝聚力，使大家齐心朝着共同目标努力奋斗。

2. 目标的激励性

目标管理特别重视人的主动性和创造性。同过去传统的“上级决策，下级执行”模式不同，目标管理是采取上下级共同协商的办法制定工作目标，因而在协商中蕴含了大量的思想工作和信息的交换，有利于改善上下级关系，并使下级了解全局，激发每个下级争取实现“目标”的积极性，变我要你干为我要干，变被动为主动，有利于开发个人能力、革新思想、发挥积极性。

3. 重视最终成果

目标管理十分重视工作的最终成果，有利于克服形形色色的主观主义、形式主义。从本质上讲，要求每个员工的不是某工作的方法、过程和态度，而是其成果。目标管理体系中的一系列目标，是由一系列用定性定量指标表示的成果目标和实施措施、进度效果目标组成的。这就决定了目标实施过程的可控制性，使目标管理体系成为实现最终目标的保证体系。

4. 应变性

目标管理中的“目标”是动态的，它要求管理者根据主客观条件的变化，不断修正或制定新的目标。同时这个目标是更高水平的目标，需要靠全体员工积极努力创造条件才能完成。

明确了目标管理的特点，不难理解现代管理为什么要搞目标管理。推行目标管理，能够形成强大的结构效用；能够增强员工的积极性和责任感，有利于实行自我管理；能够指明一个单位的方向和奋斗目标，有利于超越竞争对手；能够发挥补充和完善的作用，收到意想不到的效果。

（二）目标管理的基本内容和形式

1. 目标管理的基本内容

（1）确定总目标和方针。确定总体目标和方针是目标管理最重要的内容，它直接关系到目标管理的效果；

（2）根据总目标和方针，自上而下地依次制定单位内部各部门目标和个人目标，这就是所谓的目标分解，又称目标展开，形成目标体系；

（3）委任权限，制定措施，执行目标，并检查目标执行情况，保证目标最终实现。

（4）评定成果，表彰奖励。这也是保证目标管理效果的重要内容。

2. 目标管理的具体形式

目标管理的基本形式，是采用目标卡片或者目标单和目标任务书。目标卡片或目标任务书一般包括：①目标顺序；②目标比重；③重点目标项目；④实施计划；⑤对上级要求事项；⑥共同目标的协作者；⑦自我评定；⑧上级评定；⑨上级指导事项；⑩自我学习提高项目。

目标管理卡片是一种管理手段。当大家学会正确使用目标卡片后，会给工作的组织带来极大的方便。目标卡片可以看作是上级同下级之间订立的一种“合同”凭借卡片，上下级就可以顺利地进行协商。这是用简练文字表示的工作计划，是检查工作的标准，又是总结、评价工作的原始资料。全体职工使用具有统一大目标的卡片，就会产生为完成共同目标同心协力奋战的意识，培养一种团队精神。

（三）目标管理的实施步骤

推行目标管理，一般采用制订、展开目标；实施目标；执行检查；评价效果四步法，称为一个管理周期，或叫一个循环。

1. 目标的制定和展开

目标是人们通过自己的各种活动所要达到的预期结果。目标的表达形式有两种：一是数量目标。即要求某一方面要达到的具体水平和程度，可以用绝对数和相对数来表示；二是形象目标。即用具体形象对比说明，如要达到全国先进的全面质量管理企业，或产品质量达到国际先进水平等都属于形象目标。

（1）制定目标的原则。制定有效目标一般要考虑：①目标不易过多，要突出重点，避免主次不分，力量分散；②目标的内容要具体体现出应取得的成果。要指出应完成的工作范围和名称，要把规定期限、取得成果尽量具体地用数量表现出来；③目标以略高于本人能力为准。过高，难于完成，会使下级自暴自弃；过低，则失去目标激励人们奋发向上的作用；④下级目标要和上级要求达到的目标相联系。任何一个目标，都必须是为达到总目标的“目标连锁体系”的一部分，成为实现上级目标的保证；⑤尽管是短期目标，也不应失去长期观点。不论是年、季、月、日的目标，都必须用长期眼光看它是否与长期重点目标有关，不能急功近利，为追求短期成果而牺牲长期利益；⑥长期目标要分解为中、短期目标。越是长期目标，越容易迷失当前工作的方向，脱离工作的重点，以至推迟或影响目标的实现。因此，要很好地研究达到长期目标的各个阶段，制定某一时期的中间目标；⑦目标管理的目标，应当是通过“预算”表示出来的最终“成果目标”和为达到目标而采取的关键性措施、手段；⑧制定目标要坚持自上而下，逐级落实制定目标的纵向顺序，同时处理好横向（同级部门之间）和纵向的（上下部门之间）联系。⑨目标要得到上级的认可，形成文字。⑩目标表达取值时，目标值应与国家计划相衔接，要把保证国家指令性指标摆在首位；要以适应市场需要为前提，利于合理配置资源，提高员工士气。

(2) 制定目标的程序和方法。①方针，目标的设立。要设立方针与目标，必须调查研究，收集大量资料。作为设立方针目标的依据有很多，如国家与上级部门的要求、本单位的发展规划等，管理者要经过深思熟虑反复酝酿之后，才能提出本单位的总方针、总目标。②在预测的基础上，综合考虑，确定适当的分目标。在制定总目标时，要处理好局部和整体的关系。最初制定的目标是统管全局的总目标，为了保证总目标的实现，各部门、各环节还要制定分目标（中间目标或叫子目标）、个人的目标（具体目标），要自上而下形成一个较为完整的目标体系网络。③方针、目标的展开时，各级的分目标应能支持共同的总目标，分目标与分目标之间应考虑协调平衡、同步衔接，防止一个目标妨碍另一目标的实现，目标要力求简明、并充分考虑完成目标所需条件及限制因素；④展开的方法采用自上而下和上下协商的方法来进行。自上而下通过协商制订、展开方针目标，是目标管理的重要特征。⑤目标展开的形式。常用的展开形式有两种：竖向展开、横向展开。目标展开后，形成各种图表，如柱状图、坐标图、宝塔图、旗帜图和各种汇总表等。

2. 目标的实施

制定和展开目标，是目标管理的开始，更关键的还在于目标执行过程中的管理控制工作。目标实施过程中，管理者应当做好的工作是：

(1) 逐级放权。在目标实施过程中，非常强调发挥执行者的主观能动性。上级应根据下级完成目标任务的实际需要，给予执行者必要的权力，让其能独立自主地安排实施目标的活动。这样有利于最大限度地提高每个员工的积极性主动性，培养下属的创造精神，减轻目标略高对于每个执行者的压力。逐级放权中，要注意处理好三个问题：一是要信任下级人员，注意培养和提高他们的能力，把应当下放给下级的权限大胆下放；二是下级有了一定的权限，就要承担相应的义务。下级人员处理权限内的问题时，要自己解决，并将处理结果及时向上级和有关领导汇报情况。三是“例外”情况处理。如果出现下级无权处理的问题，或因制度不明确造成职责不清时，管理者或有关职能部门要尽快出面仲裁，以免延误时间耽搁整个进程。

(2) 信息交流。在上下级之间要更多更快地交流各方面的信息。发现薄弱环节，管理者要及时提出指导意见，以至协助其完成。为了促进各部门、各环节做到互相了解，必须加强原始记录、统计，加快信息的收集、处理和传递工作。

(3) 加强“咨询诊断”。在执行目标管理过程中，管理者对重要部门的关键环节，对下级遇到的较大难题，要经常进行“诊断”。其目的是通过诊断发现问题、总结经验、解决问题，促使方针目标得以实现。在执行中，由于情况变化，可能会有目标的内容及程度上的修正，或是管理者提出修正指令，或是下级向上级汇报后修正，这都是“诊断”后的修正。

(4) 实行看板管理。把目标管理的主要内容制作成的看板，并予以公示，及时填写实施中的成效，使目标的实施置于员工的监督之下，有时可胜过行政命令的作用，有利于员工的自我控制、自我激励。

3. 目标完成情况的检查

检查是考核评价的前提，是促进实现目标的手段，也是总结成绩、找出差距，进入新的循环的重要措施。检查分上级检查和自我检查两种。一般采用半年、年终检查。除完成目标后的检查外，还应该有执行中的检查，以便及时掌握情况，提出意见，协助执行者完成目标。执行中检查时间的间隔，要视每次检查所花的时间多少以及获得的效果如何而定，对于有具体明确的指标者，每月检查一次；对于单项任务承担者，根据承担任务的复杂程度和完成期限而定；对于任务复杂、任务期限较长的，根据其进度、工作质量等方面的情况而定。检查人与被检查人之“距离”不应太远，理想的“距离”是执行者的直接主管领导。因为他最了解执行者的工作能力、工作表现，容易取得较好的效果。当然，有时组织检查的工作班子，也是防止偏见所必需的。

4. 目标成果的评价

目标管理强调效果，所以必须重视成果评价。成果评价是目标管理的重要步骤之一，其作法如下：

(1) 自我评价。让目标执行者自己对照目标要求，以及自己在达标过程中的实际工作成绩、自我努力程度等作出评价，尽量使成绩定量化，可用扣分办法评定为甲、乙、丙三个等级，并总结经验教训，提出克服缺点、发扬优点的意见。

(2) 民主讨论。对共同目标的评价，要结合各部门分目标的完成情况，进行民主讨论、集体评价。本着一分为二的原则，成绩讲透，差距找够，并提出定量的评价结果。

(3) 协商指导。在自我评价的基础上，上级对下级要进行帮助指导，下级要向上级汇报工作成果及自我评价的情况。帮助指导的着眼点在于：评价要有助于改进领导方法，促使下级树立更大的信心，努力实现下期的目标。评价结果可以作为一份重要资料反映在人事考核上，也可作为提职、晋级的依据。对成绩突出者给予相应的表彰，对问题较多者加强教育与培训、必要时予以处罚。

(4) 成果评定方法。目标成果的评定要按三个因素进行：①目标的达标程度。为了重视成果，要把评定“达到程度”放在首位，把实际成绩与目标值进行比较，确定评定等级的标准。例如，100%～110%为甲级，90%～100%为乙级，80%～90%为丙级等。②目标的困难复杂程度。目标的难度是按人评定的，而每个人的目标难度是不同的。因此，只看“达到程度”，还不能准确评价个人贡献大小，所以要考虑目标的难度，才能对个人的成绩进行比较和评价。③评定努力程度。在目标的实施过程中，当出现不利条件时，经过个人发挥主观能动性、动脑筋想办法、克服困难解决问题的程度，评价时要给予考虑，可按甲，乙，丙三级评定。

二、滚动计划法

(一) 滚动计划及其作用

滚动计划法，就是在计划工作中逐期（逐年、逐季或逐月）往后推移，连续滚动编制计划、连续滚动实施计划的一种管理技术与方法。

例如，把年度计划改为每季编制一次，每次向前滚动一季。近期计划部分较细（简称近细），远期的计划部分则较粗（简称远粗）。其程序如图 3－1所示。

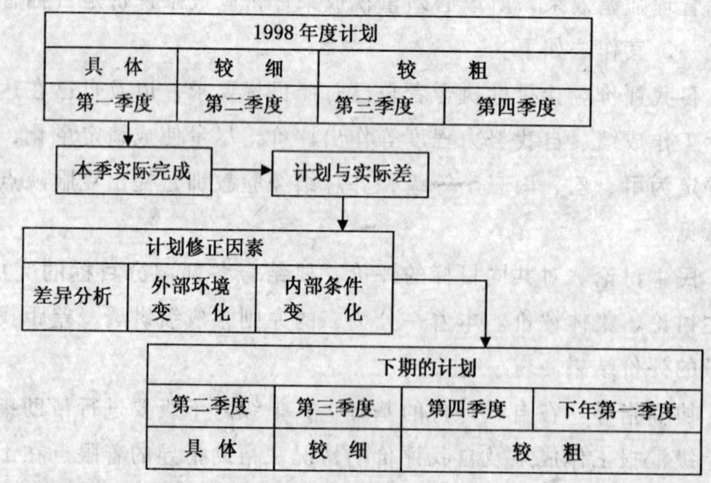

图 3－1　滚动式计划程序图

由此可以看出：它始终保持四个时间段，根据前期计划的执行情况和计划期的变化情况，定期调整和修订未来计划，并逐次地将计划期向前推移一个时间段，边执行边调整，如此不断滚动，不断延伸，形成一个连续过程的计划方法。这种方法较好地处理了长期计划与短期计划的关系、计划的灵活性与稳定性的关系，既保持了计划的严肃性，又具有灵活性。

从国外和我国的一些实践经验看，滚动式计划法虽然工作量较大，但它特别适用于主客观因素变动较大的情况。它有助于使计划切合实际，有助于保持前后期工作的协调衔接，从而增强计划的预见性，发挥计划的指导作用。事实上，由于每次编制计划时均考虑了计划期以后的情况，所以在编制下次计划时，工作量并不会成倍地增加。

滚动计划的作用是：①充分发挥长期计划对短期计划的指导作用，把工作和工作准备有机地结合起来。②将近期计划和远期计划结合起来，保证各时期计划相互衔接。③变静态计划为动态计划。可以根据客观情况的变化，不断地对计划进行调整和修订，并能保证计划在各个时期的衔接性和连续性，使管理始终有一个切合实际的长、中、短期计划来指导活动。

（二）滚动计划的特点和编制方法

1. 滚动计划的特点

滚动式计划法的最大特点，是它能适应多变的外部环境和市场需要，这表现在两个方面：

（1）传统计划编制的三年或五年长期计划，以及年、季、月的短期计划，一经编制完成后，计划期不再变动，计划也不再修正。而滚动式计划，无论是长期计划还是短期计划，在一个滚动期内，计划都要按照社会和市场需要不断地进行调整变动，并根据滚动期连续不断地编制计划。简而言之，滚动计划是一种连续、灵活、有弹性的计划形式。

（2）就计划中的管理任务而言，如企业在有订货合同的情况下，应按合同量编制计划；在无订货合同的情况下，可按预订量编制计划。随着订货合同的增减，不断调整预订量。在一个滚动期内属于确定的合同量，称之为实行计划，即计划生产量不变的计划。由于预订量还要按合同进行调整，计划生产量是可变的，称之为预订计划。因此，滚动式的计划管理任务就是在一个滚动期内，分为实行计划和预订计划，既有不变的，又有可变的。这样的计划既有一定的稳定性，使管理不因计划变化而打乱秩序，同时又使管理能适应社会和市场的变化。简而言之，滚动计划是一种主动调整的计划。

2. 滚动计划的编制方法

（1）确定滚动期和间隔期两种时间。滚动期是计划期的时间长度。它的长短取决于计划的种类，计划的种类不同，计划时间长短也不同。间隔期是两次滚动计划之间的时间间隔。长期计划的滚动期一般为五年，其间隔期一般为一年，即五年内分成五个时间阶段，一次编制五年计划，先后两次编制和调整计划，其时间间隔期为一年。

（2）采取“近细远粗”的原则，定期调整和修订计划，并将计划期向前延伸一年。所谓“近细远粗”，是指在编制计划时，将近期计划制定得详细具体，远期计划则订得较粗一些。

滚动计划法的关键，是如何选定一个合理的滚动期。对长期滚动式计划来说，一般要与国家长远计划相衔接，国家长期计划为五年，长期计划滚动期也应为五年；对短期滚动式计划来说，若属于大量工作类型，滚动期以年度分季、年度分月（包括季度分月）为最适宜，若属于阶段工作类型与单一工作类型，滚动期一般要与本单位的主导工作的周期相衔接。为使工作有准备时间，滚动期应为主导工作的周期与准备时间之和。

在管理实践中，面对环境的变化，应该是采取主动态度，提高计划的编制质量，或者做好计划的调整工作。计划调整有被动调整和主动调整两种。被动调整损失较大，有时形成事后追补，完全失去计划的指导作用。主动调整损失较小，甚至带来更好的收益，所以应当力争主动。主动调整有两种办法：一是采用滚动式计划法，二是启用备用计划法。这样，滚动计划就成了调整工作计划的一种手段。但是，在企业中有些单项性经营计划，如产品开发计划，企业技术改造计划，其变动涉及项目、方针甚至目标的变动时，滚动计划就不适用了。如果在编制计划时已有多种方案，而变动范围又在某个备用计划范围之内，则可启用备用计划的办法。

总之，在管理现代化的今天，对传统的计划管理必须立足于改革、更新计划观念，推进规划计划预算的一体化，加强授权与情报工作等，其中一个重要课题就是力求计划编制技术的滚动化。

三、网络计划技术

（一）网络计划技术概念与特点

网络计划技术是一种通过网络模型，组织工程（生产、作业等）进行计划管理的科学方法，简称网络技术。运用网络技术编制的计划叫网络计划。

网络技术的基本原理是：将一项工程的各个环节，按照时间先后顺序组成网络图；按照网络图对该项工程统筹规划，安排进度，对整个工程进行控制和调整，从而求得优化方案，完成工程的预期目标。

网络技术的特点是：计划内容表达具体、形象；过程的构成即工程各环节之间的关系清晰、完整；可掌握进度的主要作业；可进行过程的优化，缩短时间，降低成本等。

（二）网络图的组成与编制要求

1. 组成网络图的三个要素

（1）作业也叫工序。它是指一项具体的活动过程。在这个过程中，需要消耗一定的人力、物力和时间。作业在网络图中用一根箭线加以表示。箭线的上方标出作业名称，下方标出作业时间。按照作业与作业之间的相互关系加以分类为：①紧前作业。某一作业前边的那个作业，称为该作业的紧前作业，或先行作业。②紧后作业。某一作业后边的那个作业，称为该作业的紧后作业，或后续作业。③平行作业。与某一作业同时进行的作业，称为该作业的平行作业。④交叉作业。与某一作业交替进行的作业，称为该作业的交叉作业。⑤虚作业。为了更加清楚的表示网络图各工序间的逻辑关系，人为设置的一种既不消耗资源也不占用时间的作业，称为虚作业。虚作业用一根虚箭线加以表示。

（2）事项（结点）。事项表示一项（或几项）作业已经完成，而另外一项（或几项）作业可以开始的分界点或衔接点，它不消耗资源和时间。事项在网络图上用圆圈加以表示，事项要进行编号。编号的原则为箭尾的编号要小于箭头的编号。事项可分为：①前置事项。某一作业前边的事项，即箭尾所连结的事项，称为该作业的前置事项。②后续事项。某一作业后边的事项，即箭头所联结的事项，称为该作业的后续事项。③起始事项。开始执行任务的事项，即网络图的起点，称为起始事项或始点事项。④最终事项。完成任务的事项，也就是网络图的终点，称为网络图的最终事项，或终点事项。

（3）线路。它是指从起始事项，沿着箭线方向连续到达最终事项的活动路径。沿着箭线的方向，从起始事项到达最终事项可以有几条不同的路径，每条路径都可以从起始事项到达最终事项。每条线路上各活动时间之和，就是该线路所需的时间周期。线路可以分为两类：一类是关键路线；另一类是非关键路线。花费时间最长的路线为关键路线，其他则为非关键路线。

2. 网络图的编绘规则

网络图是网络技术的基础，要想编绘一个符合要求的网络图，就要遵循一定的规则。①两个事项（结点）之间，只能出现一个作业。反映在网络图上即两个圆圈之间，只能联结一个方向的箭线。②表示作业的箭线之间，不能直接接触。即某个作业必须从一个事项开始，到另一个事项结束。③网络图中不能出现循环闭合路线。④每个网络图只能有一个起始事项和一个最终事项。⑤设置虚作业只表示作业之间的相互关系。⑥尽量采用平行作业和交叉作业。平行作业是为了节约时间，加快工程进度。采用交叉作业也是为了加快进度。

一个正确的网络图应当符合三个条件：①正确反映工程或任务的环节（作业）数目。②正确反映作业之间的衔接关系，作到编号无误。③正确反映作业顺序，以及它们之间的相互制约关系。

3. 网络计划应用实例

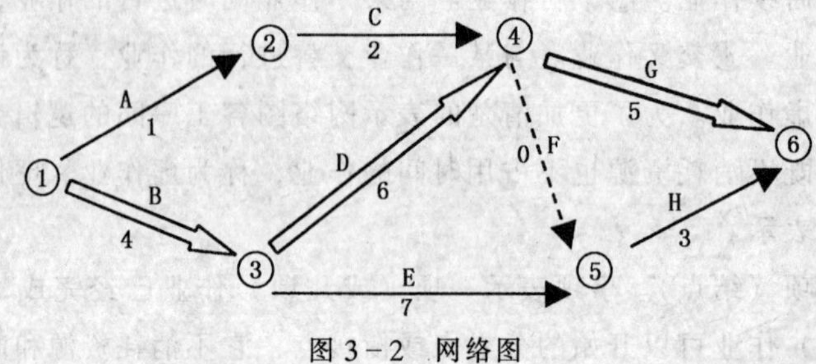

图 3-2 网络图

图 3-2 中 A，B，C，D，E，F，G，H 为各项活动的代码，它们分别代表不同的活动内容。各项活动所需时间分别为 1，4，2，6，7，0，5，3 天，其中 F 为虚活动，时间为零。①、②、③、④、⑤、⑥为结点，其中①为网络始点，⑥为网络终点，其余为中间结点。它们共构成五条线路，各有不同的时间周期：

①——→②——→④——→⑥ 8 天

①——→②——→④——→⑤——→⑥ 6 天

①——→③——→④——→⑥ 15 天

①——→③——→④——→⑤——→⑥ 13 天

①——→③——→⑤——→⑥ 14 天

其中从①——→③——→④——→⑥这条线路时间周期最长（15 天），为关键线路，故用双箭线表示。

（三）网络技术的基础工作

1. 弄清网络编制对象的技术内容，准备必要的技术资料和图纸。如果搞不清这部分工作的内容，就无法进行任务分解，既使分解后，也掌握不了它们的先后顺序和衔接关系。

2. 收集有关的定额资料。因为网络计划的对象多是一次性工程，在编制计划之前，需要把各类工作性质的定额资料搜集齐全。

3. 完善组织管理。网络计划是采用了上情下达，下情上报的管理制度，如果信息系统的渠道不畅通，即使采用了网络技术的控制方法，也不能达到预期目的。另外还要建立健全岗位责任制和相应的管理制度。例如计划、技术、财物，物资，行政等一系列的制度和规定。

4. 如果有计算机，还要编制好网络的应用程序。这样在编制计划时，可以对各种方案反复进行不同的模拟效果计算，从而使计划工作更有预见性。

（四）网络计划的编制程序

1. 确定目标，进行准备。在一个单位要运用网络技术的项目是不止一个的，究竟选择哪一个，要根据重要程度和可能得到的效果作一番挑选工作。目标确定之后，要作好技术准备工作。

2. 工程分解，列出明细表。要对确定的对象进行任务分解，分解后的作业用明细表形式列出来。

3. 确定作业时间。根据作业明细表和定额资料，确定作业所需时间。

4. 对任务进行技术分析，确定作业先后顺序和相互之间的关系。

5. 绘制草图。在完成上述一系列工作的基础上，从任务的始点事项（或终点事项）向后推（或向前推）直到任务的最终事项（或起始事项）为止。

6. 计算时间参数。有了草图和作业时间，便可首先计算事项的时间参数。有了事项的时间参数，作业的时间参数就会较容易地计算出来。

7. 确定关键路线和总工期。有了包括作业时差在内的时间参数，便可以用时差确定关键路线和总工期。

8. 综合平衡，选择最优方案。综合平衡就是不仅要优化，而且要可行，如果资源的条件及工期，与网络图上计算的不一致，还要对网络图进行调整，以便达到在可行基础上的最优。

(9) 重新考虑各项作业间的关系，修改网络计划。经过综合平衡后，要在工艺、技术许可的情况下，对作业之间的相互关系适当调整，对原网络图进行修改，从而确定一个可实施的网络计划。

10. 组织实施。

案例分析

案例 3.1 哈尔海尔总经理的计划与目标

哈尔海尔担任总经理将近一年时间了。他审阅企业有关年终实现目标情况的统计资料，结果是出乎意料的糟糕。记得他刚刚担任总经理时的第一件事，就是迅速制定了企业的一系列工作计划与目标。具体地说，他要解决企业的浪费、员工费用过高、废料运输费用过多问题。他提出了具体的要求：在一年内要把购买原材料的费用降低 15%～20%；把用于支付员工超时的费用从原来的 13 万美元减少到 6 万美元；要把废料的运输费用降低 4%等。他把这些具体计划指标告诉了下属有关方面的负责人。然而，年终统计资料表明：原材料的浪费比去年更严重，消耗费率竟占费用公司总额的 22%；职工超时费用也只降到 11 万美元，运输费用也没有降低等等。

为此，他立即召开有关人员参加的会议，打算对这些情况进行通报，研究一些问题与对策。会上，他严肃地批评了分管生产的副总经理。而生产副总经理则争辩说："我曾对员工强调过要注意减少浪费的问题，原以为员工会按我的要求去做的"；财务部门的负责人也附和着说："我已经为削减超时的费用作了最大的努力。只支付那些必须支付的款项"；负责运输方面的负责人则说："我对未能把运输费用减下来并不感到意外，因为我们已经想尽了一切办法。我预计明年的运输费用可能要上升 4%～5%"。会议成了抱怨会，无法正常进行，只好让与会人员在抱怨声中散了会。

会后，哈尔海尔总经理分别与有关方面的负责人进行交谈与沟通，消除抱怨、听取建议，他详细查阅本企业有关的资料，具体研究本行业同类指标的水平，并组织有关部门的负责人分析企业内外情况，论证下年度工作计划与目标。在此基础上，哈尔海尔总经理又把他们召集起来下达了新的计划指标，他说："生产部门一定要把原材料消耗的费用降低 10%，人事部门一定要把职工超时费用降到 7 万美元；即使是运输费用要提高，但也决不能超过今年的标准。这就是我们明年的目标。到明年底我再看你们的结果!"与此同时，生产副总经理也提出了一些具体的措施、改进的办法、奖惩意见，明确了责任部门、责任人、时间进度、重点环节、协调要求等。

问题：

1. 哈尔海尔总经理的计划工作有哪些变化？计划指标为什么下调？

2. 你认为该如何搞好计划的执行？该企业明年计划能够顺利运行吗？为什么？

案例 3.2 安娜该如何决策

安娜大学毕业 10 年来，一直在某中等规模的电脑公司当程序设计员，现在她的年薪为 50000 美元。这家电脑公司，每年要增加 4～6 个部门，相应增加很多职位，有的职位属于管理职位。公司对管理职位的年薪加年终分红，每年付给 90000 美元。公司曾提升过程序员担任分公司经理的职务，虽然，还没有让女性担任过这样的管理职位，但安娜相信，凭她的工作资历和这一行业中女性的不断增加，不久的将来她会得到这样的机会。安娜感到前途还是很乐观的。

安娜的父亲雷森先生自己开了一家电脑维修公司，主要是维修计算机硬件，并为一些大型电脑公司作售后服务。最近，雷森先生由于健康和年龄的原因，不得不退休。他聘请了一位刚从大学毕业的大学生，来临时经营电脑维修公司，店里的其他部门继续由安娜的母亲经营。雷森想让女儿安娜回来经营她将要继承的电脑维修公司。由于近年来购买电脑的个人不断增加，电脑维修行业的前景十分看好，并且雷森先生在前几年的经营过程中，建立了良好的信誉，不断有知名电脑公司委托其做该城市的售后维修中心。因此，雷森的维修公司发展和扩大的可能性是很大的。

安娜和双亲讨论时，得知维修公司现在一年的营业额大约为 400000 美元，而毛利润差不多是 170000 美元。由于雷森先生的退休，他和他的太太要提支工资 80000 美元，加上每年 60000 美元的经营费用，交税前的净利润为每年 30000 美元。自雷森先生退休以来，从维修公司得到的利润基本上和从前相同。目前，他付给他新雇佣的大学毕业生薪金为每年 35000 美元，雷森先生自己不再从维修公司支取薪金了。

如果安娜决定担任起维修公司的管理工作，雷森先生打算付给她 50000 美元的年薪。他还打算，开始时，把维修公司经营所得利润的 25%作为安娜的分红；两年后增加到 50%。因为雷森夫人将不在该公司任职，就必须再雇一个非全日制的办事员帮助安娜经营维修公司，他估计这笔费用大约需要 16000 美元。

雷森先生得知已有人试图出 600000 美元买他的维修公司。

这笔款项的大部分，安娜在不久的将来是要继承的。对雷森夫妇来说，他们的经济状况并不需要过多地去用这笔资金来养老送终。

问题：

1. 对安娜来说，有什么行动方案可供选择？对你来说，你认为应采取哪种方案？

2. 安娜的个人价值观会对她做出决策有何关联？你的决策态度应是什么？

复习思考题

1. 计划工作的含义是什么？计划工作的特点有哪些？

2. 计划有哪些类型？计划指标体系的类别有哪些？

3. 决策的含义是什么？决策的特征有哪些？决策有哪些分类？

4. 决策的过程有哪些？各阶段的要求是什么？

5. 定型决策与定量决策的含义与区别是什么？主要类型有哪些？

6. 何谓目标管理？它的主要特征与基本内容有哪些？

7. 目标管理的基本过程是什么？如何运用目标管理？

8. 何谓滚动计划？它的特点有哪些？如何编制滚动计划？

9. 网络计划评审的原理是什么？网络图的构成要素及绘制的要求有哪些？

第四章

组　　织

内容提要

组织的目标计划制定出来以后，一个重要的问题就是如何使它们变为现实。管理者要按照组织目标和计划所提出的要求，设计出合理的、高效的、能保证计划顺利实施的组织结构与体系，合理安排和调配各种资源，以保证计划和组织目标的顺利完成。本章旨在通过分析组织、组织结构设计的原则、程序、人员的配置等，揭示组织结构设计的基本规律。通过本章学习要求学生掌握有关组织结构设计的基本理论；了解常见的组织结构形式及其优缺点。

第一节 组织与组织工作

一、组织的含义及特点

（一）组织的含义

组织是管理的一项重要职能，组织职能要求组织中的每个管理人员都参与建设、发展和维持好工作中的各种关系，以达到组织的目标。

所谓组织是人们为了实现某一特定的目的而形成的系统集合，它有一个特定的目的，由一群人所组成，有一个系统化的结构。组织从本质上来说，是人们为了实现共同目标而采用的一种手段或工具。

（二）组织的特点

1. 组织要有既定目标

组织必须要有目标，共同目标的存在是组织存在的前提。只有当个人力量难以完成某项工作或实现某目标时，建立相应的组织才是可取的。此外一旦组织实现了它的目标，也就失去了它自身存在的基础。要维持组织的生存与发展，管理者必须根据环境的变化和组织的发展，不断制定出新的目标。

2. 组织要进行分工与合作

为了实现组织的目标，组织内部必须要进行分工与合作。没有分工与合作的群体不是组织，组织内每个部门都专门从事一项特定的工作，同时各部门之间又要相互配合，只有这样才能产生较高的集团效率。

3. 组织要有权责制度

分工以后为了使人们能履行其职责，就必须赋予其相应的权力。同时为了保证各部门之间、各项工作之间的协调，就要对各项工作的责任和权力进行协调，以此保证各项工作的顺利进行，最终保证组织目标的实现。所以组织要有不同层次的权力责任制度。

二、组织工作的含义及特点

（一）组织工作的含义

组织由一群人所组成，这群人为了实现共同的目标而结合在一起。为了发挥组织的功能，就必须进行劳动分工和工作协调。在任何组织活动中，人们必须清楚他们所应做的工作和为协调这些工作所采取的手段，即他们需要组织工作。

组织工作是确定组织特定的结构以实现组织目标的过程。这个特定结构应能实现劳动分工和工作协调的关系。所以组织工作是指根据一个组织的目标，将实现组织目标所必须进行的各项活动和工作加以分类和归并，设计出合理的组织结构，配备相应人员，分工授权并进行协调的过程。它包含三项主要内容：

1. 设计包括组织内部分工和组织内部相互关系的组织模式。

2. 通过充分发挥组织中每一个成员的才能，获得专业化的优越性。

3. 协调组织中各部门的活动，以确保组织目标的实现。

组织管理的任务就是通过设计和维持组织内部的结构和相互之间的关系，使组织中的各个部门和各个成员为实现组织目标而协调一致地工作。

（二）组织工作的特点

1. 组织工作是一个过程

组织工作是根据组织的目标，考虑组织内外部环境来建立和协调组织结构的过程。它一般要经过确定组织目标、分解目标、通过分工形成部门、制定职务说明书、规定职权，并通过职权关系和信息系统把各部门的业务活动联系起来等一系列的步骤。

2. 组织工作是动态的

组织内外部环境的变化，都要求对组织结构进行调整以适应变化，组织工作不可能是一劳永逸的。

3. 组织工作易受非正式组织的影响

非正式组织对组织目标的实现有重大影响，因此，组织工作必须考虑非正式组织的影响。在组织工作中，设计与维持组织目标与非正式组织目标的平衡，并在领导与指导时对非正式组织加以影响和利用。

三、组织的作用

（一）组织是帮助人类社会超越自身个体发展能力的重要支撑

组织存在的基础是生产的社会化。随着社会需求的日益复杂化、多样化，单纯依靠个人的力量无法满足这些需求，人们必须组成各类组织，在组织中统筹安排各种资源，以尽可能少的资源消耗取得最大的收益。

（二）组织职能的发挥是实现管理功能的重要保证

要创建一个有效的组织，就是要找适当的人并把他们放在适当的位置上。组织职能把企业生产经营活动的各个要素、各个环节，从时间上空间上组合成纵横交错的关系网，使每一个成员都能职责分明地工作，为发挥管理的整体功能提供了重要保障。

（三）组织是实现内部信息传递及外部信息传递的桥梁

借助于组织内部形成的权责分配关系，使组织成员有一个正式的信息联系渠道，以保证问题的及时有效解决。同时，组织为了求得生存和发展，必然与外界环境产生联系，及时根据外部反馈信息不断进行自我调节，以适应环境的变化。另一方面，通过严密的组织可以把信息对外传递，形成整体的外部形象引导市场。

（四）组织能帮助组织成员实现其个人目标

人们之所以加入组织，并向组织投入一定的人力、时间或其他要素，目的是为了实现自己的某种目标。而这些目标的实现是个人无法独立完成的，只能通过组织的“综合效应”，在实现组织目标的同时使个人的需求得到满足。

第二节 组织结构的设计与运行

组织结构设计的目的，就是要通过构建柔性灵活的组织，动态地反映外在环境变化的要求，并且能够在组织演化成长的过程中，有效地积聚新的组织资源要素，同时协调好组织中部门与部门之间、人员与任务之间的关系，使员工明确自己在组织中应有的权力和应担负的责任，有效地保证组织活动的开展，最终保证组织目标的实现。

一、组织结构设计的原则

所谓组织结构是指组织的基本框架，是对完成组织目标的人员、工作、技术和信息所作的制度性安排。组织设计的任务是设计清晰的组织结构，规划和设计组织中各部门的职能和职权，确定组织中职能职权、参谋职权、直线职权的活动范围，并编制职务说明书。在组织设计的过程中，应该遵循一些最基本的原则。

（一）统一指挥原则

统一指挥原则，就是要求每位下属应该有一个并且仅有一个上级，要求在上下级之间形成一条清晰的指挥链。如果下属有多个上级，就会因为上级可能存有彼此不同，甚至相互冲突的命令而无所适从。虽然有时在例外场合必须打破统一指挥原则，但是，为了避免多头领导和多头指挥，组织的各项活动应该有明确的区分，并且应该明确上下级的职权、职责，以及沟通联系的具体方式。

（二）有效管理幅度原则

有效管理幅度原则，是指一个上级直接领导与指挥下属的人数应该有一定的控制限度，并且应该是有效的。当上级的控制幅度超过一定人数时，其和下级之间的关系会越来越复杂，以至于最后使他无法驾驭。

值得注意的是，随着计算机技术的发展和信息时代的到来，运用信息技术处理信息的速度大大加快，每个管理者对知识和信息的掌握以及实际运用的能力都有普遍提高，这使得管理幅度有可能大量地增加，协调上下左右之间关系的能力也有可能大幅度提高。

（三）权责对等原则

组织中的每个部门和部门中的每个人员，都有责任按照工作目标的要求保质保量地完成工作任务，同时，组织也必须给以自主完成任务所必需的权力，职权与职责要对等。如果有责无权，或者权力范围过于狭小，责任方就有可能会因缺乏主动性、积极性，而导致无法履行责任，以至无法完成任务；如果有权无责，或者权力不明确，权力人就有可能不负责任地滥用权力，甚至于助长官僚主义的习气，这势必会影响到整个组织系统的健康运行。

（四）柔性经济原则

所谓组织的柔性，是指组织的各个部门和部门中的每个人员，都是可以根据组织内外环境的变化而进行灵活调整和变动的。组织的结构应当保持一定的柔性，以减小组织变革所造成的冲击和震荡。组织的经济原则，是指组织的管理层次与幅度、人员结构，以及部门工作流程必须要设计合理，以达到管理的高效率。组织的柔性与经济是相辅相成的，一个柔性的组织必须符合经济的原则，而一个经济的组织又必须使组织保持一定的柔性。只有这样，才能保证组织机构既精简又高效，避免形式主义和官僚主义作风的滋长和蔓延。

（五）精干高效原则

部门精干高效是每一个部门设计者所追求的理想效果，作为一项基本的原则应当贯彻在部门设计的每一阶段和每一项活动过程中。部门设计应当体现局部利益服从组织整体利益的思想，并将单个部门效率目标与组织整体效率目标有机结合起来。在保证组织目标能够实现的前提条件下，力求人员配置和部门设置精简合理，做到“人有其事，事得其人，人事相宜”。工作任务量饱满，部门活动紧张有序。

二、组织结构设计的内容

(一) 组织结构设计的影响因素

面对日趋激烈的外部竞争环境和不确定的市场需求变化，组织必须以系统、动态的观点来思考和设计组织结构，建立一个与外部环境密切联系的开放式组织系统。而权变的组织结构设计必须考虑一系列因素，针对不同的组织特点，设计不同的组织结构。影响组织结构设计的主要因素有：环境、战略、技术、规模和生命周期等五个因素。

1. 环境的影响

环境包括一般环境和特定环境两部分。一般环境包括对组织管理目标产生间接影响的，诸如经济、政治、社会文化以及技术等环境条件，这些条件最终会影响到组织现行的管理实践。特定环境包括对组织管理目标产生直接影响的，诸如政府、顾客、竞争对手、供应商等具体环境条件，这些条件对每个组织而言都是不同的，并且会随着一般环境条件的变化而变化，两者具有互动性。环境的复杂性和变动性决定了环境的不确定性。组织结构必须与外部环境相适应才能成为有效的组织结构。

2. 战略的影响

战略是指决定和影响组织活动性质和根本方向的总目标，以及实现这一总目标的路径和方法。战略的发展可分为数量扩大阶段、地区开拓阶段、纵向联合发展阶段、产品多样化阶段。新的组织要随着战略发展的不同阶段，建立与之相适应的组织结构。

3. 技术的影响

技术是指把原材料等资源转化为最终产品或服务的机械力和智力的转换过程。技术复杂程度是影响组织内部协调关系的重要因素。技术越复杂，部门或个人之间的交往越多，信息传输量越大，传输频次增大。因而相互之间的协调关系变得更为复杂。特别是技术模式的重大转变，往往要求组织结构做出相应的改变和调整。研究发现，这些不同的技术类型和相应的公司结构之间存在着明显的相关性，而且，组织的绩效与技术和结构之间的“适应度”密切相关。

4. 组织规模与生命周期的影响

组织规模是影响组织结构的最重要的因素，规模愈大，愈会提高组织复杂性程度，并连带提高专业化和规范化的程度。这必然给组织的协调管理带来更大的困难，而随着内外环境不确定因素的增加，管理层也愈难把握实际变化的情况，并迅速做出正确决策。因此，进行分权式的变革，就成为组织发展的必然趋势。

企业生命周期理论认为，组织的生命周期可以划为四个阶段：创业阶段、集合阶段、规范化阶段和精细阶段。每个阶段都由两个时期组成：一个是组织的稳态发展时期，组织在这个时期的结构与活动都比较稳定，内外条件较为吻合；另一个是组织的变革时期，即当组织进一步发展时，就会从内部产生一些新的矛盾和问题，必须通过变革使组织结构适应内外环境的变化，组织的发展就是如此循环往复不断得以成长的。

(二) 组织结构设计的内容

1. 岗位设计

岗位设计就是在劳动分工的基础上，按工作性质的不同，将实现组织目标所必须进行的活动划分成最小的有机部分。活动划分的基本要点是工作的专门化。

在进行岗位设计时，应遵循因事设职的原则。同时应注意以下三个方面：一是要进行合理的岗位轮换。即在不影响工作秩序的前提下，使员工在不同的岗位上进行轮换，这样可消除员工工作专业化带来的厌烦情绪，提高工作效率，也有利于培养多面手。二是岗位扩大化。即横向扩大员工的工作范围，以员工原来所从事的工作为基础，将工作范围向前后工序扩展，以使员工从事多样化的工作。三是岗位丰富化。即纵向扩大工作范围，增加工作的深度。

2. 部门化

部门化就是将工作按某种逻辑合并成一个组织单元，如任务组、部门、处室。将整个组织划分为若干个管理单元的目的是为了明确其责任和权力，使不同的部门根据其工作性质的不同采取不同的政策，加强本部门内的沟通与交流。

部门化一般以工作职能、产品或服务类别、顾客要求、地区分布等为依据。

(1) 按职能划分部门。将属于同一性质的工作任务或职能编在一起形成一个部门。如在高校里通常按学科不同划分成不同的教研室等。这种划分方法有利于提高专业化水平，充分发挥专业职能，有利于提高管理者的技术水平和管理水平。

(2) 按产品划分部门。按产品或产品系列类别来组织业务活动。如通用汽车公司就是按汽车类别划分部门的。这种划分方法便于部门内的协作，提高决策的效率，保证产品质量和进行核算。但容易出现部门化倾向，也不利于降低费用。

(3) 按地区划分部门。即按地理区域设立部门。许多全国性或国际性的大企业常采用这种方式。这种部门能根据本地区环境的变化做出迅速的反应，但其缺点是与总部之间的职责划分较困难。

(4) 按顾客划分部门。即根据顾客的需要和不同的顾客群设立相应的部门。如服装商场分别设立男装部、女装部、童装部。实行顾客部门化可更加有针对性地按需生产、按需促销。但只有当顾客达到一定规模时才比较经济。

实际工作中绝大多数大型组织中，存在多种不同的部门划分方法，既有按职能划分的部门，也有按其他方法划分的部门，以适应各种不同的需要。

(三) 管理幅度与管理层级的设计

管理幅度与管理层级是决定组织结构的两个重要参数，而且管理幅度与管理层级是密切相关的。

管理幅度是指组织中的上级主管能够直接有效地指挥和领导下属成员的数目。管理幅度的大小，应根据实际情况灵活确定。一般来说，确定管理幅度的大小应考虑以下几方面因素：

1. 主管人员与其下属双方的素质和能力。在双方素质都比较高、能力比较强的情况下，管理幅度就可以大一些。

2. 工作本身的性质。若下属的工作性质差异很大，需要个别指导，管理幅度就需相对小一些；若下属的工作基本雷同，指导较方便，则管理幅度可适当加宽。

3. 工作条件。助手的配备情况、信息手段的配备等情况，都会影响到管理者从事管理工作所需的时间。若配备有助手、信息手段先进、工作地点相近，可节省管理者在处理日常事务及决策过程中的时间和精力，则管理幅度可以大一些。

4. 组织沟通情况。组织沟通渠道畅通，信息传递迅速、准确，所采用的控制技术比较有效，对下属的考核制度比较健全，这样，管理幅度就可以大一些。

5. 组织环境和组织自身的变化速度。如果环境和组织自身都比较稳定，则管理幅度就可以大一些；反之，管理幅度就应小一些。

管理层级是指一个组织设立的行政等级的数目。组织中管理层级一般是根据组织管理幅度和组织规模的大小来确定的。它与组织规模成正比，组织规模越大，包括的人员越多，组织工作也越复杂，层级也就越多；当组织规模一定时，管理幅度与管理层次成反比例关系。管理幅度越宽，层次越少，其管理组织结构的形式呈扁平型；相反，管理幅度越窄，管理层次越多，其管理组织结构的形式呈高耸型。

三、组织结构形式

（一）常见的组织结构形式

组织结构是随着生产力和社会的发展而不断发展的。现代企业的组织结构形式从传统管理到现代管理是多种多样的。常见的组织结构形式主要有：

1. 直线制组织结构

直线制组织结构是最早使用也是最为简单的一种组织结构形式，是一种集权式的组织结构。它没有职能部门，按照从上到下的权力划分实行指挥。它的主要特点是结构简单、权责分明、指挥统一、工作效率高。但这种形式没有专业的分工，要求生产行政领导具有多方面的管理业务的技能，因而这种形式主要适用于技术较为简单、业务单纯、规模较小的组织。如图 4－1 所示。

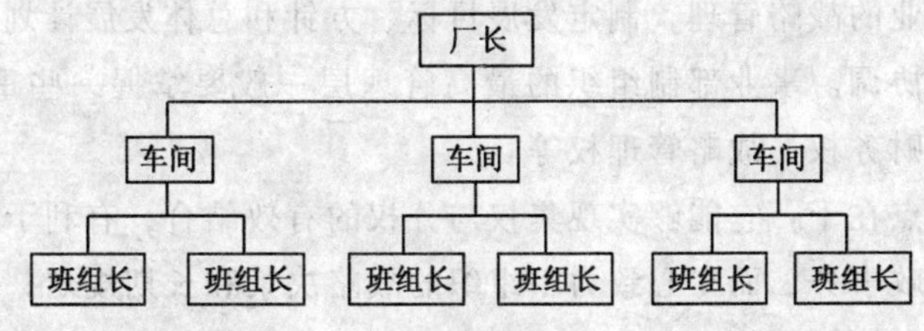

图 4－1　直线制组织结构

2. 直线职能制组织结构

直线职能制组织结构，吸取了直线制和职能制的长处，避免了它们的短处。这种组织结构的特点是以直线指挥系统为主，同时利用职能部门的参谋作用。其主要特点是领导集中，职责清楚，秩序井然，工作效率高，既保证了组织的统一指挥，又有利于专业化的管理。但随着企业规模的扩大，这种结构也暴露了一些缺点：当部门越来越多时，部门之间的协调就越来越困难，且各部门为了各自的利益，也容易产生矛盾。同时由于高层领导过多地参与日常的经营活动，也不利于下属发挥主动性和积极性；容易导致体制僵化，管理成本上升。所以，这种形式对中小企业比较适合，但对于规模较大的企业不太适用。如图 4－2 所示。

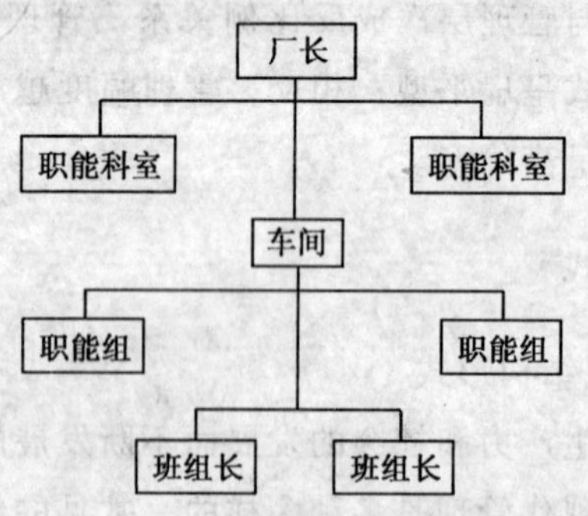

图 4－2 直线职能制组织结构

3. 事业部制组织结构

事业部制组织结构是一种分权式结构。这种结构的主要特点是：组织一般按地区或所经营的产品和事业划分为事业部，各事业部独立核算，自负盈亏，是独立的利润中心。组织总部按“集中政策，分散管理，集中决策，分散经营”的原则，对事业部进行有效管理。这种结构的关键，在于最高层与下级经营机构之间的集权与分权关系。最高管理层是企业的最高决策机构，主要负责企业的战略管理，制定发展目标、方针和总体发展计划；负责企业各部门的总协调。事业部制组织的最高管理层一般要掌握一些重要的权力，如人事权、财务权、战略管理权等。

它的优点在于：它能够实现集权与分权的有效结合，有利于组织最高层摆脱日常行政事务，而专心致力于组织的战略决策和长期规划；有利于调动各事业部的积极性和主动性；有利于增强事业部领导人的责任感，并使之能根据市场需求结构的变化，及时调整生产方向，以增强公司的适应性；有利于锻炼和培养高级管理人才。

这种组织结构也存在着缺陷，即容易导致内部机构重叠，结构臃肿，资源重复配置，管理费用较高；各事业部独立性较大，容易产生本位主义，相互之间协作较差。这种组织形式主要适用于采用多元化、国际化经营战略、业务范围较广、市场范围大的大型组织。如图 4－3 所示。

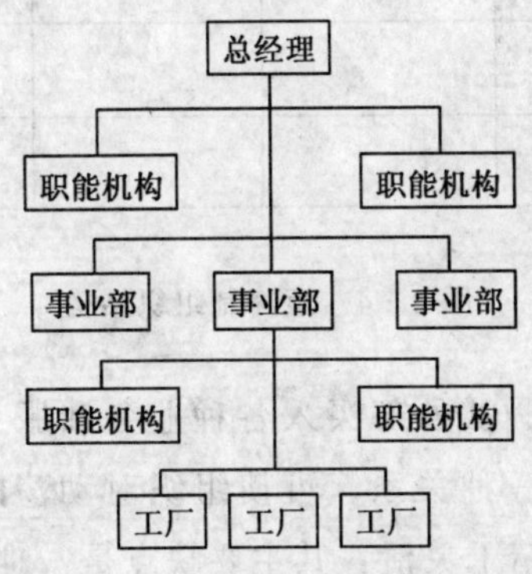

图 4－3 事业部制组织结构

4. 矩阵制组织结构

矩阵制是在直线职能制的基础上，加上一套为完成某项任务而暂时设立的横向项目系统，是一种临时性的机构。这一机构中的项目成员，既受纵向职能部门的领导，又同时接受横向项目机构的领导。它比较适用于创新工作较多或经营环境复杂多变的组织。

它的优点是：有利于集众人之所长，便于专家的高效配置，提高项目质量和劳动生产率；由于将企业的横向与纵向关系结合起来，有利于各种活动的协调；各部门人员的不定期组合，也有利于增加相互学习的机会，提高专业技术水平。其缺点是：由于项目机构是临时性组织，因此，容易使成员产生短期行为，也会因双重领导、责任不清而形成工作中的矛盾。这种组织结构主要适用于一些需要集中多方面专业人员集体攻关的项目或企业，如研究开发部门、工程建设企业、广告公司、管理咨询公司等，采用这种组织结构形式效益比较明显。如图 4－4 所示。

5. 网络结构

网络结构是利用现代信息技术，而建立和发展起来的一种新型组织结构。它可以使管理人员面对新技术、新环境，显示出极大的灵活应对性。网络结构本身只有很小的中心组织，需要依靠其他组织以合同为基础，而进行制造、分销、营销或其他关键业务的经营活动。它与其他组织结构不同，它没有制造、销售等直线机构，只有从事协调和控制的职能管理部门。它是通

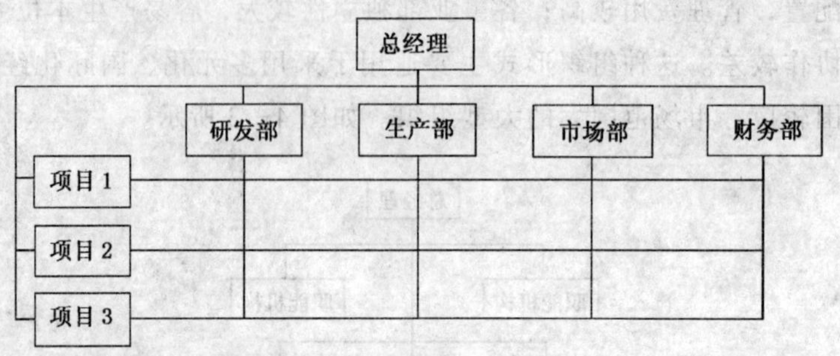

图 4-4 矩阵制组织结构

过与其他组织签订合同，从外部买入各种业务和服务来完成其本身的业务的。它是通过契约建立一种关系，可使组织对动荡的环境有较强的适应能力。它的主要优点是：精干灵活；其主要缺点是：难以控制其他组织。如供应品的质量难以控制；难以保护创新等。如图 4-5 所示。

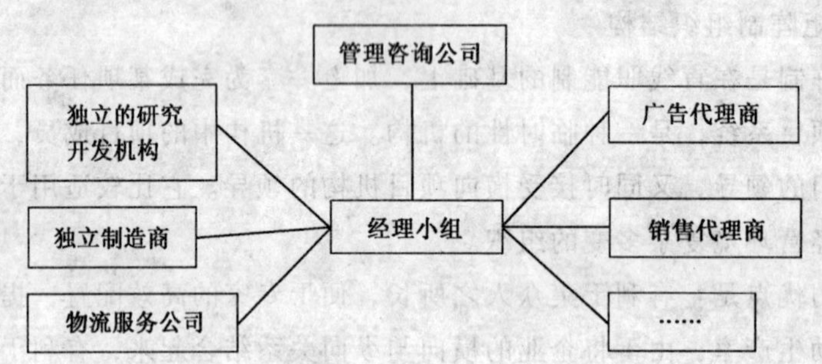

图 4-5 网络型组织结构

（二）组织结构的发展趋势

1. 柔性组织

“柔性”是指适应变化的能力。“柔性”组织可以理解为是一种二元型的组织系统。该系统的一部分是相对稳定的组织单元，以使员工在组织中有安全感，也可以保持组织结构的相对稳定。这一部分不能因内外部环境的变化而经常变化。另一部分是暂时的项目组，其成员是由各部门临时抽调的，针对各种项目开展工作，任务完成后，项目组即可解散。这种结构的优点是：既能保持企业的相对稳定，又能及时适应外部环境的变化。员工也能在不同的项目小组中发挥自己的特长，实现自身的价值。

2. 扁平型组织结构

扁平型组织结构的特点是管理幅度大、管理层次少。这种结构的主要优点是：管理层次少、管理人员数量少，有利于节约管理费用；由于管理层次少，从而缩短了上下级之间的沟通距离，有利于改善和加强纵向沟通；由于管理幅度加大，有利于促使下属努力提高自身管理水平；有利于提高决策的民主化程度。同时，由于纵向沟通距离缩短，有利于加快信息传递，对外界变化迅速作出反应，更好地把握机会。这种结构的缺点：由于管理幅度加大，可能加重各级管理人员的工作负担，对各级管理人员的素质要求也相应地提高了。同时，下属人员也必须提高自身的素质，增强工作积极性和主动性，增强自控能力，否则容易出现失控的现象。

四、组织运行方式的选择

(一) 组织中的职权关系

职权是由于在组织中拥有职位而具有的权力，它是构成组织结构的核心要素，对于组织的合理构建与有效运行具有关键性的作用。职权有三种类型：

1. 直线职权

直线职权是指直线人员所拥有的包括发布命令及执行决策等的权力，即指挥权。能领导、监督、指挥、管理下属人员，各级管理人员都具备，但他们的权力范围、大小不同。这种职权关系必须遵循分级原则和职权等级原则，既要做到权责分明，又要做到在自己的职权范围内行使权力。

2. 参谋职权

参谋职权是指从事参谋活动所拥有的辅助性职权，包括提供咨询、建议等。参谋有个人、团体之分。如顾问、智囊团等。

3. 职能职权

职能职权是指参谋人员或某部门的主管人员所拥有的原属于直线主管的那部分权力。它包括两种情况：一是在纯参谋的情况下，参谋人员拥有辅助性的职权，但无指挥权；二是在复杂情况下，主管把职权关系作一些变动，把原本属于自己的直线职权，授予参谋人员而形成职能职权。所以职能职权是组织职权的一个特例，是介于直线职权和参谋职权之间的权力。

4. 三者关系的处理

要保证组织结构的正常运转，必须处理好三者之间的关系。一是必须认清各级管理人员在管理工作中，实际上都具有直线、参谋或职能三种职权，这三者都是使组织活动朝着组织目标前进的不可分割的整体。直线职权意味着做出决策，发布命令并付诸实施，是协调组织的人、财、物，保证实现组织目标的基本权力；参谋职权则仅仅意味着协助和建议的权力，它是保证直线主管人员做出更加科学合理决策的重要条件；职能职权是直线职权的一部分，因此，它也具有直线职权的特点，主要解决的是怎么做、何时做的问题。二是要发挥参谋职权的作用。一方面参谋人员是专家，应让他们独立地提出建议，不应左右他们的建议：另一方面直线人员也不能被参谋所左右，直线人员应广泛地听取参谋的意见，但直线人员始终是决策的主人。三是应适当限制职能职权的使用范围、使用级别。

（二）集权与分权

要使组织结构有效地运转，还必须选择好组织的运行方式，即必须正确处理好集权与分权、个人与集体的关系。

1. 集权与分权的含义

集权是指在组织系统的较高层次中，决策权要一定程度的集中；分权是指在组织系统的较低层次中，决策权可一定程度的分散。

集权与分权是研究组织结构中，特别是纵向管理系统内的职权划分问题，即上级如何授权于下级的问题。

2. 集权与分权的标志

集权与分权在组织中只是一个程度问题。衡量集权与分权的标志主要有：决策的数量、决策的范围、决策的重要性、决策的审核。

影响集权与分权的因素包括：决策的代价、政策的一致性、组织的规模、组织的成长方式、管理哲学、管理人员的数量及素质、控制技术与手段。

（三）授权及授权方法

管理的实质是通过别人来达到目标，高层管理人员要把一部分权力授予下层管理人员。所谓授权就是指上级给予下级一定的权力和责任，使下属在一定的监督之下，拥有相当的自主权而行动。授权者对被授权者有指挥、监督权，被授权者对授权者负有完成任务及汇报情况之责。

授权对于一个组织的发展来说是十分重要的。授权可使高层管理人员从日常事务中解脱出来，专心处理重大问题；授权可以缓解工作中的压力，人在中等压力下工作绩效更佳；可提高下属的士气，增强其责任心，调动下属工作的积极性和主动性；可增长下属的才干，有利于选择和培养管理人员。

授权的基本过程包括：

1. 任务的分派。权力的分配和委任来自于实现组织目标的客观需要。因此，首先要明确被授权人所应承担的任务。

2. 权力的授予。在明确了任务之后，就要授予其相应的权力，即给予其行动的权力或指挥他人行动的权力。给予一定的权力是使被授权者得以完成所分派任务的基本保证。

3. 责任的明确。被授权人的责任主要表现为向授权者承诺保证完成所分派的任务，保证不滥用权力，并根据任务完成情况和权力使用情况接受授权者的奖励或惩处。要注意的是，被授权者所负的只是工作责任，而不是最终责任。授权者对于被授权者的行为负有最终的责任。

4. 监控权的确认。授权不同于弃权。授权者对被授权者拥有监控权，即有权对被授权者的工作进行情况和权力使用情况进行监督检查。

许多研究表明，由于管理者授权不当所引起的失败，要比其他原因引起的失败多得多。因此，每一个管理者都要注意研究授权的方法和技巧。正确授权要注意以下几点：明确授权的目的；职、权、责、利相当；保持命令的统一性。

第三节 人员配备

通过组织工作建立了部门，确立了部门的任务、职权及相互关系，为组织系统的运行提供了基本的框架。为确保系统的有效运行，还必须为组织各部门配备合适的人员，通过分析人与事的特点，谋求人与事的最佳组合。

一、人员配备的程序和原则

人员配备是组织根据目标和任务需要，正确选择、合理使用、科学考评和培训人员，选派合适的人员去完成组织结构中规定的各项任务，从而保证整个组织目标和各项任务的完成。

（一）人力资源配置的目的

人力资源配置首先要满足组织的需要，同时，也要考虑满足组织成员个人的特点、爱好和需要，将合适的人安排在合适的岗位上。因此，人力资源配置的目的可以从组织和个人这两个方面来理解。

1. 满足组织的需要

(1) 通过人力资源的合理配置，达到组织系统正常运转的目的。组织系统要能有效地运转，必须使机构中每个工作岗位都配有合适的人。

(2) 通过人力资源配置为组织发展准备干部力量。组织配置人力资源时，不仅要考虑目前机构人员的配置，还要考虑机构可能发生的变化，为组织的长远发展准备和提供工作人员，特别是管理干部。组织可以通过在实际工作中使用和培训未来的管理干部。

(3) 通过人力资源配置和建立组织文化，维持和提高成员对组织的忠诚度和价值观。既要留住员工的人，也要留住优秀员工的心。

2. 满足员工的需要

(1) 通过人力资源配置使每个人的知识和能力都能得到公正的评价、承认和运用。

(2) 通过人力资源配置使每个人的知识和能力不断发展，素质不断提高。

(3) 通过人力资源配置使每个人都能看到晋升的机会和希望。

（二）人员配备的程序

1. 制定用人计划。使用人计划的数量、层次和结构符合组织的目标任务和组织机构设置的要求。

2. 确定人员的来源。人员的来源只能是从外部获得，但对特定的时间和特定的工作岗位而言，也可以从现有富余员工中进行调配，以便充分挖掘现有人员的潜力，降低成本，同时也易于保持组织的稳定性。

3. 根据岗位标准要求对应聘人员进行考查，确定备选人员。

4. 确定人选。必要时进行上岗前培训，以确保能适用于组织需要。

5. 将所定人选配置到合适的岗位上。

6. 对员工的业绩进行考评，并据此决定员工的续聘、调动、升迁、降职或辞退。

（三）人员配备的原则

1. 经济效益原则

组织人员配备计划的拟定要以组织需要为依据，以保证经济效益的提高为前提，保证组织活动的正常进行。因此，当组织发展感到人员不足时，应该首先挖掘内部的潜力，提高劳动生产率，通过内部人员的余缺调剂来解决。

2. 任人唯贤原则

在组织招聘员工的过程中，要求在人事选聘方面，从实际需要出发，大公无私，实事求是地发现人才，爱护人才，重视和使用确有真才实学的人。

3. 因事择人原则

员工的选聘应以职位的空缺和实际工作的需要为出发点，以职位对人员的实际要求为标准，选拔、录用各类人员。人事任用的目的是谋求人与事之间的有效配合，因此，只有从实际的职位需要去选聘合适的人才，才能实现这一目标。

4. 量才使用原则

应根据每个人的能力大小而安排合适的岗位。人的差异是客观存在的，一个人只有处在最能发挥其才能的岗位上，才能干得最好。从某种意义上讲，不优秀的工人是指那些没有得到合适的工作的人。

对于每位管理者来说，都应在充分掌握每位职员的基本条件，如知识、经历、智力、体力、气质、品质、兴趣、爱好、特长等方面情况的基础上，尽量把每个人安排到适合的工作岗位上，使其聪明才智得到充分发挥。

5. 程序化、规范化原则

选拔员工必须遵循一定的标准和程序。科学合理地确定组织员工的聘任程序和选拔标准是组织聘任优秀人才的重要保证。只有严格按照规定的程序和标准办事，才能选聘到真正愿为组织的发展作出贡献的人才。

6. 人事动态平衡原则

随着环境的不断变化，人员的能力和知识也在不断提高和丰富，组织内部也不断发生变化，因此，人与事的配合也需要进行不断的调整。力求人尽其才，事得其人，人事相宜，实现人与工作的动态平衡。

7. 照顾差异原则

人在生理、心理、能力等各方面千差万别，适当考虑和细心照顾这些差异是搞好因材施用、人员调配工作的重要方面。主要应考虑五个方面的差异：性别差异、年龄差异、气质差异、能力差异、兴趣差异。

二、管理人员的选聘

（一）管理人员需要量的确定

管理人员选聘首先要确定管理人员的需要量。管理人员需要量取决于以下几方面的因素：组织规模、业务的复杂程度、管理部门的数目、管理人员的储备需要。

管理人员需要量的确定方法：

1. 经验预测法

这种方法也叫做比率分析，即根据以往的经验对人力资源需求进行预测。具体的方法是根据企业的生产经营计划及劳动定额，或每个人的生产能力、销售能力、管理能力等进行。企业采用这种方法预测人员需求时，一方面要注意经验的积累，包括保留历史档案、采用较多人的经验，从而减少预测的偏差；另一方面也要认识到，这种方法应用于不同的对象时，预测结果的准确程度会不同，对可准确测度工作量的岗位，预测的准确性较高，对难以准确测度工作量的岗位，预测的准确性较低。

这种方法应用起来比较简单，适用于技术较稳定的企业的中、短期人力资源预测。

2. 德尔菲法

德尔菲法是一种由专家们对影响组织某一领域的发展的看法（例如组织将来对劳动力的需求）达成一致意见的结构化方法。专家既可以是来自第一线的管理人员，也可以是高层经理；既可以是组织内的，也可以是外请的。专家的选择基于他们对影响组织的内部因素的了解程度。该方法的目标是在专家们互不见面的前提下，通过综合专家们各自的意见来预测某一领域的发展。人力资源部门把在第一轮预测过程中，专家们各自单独提出的意见集中起来并加以归纳后反馈给他们，然后重复这一循环，使专家们有机会修改他们的预测，并说明修改的原因。一般重复3～5次，专家们的意见即趋于一致。

3. 趋势分析法

这是一种定量分析的方法，其基本思路是：确定组织中哪一种因素与劳动力数量和结构的关系最大，然后找出这一因素随雇用人数变化的趋势，由此推出将来的趋势，从而得到将来的人力资源需求量。

(二) 管理人员的来源

管理人员来源有两方面：一是从组织内部培养、选拔、任用，即内部招聘；二是从组织外部招聘，即外部招聘。

1. 内部招聘的优缺点

(1) 内部招聘有以下优点：①管理者对组织情况熟悉，上任后进入角色快。②对被选人员熟悉，可降低组织招聘的风险。③有利于鼓舞士气，调动组织成员的积极性。内部提升制度能更好地维持成员对组织的忠诚，使那些有发展潜力的员工能更自觉积极地工作。④招聘费用低。可以简化很多程序。

(2) 内部招聘也有其缺陷，表现为：①"近亲繁殖"，易形成思维定势，不利于广开思路、大胆创新；②易形成错综复杂的关系网，任人唯亲，给管理带来困难。③备选对象范围较小，不易招到合适的人选。④由于内部竞争导致人员关系紧张。

2. 外部招聘的优点和不足

(1) 外部招聘的优点是：①来源广泛，可以招到合适的人才。②从外部招聘来的管理者能给组织带来新鲜活力，有利于组织创新和管理革新。工作中很少顾忌复杂的人情网络关系。③有利于平息和缓和内部竞争带来的紧张关系。

(2) 外部招聘管理人员的缺点是：①难以准确地判断其管理才能，组织招聘的风险较大。为克服此缺陷，一般采用"试用期"方法，让备选者在试用期内通过履行岗位职责情况，来考察其实际工作能力，以决定是否正式选聘。②外部招聘人员有一个熟悉环境的阶段，进入角色较慢。③严重挫伤内部员工的积极性。同时有才华、有发展潜力的外部人才一般不敢贸然应聘。④外部招聘费用高。由于外聘员工需要通过大众媒体刊登招聘广告，并组织专家进行测评等等，因而需要支出大量费用。

一个组织选聘管理人员是采用内源渠道还是外源渠道，要视具体情况而定。一般而言，高层主管一般采用外源渠道；基层和中层管理者可采用内源渠道；在组织成长期多用外源渠道，稳定期则多用内源渠道。

(三) 管理人员的选聘标准

管理人员配备的正确与否，直接关系到组织的运作效率，为保证组织选聘到符合标准的管理人员，选聘前首先要明确管理人员的选聘标准。由于组织和部门的层次、规模、业务性质不同，不同的职位对人员配备的要求各异，它决定了管理人员选聘的艰巨性。选聘管理人员的依据是贡献还是能力？管理者对组织的贡献不仅取决于自己的能力，还要受到自身以外的许多其他因素的影响。诸如下属的工作能力和配合能力，所获授权的多少，来自其他部门的影响等等。所以贡献并不一定是能力的恰当的反映。即使贡献已恰当地体现了管理者的能力，也可能只是其现实能力的显性化，而难以说明管理者的潜在能力。因此，选聘管理人员不仅要看其贡献，更应看其能力；不仅看其现实能力，还应看其潜在能力。一般说来，管理人员应符合下述几方面的要求：

1. 较高的政治素质

管理人员在领导岗位上，其行为会对组织社会产生巨大的影响，因此，管理者只有具备较高的政治素质，才能一切从大局出发，维护社会和国家利益。

2. 良好的道德品质

管理人员能否有效地影响和激发他人工作的积极性，不仅取决于法定职权的大小，而且在很大程度上取决于管理者个人的影响力。形成个人影响力的因素，就是管理者个人的道德品质修养，如思想品德、工作作风，生活作风、性格气质等。管理者应克勤克俭、廉洁奉公、工作认真、作风正派、平易近人、言而有信才能起到楷模作用，赢得下属的尊敬和信赖。同时由于担任管理职务具有相当大的职权，而组织对权力的运用，往往难以进行严密、细致、及时、有效的监督，所以权力能否正确运用，在很大程度上只能取决于管理人员的良知。

3. 相应的业务知识水平

管理者未必是专家，但了解一定的专业知识、具备一定的技术水平和能力，仍是管理者不可缺少的条件。如不具备一定的业务知识，不懂得业务性质、业务流程和特点，就无法对业务活动进行合理的安排，无法对可能出现的问题作出准确的判断，必然会降低管理效率。

4. 良好的决策能力

管理者离不开决策，“多谋善断”、“当机立断”便成为管理人员的必备能力。管理者应观察细致，思维敏捷，善于发现问题，对问题的性质能准确地作出判断，有效地去处理。

5. 较强的组织协调能力

管理者的职责之一，就是实现组织内部各部门各环节的密切配合。所以管理者应有较强的组织协调能力，能够按分工协作的要求合理调配人员，布置工作任务，调节工作进程，将组织目标转化为各部门员工的实际行动。同时，管理者要善于协调内部员工之间的关系，创造和谐融洽的气氛，形成强大的凝聚力，有能力避免和制止组织内部的冲突。

6. 富于创新和风险精神

管理的任务不仅在于执行上级的命令，维持系统的运转，而且要在组织系统或部门的工作中不断创新。只有不断创新，组织才能充满生机，才能不断发展。而创新意味着既有成功的可能，也有失败的风险。因此要创新就要敢于冒风险。富有风险精神，应该作为对组织中所有管理人员的共同要求。

7. 健康的身体素质

管理活动既是脑力劳动，又是体力劳动，而且劳动的强度很高。作为一名优秀的管理者，尤其是高层管理者既要有健康的体魄和充沛的精力，又要学会科学的工作方法。以恢复和保持旺盛的精力。

（四）管理人员选聘的程序与方法

由于管理人员的来源不同，职务的性质和岗位层次不同，管理人员选聘程序与方法也有所不同。选聘管理人员一般要经过下述步骤：

1. 制定管理人员需求计划

需求计划的内容包括所需人员数量、选聘人员的岗位分布，选聘工作的程序安排、选聘的组织保证等。

2. 进行职务分析及标准制定

职务分析（或称职务描述）是将各项工作的任务、责任、性质，及对管理者的要求加以分析研究，并以书面形式记录下来。在职务分析的基础上，可进一步制定出各职务待聘管理人员的选聘标准。

3. 发布招聘信息

如为内部选聘，只须由主管领导或授权负责招聘的组织者在组织中发布招聘信息。如为外部选聘，则须通过特定的渠道（一般为公共媒体）向外部发布征聘信息。

4. 搜集应聘人员（求职者）信息

内聘人员的信息搜集比较容易。外聘管理人员信息来源于：（1）求职者自己根据招聘要求所填的求职表。（2）推荐材料。即有关单位、组织或个人，就某位应聘者向本单位的推荐材料。（3）调查材料。对重要领导岗位人员的招聘，聘任者必须亲自到待受聘人员工作或学习过的单位，或向其接触过的有关人员进行调查，以掌握第一手材料。

5. 对应聘者进行测试与筛选

组织需要对所有应聘人员进行严格、细致的测试，以确保能聘到高质量的管理者。测试方式有：

(1) 智力与知识测试。该测试是通过考试的方法测评候选人的基本素质，包括智力测试和知识测试两种基本形式。智力测试的目的是通过候选人对某些问题的回答，测试他的思维能力、记忆能力、应变能力和观察分析处理问题的能力等。知识测试是要了解候选人是否具备待聘职务所要求的基本业务技术知识和管理知识。

(2) 面试。即通过与受聘者面对面的谈话了解其有关信息。面试有结构式面试和非结构式面试。前者指考查人员事先拟好谈话提纲和提问要点，引导备选人员在这个范围内回答问题和发表意见；后者则指考查人员对谈话形式和内容并不事先规定框架，而是以面谈形式让备选人员自由发挥。在一次面试中常常两者结合起来进行。

(3) 模拟情景训练。根据被试者可能担任的职务，设计一套与该职务实际情况相似的测试项目，然后将被测试者安排在模拟的工作环境中，要求被测试者处理设定的各种问题，并根据其处理的方法和效果来评价其心理素质、潜在能力。情景模拟方法设计复杂，准备时间长，涉及专业评价人员多，准确度高，费用也高，主要用于招聘高级管理人员。该方法的主要内容有：①文件筐测试法：这是情景模拟的主要形式。内容包括供被测试者现场处理的文件、备忘录、电话记录、上级指示、调查报告、请示、报告等。②与人谈话测试法。主要分为三种类型：电话谈话、接待来访者和拜访有关人士。可以和文件筐法穿插进行，这样更增添了工作情景的真实性。③无领导小组讨论测试法。指定一组被试者开会讨论一个实际经营中存在的问题，讨论前并不指定谁主持会议，在讨论中观察每一个被试者的发言，以便了解被试者心理素质和潜在的能力。可以从以下几个方面进行评价：领导欲望、主动性、说服能力、口头表达能力、自信程度、抵抗压力的能力、人际交往能力等等。也可以要求被试者讨论后，写一份讨论记录，从中分析被试者的归纳能力、决策能力、分析能力、综合能力、民主意识等等。④角色扮演测试法。要求被试者扮演一个特定的管理角色来处理日常的管理事务，以此来观察被试者的多种表现，以便了解其心理素质和潜在能力的一种测试方法。

在测评中要强调了解被试者的心理素质。有时可以由主试者主动给被试者施加压力，如工作时不合作，或故意破坏，以了解该被试者的各种心理活动以及反映出来的个性特点。⑤即席发言测试法。主试给被试者出一个题目，让被试者稍做准备后按题目要求进行发言，以便了解其有关的心理素质和潜在能力。即席发言主要是了解被试者快速思维反应能力、理解能力、思维的发散性、语言的表达能力、言谈举止、风度气质等方面的心理素质。即席发言的题目往往是做一次动员报告、开一次新闻发布会、在职工联欢会上的祝词等等。在即席发言以前应该向被试者提供有关的背景材料。

6. 背景调查

背景调查有两种类型：审评应聘材料和调查一些参考附件。前者提供的信息很有价值，而后者通常只是一种参考。向应聘者以前的单位了解其过去的工作情况，还可以通过他的朋友等其他渠道来了解他过去的情况。

7. 体检

体检的目的是确定应聘者的一般健康状况，检查其是否有工作职务所不允许的疾病或生理缺陷，以减少员工因生病所增加的费用支出，以及由于员工存在生理缺陷或体能不支，将对今后工作带来的负面影响。

8. 录用决策

招聘者要对测试的结果进行整理分析，根据职位要求对应聘者进行筛选，确定入选者名单。若是从外部招聘，对入选者发出聘任通知。被通知者前来应聘，双方签订聘任合同，选聘工作结束。

9. 管理人员的使用

为保证管理工作的效率，一般对管理者有一个试用期，试用确实合格再正式聘用。管理人员聘任后，若不能或不愿履行其岗位职责，用人单位可对其做调动、降职、解职或辞退等处理。

三、管理人员的考评

（一）管理人员考评的目的和作用

管理人员考评就是根据管理工作的需要，定期对管理者的素质、行为及绩效进行科学的考核和评价。其主要目的是：了解管理者的管理业绩；掌握管理者的管理能力；发现管理工作中存在的问题。

需要强调的是，在人力资源的绩效评估过程中，考核的奖惩功能是比较弱的，问题的关键是如何改进人与工作的分配关系和提高工作绩效。

管理人员的考评在组织中起着的重要作用：为组织的人事调整提供依据；为管理人员的培训提供依据；激励管理者不断自我提高和自我完善；为合理确定并适当调整管理者的报酬提供依据；为建立奖惩系统提供重要依据。

（二）管理人员考评内容

管理人员考评的内容主要包括以下方面：即德、能、勤、绩及个性的考核。

德：包括思想政治、工作作风、社会道德及职业道德水平等方面。思想政治方面主要指管理者的政治倾向、价值取向。思想政治往往对工作作风、社会道德、职业道德起统率作用。工作作风即办事的风格，如是否雷厉风行；是否尊重别人，实行民主；是否尊重科学，知错必改等等；社会道德是指管理者在处理个人与集体、社会关系方面的倾向，如是否遵纪守法，维护公共利益等。

能：指员工从事工作的能力，包括体能，学识和智能、技能等内容。体能取决于年龄、性别和健康状况等因素；学识包括文化水平、专业知识水平、工作经验等项目；智能包括记忆、分析、综合、判断、创新等能力；技能包括操作、表达、组织等能力。体能、学识、智能和技能是四个互相联系，而又有区别的能力因素，体能和学识是基础，人的学识为智能和技能的运用提供源泉，智能和技能则是把体能、学识转化为改造世界的关键。能力是管理人员考评的重点和难点。

勤：指管理人员的积极性和工作中的表现，包括纪律性、干劲、责任心、主动性等等。

绩：指管理者的工作效率及效果。一个管理人员的绩效或贡献，除了取决于管理者的能力以外，还受他所在的管理环境的影响。因此，在评价管理人员的工作业绩时，应充分考虑到环境的影响，使管理人员的业绩得到恰如其分的评价。

（三）管理人员的考评程序及方法

1. 管理人员的考评程序

管理人员的考评一般须经过下述几个步骤：

（1）制定考评计划。进行管理人员考评，必须首先明确考核目的、对象和内容，然后据此制定考核计划，安排考核的时间、程序和方法，确定考核人员等，以保证考核的顺利实施。

(2) 考评前的技术准备。①制定考评标准。要进行考评首先要制定考评的标准，考评标准要符合信誉和效益原则，以职务分析为依据。②选择设计考核方法与工具：如调查表的设计和准备；资料处理工具和方法等。③选择考评人员并对考评人员进行培训。训练评估人准确的观察行为，正确使用量评工具。

(3) 实施考评。在制定了考评标准以后，要按标准进行考评、测定与记录，根据需要对各种职务绩效的各项指标进行考评。在实施绩效评估时应采取360°绩效评估，又称全方位绩效评估。即包括上司、同事、下属、自己和顾客，要求每个评估者都站在自己的角度对被评估者进行评估。多方位评估可避免一方评估的主观武断，可增强绩效评估的信度和效度。

(4) 分析考评结果。为了得到正确的考评结果，首先要分析考评表的可靠性，剔除那些明显不符合要求的随意乱填的表格。在此基础上要综合各考评表的打分，得出考评结论，并对考评结论的主要内容进行对照分析。

(5) 反馈考评结果。考评结果应及时反馈给有关当事人。主管与被考评对象会晤之前，让被考评者了解考评的结论，知道组织对自己能力的评价和贡献的承认程度，以及组织所指出自己的缺陷，及改进的方向。

2. 管理人员考评方法

组织对员工考评的结果是否准确，在很大程度上取决于考评的方法和考评系统的设计。随着人事管理理论的发展，绩效考评的方法也更加系统完善。常用的管理人员考评方法主要有以下几种：

(1) 目标管理法。适用于干部目标任期制，根据目标进行考评，包括实施目标的进度，措施以及实现的程度。

(2) 图解式评估量表（GRS）。它是评估工作人员所持有的一张特质表，其上列举了成功绩效所需要的各种特质（如合作性、适应性、成熟性、工作动机）。每一项特质的满分是五分或七分。评分者的分数是数字级或叙述绩效水准的词句。尺度的中间点通常的定义是如“普通”、“中等”、“令人满意”或“符合标准”等字眼。这种方法简便适用，成本低廉，另外特质和注解都采用一般的用语，适用于公司内所有或大部分的工作。但是这种方法无法清楚地指出员工要获得高分所必须做的事，因而员工也就无法得知公司对于他们的期望。另外这种方法不能提出明确又不具威胁性的反馈。

(3) 行为锚定评分法（BARS）。它为每一职务的各考评特质（维度）都设计出一个评分量表，并有一些典型的行为描述性说明词与量表上的一定刻度（评分标准）相对应，即所谓锚定。这种方法由于有这些明确的“锚定物”作为评量的标准，不但使员工能较深刻而信服地了解自身的现状，还可以找到具体的改进目标，锚定说明词都是对某一特定情景下，对某种具体工作行为的描绘。但要注意的是，说明词必须是行为实例。这种 BARS 表格通常是由专家民主制定。

(4) 行为观察量表（BOS）。它包括了一连串完成工作所需要的预期行为。与行为锚定评分法一样先收集关键事件，然后再归类到不同的向度中，这两种方法的主要不同点在于行为观察量表中，每一项行为都经过评估者的评分。评估者是根据员工从事每一项行为的频率，来对其绩效加以评分，这种方法与“行为锚定评估法”一样，也能有效地引导员工的行为，因为它明确地指出了员工要在绩效方面获得高分所必须做的事，经理人也能够有效地利用此表监控员工的行为，并予以回馈，行为观察量表的设计非常复杂，而且每一项工作需要一种独立的工具来评估，只有从事该项工作员工的人数很多的时候才适用。

四、管理人员的培训

要满足组织的工作需要，对管理人员进行适当形式的培训，是提高管理水平、增强组织运作效率的重要环节。

(一) 管理人员培训的内容

为了有效实现管理人员培训目标，提高培训效率，首先要确立管理人员培训的内容，使培训有针对性。管理人员培训应包括下述几方面的内容：

1. 业务培训

管理工作不可能脱离实际业务内容，管理人员也不能不了解所在部门的业务性质和基本流程，熟悉业务知识是进行有效管理的前提之一。由于现代科技及其应用的快速发展，管理者即使是专项业务人员，也应参加一定的业务培训，以适应知识、技术不断更新的需要，适时把握本专业的发展动态，准确地进行预测和增强管理的前瞻性。

2. 管理理论培训

管理者只有掌握一定的管理理论，才能进行科学的管理活动。对任何层次的管理者来说，掌握一定的管理理论都是必要的。

3. 管理能力培训

管理能力是管理者通过管理活动实现管理目标的能力，管理者管理能力的高低，是决定管理效率的基本要素。管理能力包括决策能力、组织协调能力、领导活动能力等。管理者的管理能力可以通过科学的培训而得到提高。

4. 交际能力及心理素质培训

管理是支配他人行为的行为，与人打交道必须有较强的交际能力。高层管理者不仅要与组织内部人员相处，而且要与组织外部的人员交往，树立组织形象、扩大组织的影响力。管理者要与各种人相处，工作中会遇到意外和突发事件，决定、处理关键问题等，因此管理者必须具备良好的心理素质。

（二）管理人员培训方法

管理人员培训的方法主要有下述几种：

1. 脱产学习

即管理人员暂时脱离工作岗位，专门到有关培训机构去学习一段时间。脱产培训的系统性强，能较为全面地接受管理理论和管理方法等方面的教育和训练，是提高管理水平和档次的主要方法之一。脱产培训采用的具体形式有：开办短期培训班、举办知识讲座、管理人员定期脱产轮训、选送高等院校接受正规教育等。

2. 在职培训

即通过日常工作实践锻炼和培训管理人员。该方法简便易行，是提高管理技巧和能力的基本方法，具体形式有：

(1) 职务轮换。即让管理人员依次分别担任同一层次不同职务或不同层次相应职务。该方法能全面培养提高管理者的能力，开阔其眼界，促使其客观地认识自身的优缺点；使管理者按其所长确定其愿意管理的职务或岗位。这样不仅可以使管理者丰富技术知识和管理能力，掌握组织业务与管理全貌，而且可以培养他们的协作精神和系统观念，使他们明确系统的各部分在整体运行和发展中的作用，从而在解决具体问题时，能自觉地从系统的角度出发，处理好局部与整体的关系。

(2) 临时职务。当组织中某个主管由于出差、生病或度假等原因，而使某个职务在一定时期内空缺时（当然组织也可有意识地安排这种空缺），则可考虑让受培训者临时担任这项工作。安排临时性的代理工作，具有与设立助理职务相类似的好处，可以使受培训者进一步体验高层管理工作，并在代理期内充分展示或迅速弥补他所缺乏的管理能力，同时还可以帮助组织进行正确的提升，防止“彼得现象”的产生。

彼得指出：人们有时会被提拔到他们能力不能胜任的级别上。很多人在某一职位上取得一定的成就后，往往被提升到他力不能及的更高职位上，即提升“过了头”。所以在企业人事调配中，对有功之人应按职位与能力匹配原则进行，不足之处靠其他奖励措施弥补。

(3) 委以助手职务。即安排有培养前途的管理人员担任主管领导的助手，使其在较高层次上了解并通过授权参与各项高层管理工作。设置助手职务不仅可减轻主管领导的负担，而且有助于在实际工作中培训提拔管理人员。

3. 其他方法

(1) 决策训练。按一定程序和方法训练管理人员的决策能力。如训练管理者如何从已知的条件推出未知事件；如何把某一问题的各个方面结合起来进行分析以得出恰当结论；如何在一系列相关联的目标体系中进行选择等等。(2) 角色扮演。即把一组主管人员聚集在一起，设定某种带有普遍性或较棘手的问题或场境，从中选出两个人模仿他们选定的角色进行即兴模拟表演，其他人员现场观摩，之后进行讨论总结。(3) 敏感性训练。即训练领导者对他人行为的敏感性，任何一个管理人员都要通过与其上级、下级和同僚的通力协作才能完成好工作。感知他人的情感、态度和需要，是管理者必备的素质。这种感知力可通过训练来加强。

第四节 组织变革与发展

组织内外环境随时都在变化，组织必须适时进行变革，才能应对未来的挑战。组织变革就是组织根据内外环境的变化，及时对组织中的要素进行结构性变革，以适应未来组织发展的要求。组织变革的根本目的就是为了提高组织的效能，特别是在动荡不定的环境条件下，要想使组织顺利地成长和发展，就必须自觉地研究组织变革的内容、阻力及其一般规律，研究有效管理变革的具体措施和方法。

一、组织变革的动因

（一）外部环境因素

1. 整个宏观社会经济环境的变化

诸如政治、经济政策的调整、经济体制的改变，以及市场需求的变化，都会引起组织内部深层次的调整和变革。

2. 科技进步的影响

科技的发展日新月异，对组织的固有运行机制构成了强有力的挑战。

3. 资源变化的影响

组织必须要能克服对环境资源的过度依赖，同时要及时顺应资源的变化进行组织变革。

4. 竞争观念的改变

组织若要适应未来竞争的要求，就必须在竞争观念上顺势调整，争得主动。

（二）内部环境因素

1. 组织机构适时调整的要求

组织机构的设置必须与组织的阶段性战略目标相一致，组织一旦需要根据环境的变化调整机构，新的组织职能必须得以充分的保障和体现。

2. 保障信息畅通的要求

随着外部不确定性因素的增多，组织决策对信息的依赖性增强，为了提高决策的效率，必须通过变革以保障信息沟通渠道的畅通。

3. 克服组织低效率的要求

组织在长期一贯运行中，极可能会出现低效率现象，其原因既可能是由于机构重叠、权责不明，也有可能是人浮于事、目标分歧。组织只有及时变革才能进一步制止组织效率的下降。

4. 快速决策的要求

决策的形成如果过于缓慢，组织常常会因决策的滞后或执行中的偏差而坐失良机。为了提高决策效率，组织必须通过变革对决策过程中的各个环节进行梳理，以保证决策信息的真实、完整和迅速。

5. 提高组织整体管理水平的要求

组织整体管理水平的高低是竞争力的重要体现。组织在成长的每一个阶段都会出现新的发展矛盾，为了达到新的战略目标，组织必须在人员的素质、技术水平、价值观念、人际关系等各个方面都做出进一步的改善和提高。

二、组织变革的类型和内容

（一）组织变革的类型

依据不同的划分标准，组织变革可以有不同的类型。本章按照组织变革的不同侧重，将其分为以下四种类型：

1. 战略性变革

战略性变革是指组织对其长期发展战略或使命所做的变革。如果组织决定进行业务收缩，就必须考虑如何剥离非关联业务；如果组织决定进行战略扩张，就必须考虑购并的对象和方式，以及组织文化重构等问题。

2. 结构性变革

结构性变革是指组织需要根据环境的变化，适时对组织的结构进行变革，并重新在组织中进行权力和责任的分配，使组织变得更为柔性灵活、易于合作。

3. 流程主导性变革

流程主导性变革是指组织紧密围绕其关键目标和核心能力，充分应用现代信息技术对业务流程进行重新构建。这种变革会对组织结构、组织文化、用户服务、质量、成本等各个方面产生重大的改变。

4. 以人为中心的变革

组织中人的因素最为重要，组织如若不能改变对人的观念和态度，组织变革就无从谈起。以人为中心的变革，是指组织必须通过对员工的培训、教育等措施，使他们能够在观念、态度和行为方面与组织保持一致。

（二）组织变革的目标

组织变革应该有其基本的目标。总的来看，应包括以下三个方面：

1. 使组织更具环境适应性

环境因素具有不可控性，组织要想在动荡的环境中生存并得以发展，就必须顺应形势变革自己的任务目标、组织结构、决策程序、人员配备、管理制度等等，从而有效地把握各种机会，识别并应对各种威胁，使组织更具环境适应性。

2. 使管理者更具环境适应性

管理者是决策的制定者和组织资源的分配人。在组织变革中，管理者必须要能清醒地认识到自己是否具备足够的决策、组织和领导能力来应对未来的挑战。因此，管理者一方面需要调整过去的领导风格和决策程序，使组织更具灵活性和柔性，另一方面，管理者要能根据环境的变化要求重构层级之间、工作团队之间的各种关系，使组织变革的实施更具针对性和可操作性。

3. 使员工更具环境适应性

组织变革的最直接感受者就是组织的员工。组织如若不能使员工充分认识到变革的重要性，顺势改变员工对变革的观念、态度、行为方式等，就可能无法使组织的变革措施得到员工的认同、支持和贯彻执行。需要进一步认识到的是，改变员工的固有观念、态度和行为，是一件非常困难的事，组织要使人员更具环境适应性，就必须不断地对员工进行再教育和再培训，决策中要更多地重视员工的参与和授权，要能根据环境的变化改造和更新整个组织文化。

(三) 组织变革的内容

组织变革具有互动性和系统性，组织中的任何一个因素改变，都会带来其他因素的变化。然而，就某一阶段而言，由于环境情况各不相同，变革的内容和侧重点也有所不同。组织变革过程的主要变化因素包括人员、结构、任务和技术。

1. 对人员的变革

人员的变革是指员工在态度、技能、期望、认知和行为上的改变。组织发展虽然包括各种变革，但是人是最主要的因素，人既可能是推动变革的力量，也可能是反对变革的力量。变革的主要任务是组织成员之间在权力和利益等资源方面的重新分配。要想顺利实现这种分配，组织必须注重员工的参与，注重不断改善人际关系并提高实际沟通的质量。

2. 对结构的变革

结构的变革包括权力关系、协调机制、集权程度、职务与工作再设计等其他结构参数的变化。管理者的任务就是要对如何选择组织设计模式、如何制定工作计划、如何授予权力以及授权程度等一系列行动作出决策。现实中，一成不变的结构设计往往不具有可操作性，需要随着环境条件的变化而改变，管理者应该根据实际情况灵活改变其中的某些组成要素。

3. 对技术与任务的变革

技术与任务的改变，包括对作业流程与方法的重新设计、修正和组合，包括更换机器设备，采用新工艺、新技术和新方法等等。由于产业竞争的加剧和科技的不断创新，管理者应能与当今的信息革命相联系，注重在流程再造中利用最先进的计算机技术进行一系列的技术改造。同时，组织还需要对组织中各个部门或各个层级的工作任务进行重新组合，如工作任务的丰富化、工作范围的扩大化等。

三、组织变革的过程与程序

（一）组织变革的过程

为使组织变革顺利进行，并能达到预期效果，必须先对组织变革的过程有一个全面的认识，然后按照科学的程序组织实施。

组织变革的过程包括解冻——变革——再冻结三个阶段。

1. 解冻阶段

这是改革前的心理准备阶段。一般来讲，成功的变革必须对组织的现状进行解冻，然后通过变革使组织进入一个新阶段，同时对新的变革予以再冻结。组织在解冻期间的中心任务，是改变员工原有的观念和态度，组织必须通过积极的引导，鼓励员工更新观念、接受改革并参与其中。

2. 变革阶段

这是变革过程中的行为转换阶段。进入到这一阶段时，组织上下已对变革做好了充分的准备，变革措施就此开始。组织要把激发起来的改革热情转化为改革的行为，关键是要能运用一些策略和技巧，减少员工对变革的抵制，进一步调动员工参与变革的积极性，使变革成为全体员工的共同事业。

3. 再冻结阶段

这是变革后的行为强化阶段，其目的是要能通过对变革驱动力和约束力的平衡，使新的组织状态保持相对的稳定。由于人们的传统习惯、价值观念、行为模式、心理特征等都是在长期的社会生活中逐渐形成的，并非一次变革所能彻底改变的，因此，改革措施顺利实施后，还应采取种种手段对员工的心理状态、行为规范和行为方式等进行不断地巩固和强化。否则，稍遇挫折，便会反复，使改革的成果无法巩固。

（二）组织变革的程序

组织变革程序可以分为以下几个步骤：

1. 通过组织诊断，发现变革征兆

组织变革的第一步，就是要对现有的组织进行全面的诊断。这种诊断必须要有针对性，要通过收集资料的方式，对组织的职能系统、工作流程系统、决策系统以及内在关系等进行全面的诊断。组织除了要从外部信息中发现对自己有利或不利的因素之外，更主要的是能够从各种内在征兆中找出导致组织或部门绩效差的具体原因，并确立需要进行整改的具体部门和人员。

2. 分析变革因素，制定改革方案

组织诊断任务完成之后，就要对组织变革的具体因素进行分析，如职能设置是否合理、决策中的分权程度如何、员工参与改革的积极性怎样、流程中的业务衔接是否紧密、各管理层级间或职能机构间的关系是否易于协调等等。在此基础上制定几个可行的改革方案，以供选择。

3. 选择正确方案，实施变革计划

制定改革方案的任务完成之后，组织需要选择正确的实施方案，然后制定具体的改革计划并贯彻实施。推进改革的方式有多种，组织在选择具体方案时要充分考虑到改革的深度和难度、改革的影响程度、变革速度以及员工的可接受和参与程度等等，做到有计划、有步骤、有控制地进行。当改革出现某些偏差时，要有备用的纠偏措施及时纠正。

4. 评价变革效果，及时进行反馈

组织变革是一个包括众多复杂变量的转换过程，再好的改革计划也不能保证取得完全理想的效果。因此，变革结束之后，管理者必须对改革的结果进行总结和评价，及时反馈新的信息。对于没有取得理想效果的改革措施，应当给予必要的分析和评价，然后再做取舍。

四、组织发展趋势

（一）分立化趋势

由于企业规模越来越大，市场竞争日益激烈，企业经营管理的难度越来越大，市场变化越来越快，因而，企业一方面希望通过不断扩大规模、提高实力；另一方面又在扩大规模的同时，化整为零，提高企业的灵活性。

（二）柔性化趋势

由于组织的外部环境日益复杂，市场变化越来越快，组织的战略目标也处在不断调整之中，因此对组织结构的要求不能僵化，应保持高度的灵活性，能够根据市场环境的变化而实现自动调整，避免过于钢性而导致组织结构的僵化。

（三）学习型组织——未来成功企业的模型

学习是指组织成员对环境、竞争者和组织本身的各种情况进行分析、探索和交流过程。与传统的学习意义不同，不仅是指知识、信息的获取，更重要的是指提高自身能力，以对变化的环境做出有效的应变。

学习型组织——就是组织中坚持这种与时俱进的学习制度，并成为企业自身的一个基本原则的组织形式。它能认识环境、适应环境，进而能动地作用于环境。

案例分析

案例 4.1 宏洋公司的困境与出路

1. 现状分析

宏洋公司是一家以集成电路设计与开发的高科技合资公司，公司成立于2000年初。总经理为中方委派，是电子电路专业的硕士，年龄40岁。

新组建的公司有员工约76人，管理人员有23人。管理队伍构成情况是：公司的管理人员以硕士以上学历为主，这些高级技术人员受到了总经理的器重，加上市场部总经理的一位朋友，共计7个人构成了宏洋公司的高级管理层。而人力资源部、行政部以及策划部的管理人员多是30岁以下的、对技术不太熟悉的员工，即企业的中高层管理队伍是以技术人员为中心的。管理人员年龄明显分为三个阶段：核心的技术人员集中在35岁以上，而且多来自原来的科研院所，市场部的人员仅有两名，其他的管理人员均集中在30岁以下，用宏洋公司员工的话来说是“国有合资企业”。

公司由中方控股，公司的管理人员多来自于原来的科研院所，其运行管理模式与现代的企业制度有较大的差别，而且企业所涉入的是一个崭新的高科技领域，因此在销售方面并没有优势。而且由于总经理性格比较内向，所以在经营管理上遇到了较大的困难，主要表现在以下几个方面：

(1) 员工的市场观念以及现代企业管理意识与市场的要求有

一定的距离。在科研院所中，多以科研室为管理部门，科研室的组长或主任具有相当的管理权力，其中包括下属员工的奖金分配权力等。加之管理能力以及基础方面的不足，因而在新组建的公司中，采取了比较宽松的管理办法，员工工作效率不断降低。由于高科技公司分工比较具体，因而给总经理的管理带来了较大的困难。

(2) 从社会上招聘的管理人员虽然具有较强的市场意识，但随着时间的推移，他们也被从科研院所来的管理人员，从行为上及工作效率上同化了，进而造成了整体管理水平的下降。

(3) 公司里市场部门仅有员工5人，而且仅有两位管理人员和一位员工有行业销售经验，另外两名则为新招聘的大学生，销售工作不能顺利地展开。到2001年的7月份，销售收入仅完成了计划的20%。而在公司的高层管理队伍中，对企业的开发定位各执己见，因此阻碍了产品开发以及市场开拓的速度。

(4) 公司成立时，总经理为了能将有能力的技术人员招聘到公司，给了这些管理人员（1位博士、4位硕士、3位本科）较高的工资，几乎是管理人员平均工资的两倍。由于工资水平及管理上存在的问题，导致管理层内产生了不满情绪。

(5) 由于公司成立时间较短，因此没有形成良好的企业文化，在那些从科研院所以及刚刚从大学毕业的员工中，企业文化形成了凭“良心”工作的文化氛围。

以上是企业组建一年多以来出现的主要问题，这些问题严重地困扰着总经理，特别是其中一个副总经理自认为比总经理能力强，所以通过电子邮件与外方代表进行私下沟通，不仅影响了双方的合作信任关系，而且影响了企业管理工作的正常进行。

2. 解决方案

针对面临的一系列困难，宏洋公司向企业管理咨询公司的专家进行了咨询，专家为宏洋公司制定了以下的解决方案：

(1) 管理队伍调整。一方面从技术人员中挑选能够承担市场营销任务的两名管理人员和一名员工进入市场营销部门，同时通过招聘加强营销部门的市场开拓能力，加强市场信息与竞争对手信息的收集与分析，并制定相应的市场营销激励政策；对技术部与工艺部的管理结构进行调整，将原来的部门制管理形式改革成为项目部，项目部根据市场部的定单而组建，并随着项目的完成而解散；在项目部内部实行市场化的管理方式，并严格执行目标管理；对主要的管理人员进行个人管理能力的特别辅导，以提高其项目管理能力和计划执行与阶段目标控制能力。另一方面压缩管理人员的编制，将原来的技术部与工艺部合并为技术部，将质量部门设置为质量监督部，全面监督产品的开发与产品质量，公司的核心管理层由原来的6人减少为5人，其中分管技术部门两人，市场部门两人和总经理。

针对以上两个策略，企业管理咨询公司制定了与之相对应的培训课程，并立即形成标准。培训与实施时间为一个月。

(2) 管理队伍建设。首先对薪资体系进行一定的调整，根据职务级别与职务组别调整薪资，加大与绩效管理（全程的目标控制，不同于以往的绩效考核）的挂钩；同时人力资源部门加强员工的福利管理与企业文化建设，并将原来的企业理念“建设一流的集成电路设计企业”调整为“精确的设计，准确的服务”。

当时正好是2001年的7月，于是组织所有的管理人员以及那些有潜力成为管理人员的员工在郊区的某度假村召开了“宏洋公司管理人员述职会议”，引导所有的管理人员对上半年的工作进行深入的检讨与总结，并在会后形成决议性质的文件，进行大力度的改革。对在公司调整过程中不能适应的管理人员以及员工，劝其离开公司。其次在公司里逐步实施有效的绩效管理，而不是简单的绩效考核，即一个持续的交流与沟通过程。该过程是由员工和他的直接主管之间达成协议，并在协议中明确规定所要达到的目标和涉及到的组织、经理以及员工。

针对以上的两个策略，专家亲自主持了“管理人员述职会议”，在对人力资源部门进行薪资调整的咨询服务过程中，对所有的员工进行了为期10个课时的绩效管理培训。此项工作的进行持续了两个月，基本达到了预期的目标。

(3) 赢利模式改进。由于公司初创，赢利模式不能单纯地依靠公司自己开发的项目与产品。为此，通过所有的技术管理人员以及市场管理人员充分地挖掘个人的市场资源，建立了在做好销售本公司产品的基础上，加大了产品代理的力度，这些代理的产品一部分是来自于外方的合作者，另外一部分是为客户提供更为周到的服务而代理的其他产品。加强公司的市场策划与销售管理，建立完善的公司产品售后服务网站，为客户提供周到准确的服务。

至2001年11月，公司市场部门的员工人数为13人，而技术部门的人数为32人，职能部门的人数则为6人，管理人员为16人，公司总人数为51人。公司的员工结构以及管理人员结构调整已基本达到了预期的目标，同时公司的产品开发效率大大提高。

此项工作在一定程度上得益于宏洋公司总经理在北京以及香港接受了为期三个月的专业市场营销培训，以及公司经营管理培训。

3. 方案效果评估

经过2001年7月到12月半年的调整，宏洋公司的经营状况有了明显的改善。但也出现了一些问题：

(1) 调整开始，有3名主要的管理人员情绪波动比较大，经过总经理以及专家私下的多次工作，最后有一人于8月底离开了公司，另外两个管理人员调整了自己的心态，一个人去了市场部门，而另外一个则继续担任技术总监。最终组成了高效的企业决策层。

(2) 技术部门针对部分员工离开公司的空缺，大胆启用年轻人，鼓励创新，虽然有了大约两个月的技术人员流动现象，但是通过项目部弥补了对企业开发的影响，提高了员工的工作效率。宏洋公司9月～12月开发的新产品与前三个季度持平，工作效率大大提高。

(3) 公司销售收入逐步提高，9月～12月的销售收入为470万元，其中项目开发收入为320万元，代理产品收入为150万元，虽然年度仍然略有亏损，但是已初步显示了良好的赢利能力。

(4) 由于加强了改革过程中的企业文化建设以及培训工作，企业的管理人员的能力明显提高，同时由于有效的福利管理，企业的凝聚力明显提高。

目前宏洋公司正在逐步走上正轨，同时由于IC行业日渐复苏，公司也在市场竞争中站稳了脚跟，正在向着更远大的目标前进。

问题：

1. 请对比分析宏洋公司调整前后，在组织结构、人事管理等方面的变化。

2. 对知识型、高科技型企业中，中高层管理者的管理与一般企业有何不同？

3. 从本案例中你学到了什么？

复习思考题

1. 什么是组织和组织工作？各有什么特点？影响组织结构设计的因素有哪些？组织结构设计应考虑哪些原则？

2. 在组织中直线职权、参谋职权和职能职权三者之间的关系如何？

3. 你所在的组织是一种什么样的组织结构？这种结构在理论上有什么优点？你们的组织结构是否体现了这些优点？

4. 集权与分权的含义、标志及影响集权与分权的因素有哪些？授权的益处、授权的基本过程如何？

5 人员配备的程序和原则如何？管理人员需要量取决于哪几方面的因素？

6. 管理人员来源渠道、选聘标准、程序与方法如何？管理人员的考评程序及方法如何？

7. 管理人员培训的内容、培训方法如何？

8. 推动组织变革的因素、组织变革的类型和内容、过程与程序如何？组织发展趋势如何？

第五章

领　导

内容提要

领导是管理的一项重要职能，领导水平的高低与组织的生死存亡息息相关。在任何社会，无论是在正式组织中，还是在非正式组织中，都离不开领导，领导的职能贯穿于管理工作的各个方面。本章着重介绍了领导与领导者、激励和沟通等内容，通过对本章的学习，能够理解和掌握领导的内涵、领导理论、领导艺术，相关的激励理论和方法，以及如何实现有效的沟通。

第一节 领导与领导者

一、领导的内涵

(一) 领导的含义

1. 领导

领导是指挥、带领、引导、鼓励和影响组织成员或群体为实现目标而努力的过程。它包含以下三个方面的含义：

(1) 领导的本质是影响力。正是靠着影响力，领导者在组织或群体中实施领导行为；靠着影响力，领导者把组织或群体中的人吸引到他的周围来；靠着影响力，领导者得到组织或群体成员的信任；也正是靠着影响力，组织或群体中的成员心甘情愿地追随领导者。因此，拥有影响力的人才称得上是一位领导者。

(2) 领导是一个过程，是对人们施加影响的过程；同时，领导不仅仅是一种过程，也是一种艺术。领导者面临千变万化的组织或群体的内外环境，特别是面对着各种各样的人，他们的身份不同，有着各种不同的教育、文化和历史背景，他们进入组织或群体的目的和需要各不相同，而且他们的需要、目的等都处在动态的变化之中。因此，对人的领导与其说是一种过程，不如说是一种艺术。

(3) 领导的目的性。领导是一项目的性非常强的行为过程，一切领导行为必须指向组织或群体目标，通过影响被领导者，使他们心甘情愿地、热心地为实现组织或群体的目标而努力，让他们情愿地而非无奈地、热情地而非勉强地为组织或群体的目标而努力，这体现了领导工作的水平。

2. 领导者

领导者是指能够影响他人，并拥有管理权力实现领导活动过程的人。在组织或群体中，这些人能把其他人吸引到自己周围，能够得到别人的信任并为他们所追随。因此，领导者既存在于组织中，也存在于一定的群体中；既存在于正式组织中，也存在于非正式组织中。他是以自己的威望引导和影响别人完成群体或组织目标的人，或是被委派到某一职位上，以职务、权力和责任来引导和影响别人完成组织目标的人。

领导者的主要特征是：

(1) 领导者一般都是一个单位或组织的决策者，他具有一定的职务，享有一定的权力，这是其从事领导的资格。

(2) 领导者一般都是一个单位或组织的负责人，肩负着一定的责任。领导者除了与一般人一样，服从国家法律、法令、法规、条例，担负一定的政治责任外，还有自己特殊的职责，那就是承担这个组织的决策、组织、计划、指挥、协调、监督的内在职责。

(3) 领导者应当成为大众的服务员，他在社会赋予其权力的基础上，为社会成员提供服务。所以，领导者是当权者、负责人、服务员三者的有机统一，其中职权是领导者的首要条件，负责是领导者的中心任务，服务是领导者的本质。

在现实经济生活中，人们通常把领导和领导者两个概念混在一起使用，但实际上，这两者存在着明显的区别。领导是一种社会活动，或社会职能，特指领导者的角色行为，即对他人施加影响力，使之致力于实现群体或组织预期目标的活动过程。领导者是一种社会角色，特指领导活动的行为主体，即能实现领导过程的人。

（二）领导与管理

在较平稳的时期，管理者的核心任务是维持现行的活动，他们可依靠制度、政策、规章来规范职工的活动；但在加速变革的时代和动荡的环境中，领导的作用更显重要，有效的领导能为他人指明前景和方向，并引导组织成员共同努力去实现它。

管理强调的是计划和预算、组织各项资源，控制和解决问题。领导强调的是提供方向、影响人和增强组织成员的凝聚力，以及激励与鼓舞人。

领导和管理密切相关，但又有明显的区别。优秀的管理者一定是个好的领导者，然而一个领导者不一定是一个有成效的管理者。管理者可以利用其职权迫使人们去从事一项工作，但不等于就是一个合格的领导者。有人虽有经理的头衔，然而很少能影响他人的行为和工作；也有人并无正式职权或经理之名，却能以个人的身份行动和感染力去影响他人的行为。后者虽非管理者，但却是一个领导者，也许是一个至关重要的非正式领导。

领导并不等同于管理。领导是管理的一个方面，属于管理活动的范畴，但除了领导，管理还包括其他内容，如计划、组织、控制等。从根本上来讲领导是一种影响力，是一种追随关系。人们往往追随那些他们认为可以提供满足自身需要的人，正是因为人们愿意追随他，才使他成为了领导者。

为了使组织更有成效，我们希望每个管理者都能成为一个好领导。管理理论界和实践之所以重视对领导的研究，说明组织需要理解领导的含义，以便使更多的人成为领袖式的管理者。

（三）领导者权力的构成

领导者权力的构成，也就是领导者影响力的来源。领导者影响力的来源主要来自两个方面：职位权力和非职位权力。

1. 职位权力

职位权力是由组织正式授予管理者的一种法定权力。这种权力与特定的个人没有必然的联系，它是同职务相联系的。职权是管理者实施领导行为的基本条件，没有这种权力，管理者就难以有效地影响下属，从而实施真正的领导。组织授予管理者的职权主要有三种：

(1) 合法权。是指组织中等级制度所规定的正式权力，它通常被组织、法律、传统习惯甚至常识所认可，与合法的职位联系在一起。合法权源于被影响者头脑中固有的价值观，部属认为领导者有合法的权力影响他，他必须接受领导者的影响。

(2) 奖赏权。是指决定提供或取消奖励、报酬的权力。这种权力源于下属追求满足的欲望，即下属感到领导者有能力奖赏他，使他觉得愉快或使他的某些需要得到满足。当然，这种需求或奖赏可能是物质上的，也可能是精神上的。奖赏权是否能发挥应有的作用取决于下属是否期望这种奖赏。

(3) 惩罚权。是指通过精神、感情或物质上的威胁，强迫下属服从的一种权力。这种权力源于下属的恐惧感，即下属认识到领导者有能力惩罚他，使他痛苦，使他的某些需求得不到满足。这种权力对那些能认识到不服从命令就会受到惩罚的下属是最有效的。

以上三种权力都与组织中的职位联系在一起，是从职位中派生出来的权力，因此统称为职位权力。

2. 非职位权力

非职位权力，也可以说是个人权力，这种权力与领导者所处的职位无关，它是由于领导者自身的某些特殊条件才具有的。例如，领导者具有高尚的品德、丰富的经验、卓越的工作能力、良好的人际关系；领导者善于体贴关心他人，令人感到和蔼可亲；领导者具有某种专门知识、技能和专长等等。这种权力不随职位的变化而变化，也不具有强制性，但它对人的影响是发自内心的、长远的，下属会因此而心甘情愿地追随、服从领导者。是否能成为一位优秀的领导人，与领导者职权无关，而与领导者个人的能力有关。非职位权力具体又可表现为模范权、专长权、魅力权、感情权等。

(1) 模范权。它来自下级对上级的信任，即下级相信领导者具有他所需要的智慧和品质，与他有共同的愿望和利益，从而对他钦佩和赞誉，愿意模仿和跟从他。

(2) 专长权。它来自下级对上级的尊敬甚至崇拜，即下级感到领导者具有某种专门的知识、技能和专长，能帮助他明确方向、排除障碍，达到组织目标和个人目标。知识就是力量，在某种程度上讲，知识也是权力。谁掌握了知识，具有了专长，就具有了影响别人的专长权。谁掌握知识、信息越多，谁拥有的专长权就越大。

(3) 魅力权。这是一种无形的，很难用语言来描述或概括的权力。它是建立在超然感人的个人素质之上的，这种素质吸引了欣赏它、希望拥有它的追随者，从而激起人们的忠诚和极大的热忱。一些体育、文艺明星，传奇的政治领袖都具有这种魅力。

(4) 感情权。是指个人由于和被影响者感情较融洽而获得的权力。如果多年的老朋友提出要求、请求一些帮助，无论在工作上有没有关系，人们都会感到难以拒绝，从而接受他的影响

(四) 领导者的作用

领导者负责指挥、带领、引导、鼓励和影响组织中的人员，在为实现组织目标而努力的过程中，应发挥指挥、协调、沟通、激励和纠正偏差等方面的作用。

1. 指挥作用

在组织的集体活动中，领导者具有指挥、指导或引导的作用，帮助组织成员最大限度地实现组织的目标。在整个活动中，要求领导者作为带头人来引导组织成员前进，鼓舞人们去奋斗，以实现组织的目标。

2. 协调作用

因为各人的才能、理解能力、工作态度、进取精神、性格、地位等不同，加上外部各种因素的干扰，人们在思想上会发生各种分歧、行动上出现偏离目标的情况，需要领导者来协调人们之间的关系和活动，鼓舞人们去奋斗来实现组织的目标。

3. 沟通作用

协调是为了让大家在行动上趋于一致，而沟通是为了使大家在思想上互相了解。在一个组织中，各部门往往有自己的团体利益，也很容易造成部门内的本位主义，这对组织的发展是非常不利的，因此，沟通对一个组织来说是非常重要的。通过沟通，使组织成员对共同问题能彼此了解，达成共识。一个有效的领导者可以使组织成员的分歧趋于一致，并能进行相互交流，建立意见沟通渠道，消除一切有碍沟通的障碍，使组织成员互相信赖、互相了解，最终提高整个组织的效率。

4. 激励作用

领导者为了使组织内的所有人都能最大限度地发挥其才能，以便实现组

织的既定目标，就必须关心下属、激励和鼓励下属的斗志，充分调动组织中每个成员的积极性，使其以高昂的士气自觉、自动地为组织做贡献。

5. 纠正偏差作用

在实现组织目标的过程中，偏差是不可避免的。发生各种偏差，可能由于外部因素的影响，也可能由于内部不合理的组织结构、规章制度和管理人员的管理不力的影响。在领导过程中，领导者全面了解组织活动的各种信息，驾驭和支配组织成员及整个组织的活动，正确运用各种控制手段纠正偏差，消除导致偏差的各种因素。

二、领导方式及其理论

（一）领导方式

领导者不仅应具有良好的领导素质，还必须选择恰当的领导方式，领导方式大体上有三种基本类型，即集权式领导、分权式领导和权变式领导。在管理实践中，不同的领导者倾向于某种领导行为方式，往往是由他们对人性的不同认识所决定的，领导者对人性的假设和判断，在很大程度上决定着领导者的行为方式。

1. 集权（专权）式领导

所谓集权型领导方式，是指领导者相对牢固地控制管理制度的权力，个人决定一切，命令下属执行。这种领导者要求下属绝对服从，并认为决策是自己一个人的事。

2. 分权（民主）式领导

所谓分权（民主）型领导，是指领导者向被领导者授权，鼓励下属参与，发动下属讨论，共同商量，集思广益，然后决策，要求上下融洽，合作一致地工作。

3. 权变式领导

集权和分权都是相对的。在现实中，没有一种领导方式对所有的情况都是有效的，没有一成不变的、普遍适用的“最好的”领导方式和方法，领导者做什么、怎样做完全取决于当时的既定情况。权变的领导方式，就是不同的领导者根据特定的环境、任务及下属，采取不同的集权或分权的方式。

（二）领导理论

领导理论就是关于领导的有效性的理论，人们对领导的有效性的研究主要集中在三个方面进行的，领导理论也相应地分为领导特性理论、领导行为理论和领导权变理论三个部分。领导特性理论侧重研究领导的品质、素养，目的是说明优秀的领导者应具备的素质；领导行为理论重点分析领导者的行为和领导风格对其组织成员的影响，目的是找出或发现最佳的领导行为和风格；领导权变理论则着重研究影响领导行为和领导有效性的环境因素，目的是说明在什么情况下，哪一种领导方式是最有效的。

1. 领导特性理论

领导特性理论重点在领导本身特性的研究上，认为领导工作效率的高低与领导者素质、品质和个性有密切的关系。这种理论最初是由心理学家开始研究的，他们的出发点是根据领导效果的好坏，找出好的领导者与差的领导者在个人品质和特性方面有哪些差异，由此确定优秀的领导者应具有哪些特性。

早期的领导理论其研究，重点放在领导者个人的特性上，一些人认为有人生来就具有领导者的特性，许多专家假设领导者的素质是天生的。他们作了成千上万次研究探求领导者的特性，有身体方面的，有能力方面的，更多的是个性和社会方面的特征。但这些特性研究被证实是很难捉摸的。其中较经典的研究有：

斯托格迪尔（R.M.Stogdill）考察了 124 项研究，查阅整理了 5000 多种有关领导者素质的书籍和文章后，认为领导者素质包括五种身体特征、两种社会特征、四种智能特征、十六种个性特征、六种与工作有关的特征和九种社交特征。

美国普林斯顿大学的鲍莫尔（W.J.Baumol）提出了作为一个领导应具备的十个条件：合作精神、决策能力、组织能力、精于授权、善于应变、敢于求新、勇于负责、敢担风险、尊重他人和品德高尚。

著名心理学家吉赛利（E.Ghiselli）在《管理才能探索》一书中，提出了领导者的八种个性特征和五种激励特征。

八种个性特征是：才智，语言和文字方面的才能；首创精神，开拓创新的愿望和能力；监察能力，指导监督别人的能力；自信心，自我评价高、自我感觉好；适应性，善于与下属沟通信息，交流感情；判断能力，决策判断能力较强，处事果断；性别，男性与女性有一定区别；成熟程度，经验、工作阅历较为丰富。

五种激励特征是：对工作稳定性的需要、对物质金钱的需要、对地位权力的需要、对自我实现的需要、对事业成就的需要。

吉赛利对这些特征做了科学、严密的研究，并具体分析了每个特征对领导者的行为的影响，同时还提出了这些特征的相对重要性程度。吉赛利的研究成果说明了上述特性对领导者成功管理的影响可以分为三个层次：最重要的是才智、地位权力的需要、监察能力、事业成就的需要、自我实现的需要、自信心和判断能力等；比较次要的是：首创精神、工作稳定的需要、适应能力、物质金钱的需要、成熟程度等；最不重要的是性别的区别。

2. 领导行为理论

(1)领导行为连续统一体理论。美国管理学家坦南鲍姆（R.Tannenbaum）和施密特（W.H.Schmidt）在1958年提出了领导行为连续统一体理论，很好地说明了领导风格的多样性和领导方式所具有的因情况而异的性质。领导行为连续统一体理论如图5-1所示。

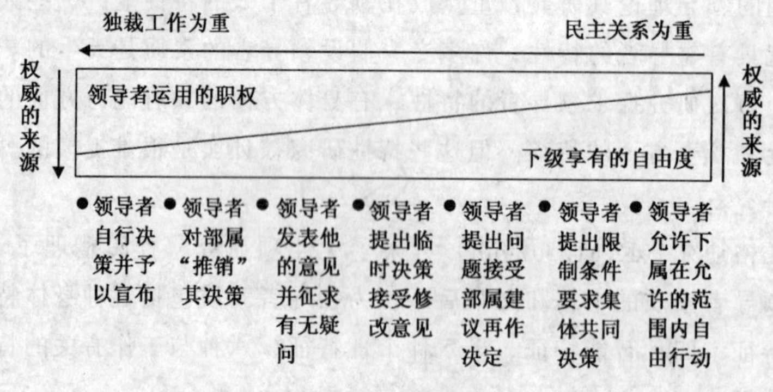

图5-1 领导行为连续统一体

图5-1的两端分别是民主和独裁两种极端的领导行为。从左至右，领导者运用职权逐渐减少，下属的自由度逐渐加大，从以工作为重逐渐变为以关系为重。随着领导者授权程度以及决策方式的不同，就形成了一系列的领导方式。图中列举了七种有代表性的领导风格。坦南鲍姆和施密特认为，说不上哪种领导方式是正确的，哪种领导方式是错误的。应当根据具体情况考虑各种因素，选择适当的领导方式。

领导行为连续统一体理论认为，适宜的领导方式取决于环境和个性。影响领导方式的最重要的因素包括：对领导者个性起作用的一些因素，如他们的价值观体系、对下属的信任程度、对某些领导方式的偏好等；下属所具有的可能影响领导者行为的因素，如责任心、知识和经验等；环境因素，如组织的价值准则和传统、问题的性质、时间的压力等。

(2) 利克特的四种管理模式。美国行为科学家利克特（R.Likert）通过对大量组织机构的研究，把领导方式归纳为以下四种：

①专制——权威式领导。这种方式的特征是：领导者非常专制，很少信任下属；领导者发布命令，下属执行且不参与决策；通常采用使人恐怖与恐惧的方法，偶尔兼用奖励来激励下属；与下属的沟通采取自上而下的方式，而不注意自下而上的信息反馈，决策权也只限于高层。

②开明——权威式领导。这种方式的特征是：领导者对下属有一定的信任和信心，也向下属授予一定的决策权，但自己仍牢牢掌握着控制权；能自上而下和自下而上地双向沟通信息，适当地听取下属的决策意见。

③协商式领导。这种方式的特征是：领导者对下属抱有相当大但并不完全的信任；在制定总体决策和主要政策的同时，允许下属在具体问题上做出决策，并在某些情况下进行协商；采用奖励和处罚的方式管理下属；注意信息的双向沟通，调动下属的管理者进行具体的决策。

④群体参与式领导。这种方式的特征是：领导者对下属在一切事务上都有信心和充分的信任，经常是从下属中获取设想和意见，并且积极地加以采纳；对于确定目标和评价实现目标已取得的进展方面，组织群体参与其事，在此基础上给予下属物质奖励；善于沟通上下之间与同事之间的关系；鼓励各级组织做出决策，使整个组织形成一片良好的气氛。

利克特发现，那些用群体参与式的领导方式进行管理活动的领导者，大都是最有成就的领导者，他们所领导的组织在制定目标和实现目标方面是最有效率的，而且通常也是最富有成果的。专制——权威式、开明——权威式的领导方式，要向协商式和群体参与式的领导方式转变。

(3) 领导行为四分图理论。四分图理论是美国俄亥俄州立大学领导行为研究者提出来的。他们将领导行为的内容归纳为两个方面，即以人为中心和以工作为中心。

以人为中心的领导行为，是指注重建立领导者与被领导者之间的友谊、尊重和信任关系。包括尊重下属的意见，给下属以较多的工作自主权，注重满足下属的需要，平易近人，平等待人，作风民主等。

以工作为中心的领导行为，是指领导者注重他与工作群体的关系，建立明确的组织模式、意见交流渠道和工作程序，但不太关心人际关系。这类领导关注的主要任务包括：设计组织机构，明确职责、权力、相互关系和沟通办法，确定工作目标和要求，制定工作程序、方法和制度。

领导者的行为可以是上述两个方面的任意组合，因此可以用两个坐标的平面组合来表示。由这两个方面可形成四种类型的领导行为，这就是所谓的领导行为四分图。如图 5-2 所示。

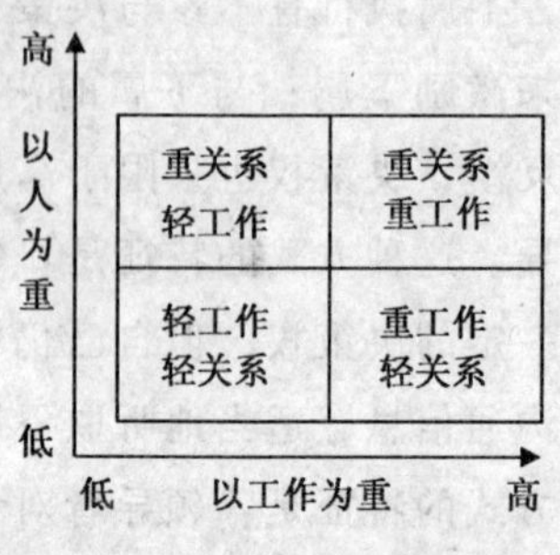

图 5-2 领导行为四分图

(4) 管理方格理论。管理方格理论是美国管理学家布莱克（R.Blake）和穆顿（S.Mouton）于 1964 年创立的。他们将四分图中的以人为中心，改变为对人的关心度，也就是领导者对组织中员工的关心程度，对工作环境状况、人际关系状况以及信息沟通状况的关心等，以纵轴表示；将以工作为中心改变为对生产的关心度，即领导者对组织目标决策的关心程度，对组织经济效益、规章制度的关心程度等，以横轴表示。将纵横轴划分为九等分，形成 81 个方格，从而将领导者的领导行为划分为许多不同的类型。在评价管理人员的领导行为时，就按照他们这两方面的行为寻找交叉点，这个交叉点就是其领导行为类型。纵轴的积分越高，表示他越重视人的因素，横轴上的积分越高，就表示他越重视工作。如图 5-3 所示。

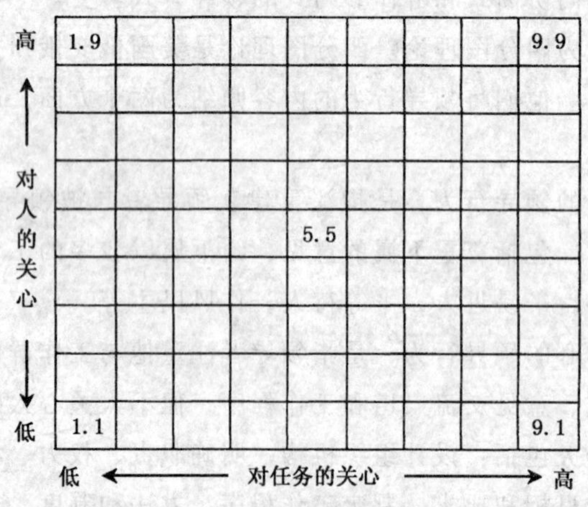

图 5-3 管理方格图

① (1·1 类) 贫乏型领导。领导者对组织成员极不关心，也仅以最低限

度的努力来完成他必须做的工作。

② (1·9类) 乡村俱乐部型领导。领导者主要注意对组织成员的支持和体谅，但很少关心任务和生产，努力使组织成员个人的需要和组织的目标最有效地结合起来。

③ (9·1类) 任务型领导。领导者注意力重点集中在完成任务的效率方面，但并不关心人的因素，对员工的士气和能力发展很少注意，代表了极端的以任务为中心的领导方式。

④ (9·9类) 战斗集体型领导。领导者非常关心组织成员的情况，又关心组织任务的完成，努力使组织成员个人的需要和组织的目标最有效的结合起来。

⑤ (5·5类) 中间型领导。领导者对人的关心程度和对工作的关心程度能够保持平衡。追求正常的工作效率和令人满意的员工士气。

其中，(9·9类) 战斗集体型领导方式最为有效，是领导者努力的目标，但这是理论上的理想模式。管理方格理论的创始人布莱克和穆顿认为，企事业的领导人应当客观地分析自己组织内的各种环境因素，努力把自己的领导方式改造成 (9·9类) 的方式，这样才能进行最有效的领导。

3. 领导权变理论

菲德勒 (F.E.Fiealer) 提出的随机制宜理论，意味着领导是一种过程，在这个过程中，领导者施加影响的能力，取决于群体的工作环境、领导者的风格和个性，以及领导方法对群众的适合程度。按照菲德勒的理论，有些人之所以能成为领导者，不仅仅是由于他们的个性，而且还由于各种环境因素以及领导与环境之间的相互作用。

菲德勒提出，对一个领导者的工作最起影响作用的三个基本方面，是职位权力、任务结构和上、下级之间的关系。

(1) 职位权力。职位权力指的是与领导者职位相关联的正式职权，以及领导者从上级和整个组织各方面所取得的支持程度。这一职位权力是由领导者对下属的实有权力所决定的。当领导者拥有一定的明确的职位权力时，更容易使下属成员遵从他的指导。

(2) 任务结构。任务结构指的是任务的明确程度和人们对这些任务的负责程度。当任务明确，个人对任务负责，则领导者对工作质量更易于控制，群体成员也有可能比在任务含混不清的情况下，更明确地担负起他们的工作职责。

(3) 上下级关系。菲德勒认为这个方面，从领导者的角度看是最重要的。因为职位权力与任务结构大多可以置于组织的控制之下，而上下级关系则可影响下级对一位领导者的信任和爱戴，从而乐于追随他共同工作。

菲德勒认为，按照这个三维结构模式，根据这三种因素的情况，领导者所处的环境从最有利到最不利，共分成为八种类型。其中，三个条件齐备的是领导最有利的环境，三者都缺的是最不利的环境。如图 5－4 所示。

领导者与被领导者相互关系	好				差			
工作任务结构	明确		不明确		明确		不明确	
领导者的职位权力	强	弱	强	弱	强	弱	强	弱
情境类型	1	2	3	4	5	6	7	8
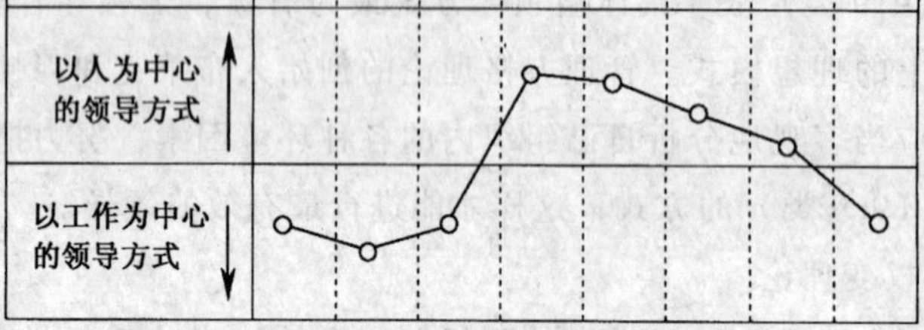 以人为中心的领导方式 ↑								
以工作为中心的领导方式 ↓								

图 5－4　菲德勒领导权变理论模式

领导者所采取的领导方式，应该与环境类型相适应，才能获得有效的领导。菲德勒通过调查分析，证明在最不利和最有利的两种情况下，采取以“任务中心”的指令型领导方式，效果较好；而对处于中间状态的环境，则采用“以人为中心”的宽容型领导方式，效果较好。例如，在工作任务有严格明确的规定，但领导者又不为人们所欢迎。而必须采用机敏手段的情况下，“以人为中心”的领导方式可获得较好的成效；在领导为下属所欢迎而任务却没有明确规范的情况下，这种领导方式也能具有实效。

三、领导艺术

领导不仅是一种行为过程，而且它是一种艺术。领导艺术是建立在领导者的知识和经验基础上的领导技能。领导者为了实现组织目标，巧妙运用权力，有效地影响被领导者，调整各种关系和矛盾，改变领导的各种内外环境的技巧、手段和特殊方法。它本质上是对领导科学纯熟的运用。它是领导者智慧、学识、才能、素质、作风、气质、个性、品质、影响力、吸引力、经验的综合反映和在领导过程中的体现。

领导艺术是富有创造性的领导方法的体现。在履行领导职能的过程中，科学与艺术相互结合、彼此交织在一起。领导者要具备灵活运用各种领导方法和原则的能力和技巧，才能率领和引导下属克服前进道路上的各种障碍，顺利实现预定的目标。领导艺术的内容十分丰富，目前尚无统一的看法，归纳起来大体上有两种：一是把其视为履行职能的艺术，主要包括沟通、激励和具体的指导艺术，以及决策艺术、授权艺术、用人艺术等；二是把它视为提高领导工作有效性的艺术，主要包括调查研究的艺术、演讲的艺术、谈话的艺术、时间运筹的艺术、会议艺术、吸引组织成员参与管理的艺术、公关艺术等。这里着重介绍以下几种领导艺术：

（一）决策艺术

在非程序化的决策过程中，领导者的主观决策技能起着重要的作用。人们在一定经验的基础上，对未来事件的判断具有远见和洞察力，主要表现在能及早察觉组织发展的有利与不利条件，依靠自己的周密考虑和集中群众的正确意见，做出既有事实根据又先于别人想到的不寻常的战略决策，促使组织取得重大的成就与改进。

（二）用人艺术

在充分了解和发挥职工长处的基础上，把工作的需要和个人的能力很好地结合起来，使每个职工都能在各自的工作岗位上兢兢业业、积极进取；把发挥每个人的长处与组织目标很好地结合起来，使每个职工的长处同集体和别人的长处相得益彰；使每个人的短处同集体和别人的长处结合起来，而不致有损于组织；在组织中创造一种气氛，凡是能做出显著成绩的人，都会得到应有的尊重和提拔；能顺利履行职责、依靠和运用平凡人的聪明才智做出不平凡的业绩，促使组织的目标实现。

（三）授权艺术

根据不同情况，把不同程度的领导权力下放给下级人员，并对其进行指导和监督，使每项工作都能在最适当的层次得到较好的处置，既有利于充分发挥下属的积极性、主动性，又有助于上级领导集中精力研究和解决主要问题，维护和加强整个组织的统一指挥。

（四）指挥和激励艺术

在实践中树立和维护必要的权威，使职工自觉地团结在领导者的周围，并接受其指挥；在管理过程中，根据加强思想政治教育和物质利益原则的精神，使组织中的鼓动工作和激励制度、方法等，能适应广大职工多种多样的、经常变化的需要，进而起到维护纪律、鼓舞士气、充分挖掘潜力、克服各种困难、提高效益和效果的作用。

（五）集中精力抓主要环节的艺术

在组织各项工作中，找出对实现组织目标具有重要作用的某项工作或某个环节；在突出重点的基础上统筹全局，正确决定每个时期、阶段的工作秩序，科学地分配自己的时间和组织资源，并把这种决定坚持贯彻下去。

（六）领导变革的艺术

组织在发展过程中不断革新技术，改进管理，必然会引起人们的思想认识和组织行为的变革。要求领导者因势利导，正确处理变革过程中革新与守旧的矛盾，达到既促进变革又稳定局面的目的。

领导艺术建立在领导者个人的经验、素养和洞察力的基础上，认真研究领导艺术，有助于提高领导艺术的有效性，有助于密切领导者和组织成员的关系，营造一个既有集中又有民主、既有纪律又有自由、既有统一意志又有个人心情舒畅的组织环境，领导者的领导艺术将起到决定性的作用。

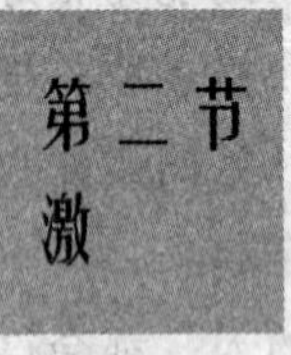

第二节 激励

一、激励的含义

（一）激励的概念

激励是指激发人的动机，激励人充分发挥内在动力，朝着所期望的目标，采取行动的过程。人的激励过程如图 5－5 所示，当人产生需要而未得到满足时，会产生一种紧张不安的心理状态，在遇到能够满足需要的目标时，这种紧张不安的心理就转化为动机，并在动机的推动下，向目标前进，目标达到后，需要得到满足，紧张不安的心理状态就会消除。随后，又会产生新的需要，引起新的动机和行为。行为的基本心理过程就是一个激励过程，通过有意识地设置需要，使被激励的人产生动机，进而引起行为，满足需要，实现目标。

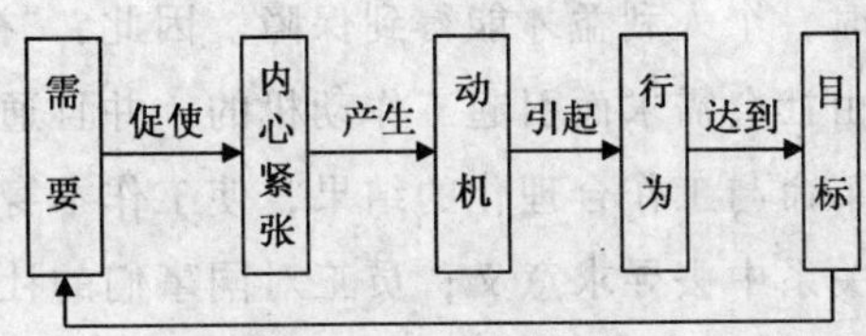

图 5-5 激励过程示意图

(二) 对人的认识

在企业中对人的不同认识，将直接影响到管理人员的管理行为。美国的管理心理学家和行为科学家谢恩归纳分类了人性的四种假设，即经济人、社会人、自我实现人和复杂人的假设。

1."经济人"的假设

"经济人"又称为"理性——经济人"，也称为实利人。这种假设起源于享乐主义。认为人的一切行为都是为了最大限度地满足自己的私利，工作动机是为了获取经济报酬。美国麻省理工学院教授道格拉斯·麦格雷戈（Douglas Mcgregor，1906—1964）于 1957 年首先提出 X 理论和 Y 理论。"X 理论"就是对"经济人"假设的概括。

麦格雷戈所提出的 X 理论主要有以下观点：人的本性是懒惰的，只要可能就会逃避工作；对大多数人来说必须进行强制监督、指挥和管理，才能使他们付出足够的努力，去完成给定的工作目标；大多数人只满足平平稳稳地完成工作，而不愿意干有压力的创造性的工作。

X 理论强调外因和客观因素，把人放在被动的位置上进行严密的控制，认为只有管得严才能有效益。因此，对非技术或技术性不强的单位，采用 X 理论比较合适。

基于"X 理论"的观点，对"经济人"适宜的管理模式是：采取组织以经济报酬来使人们服从和作出功效，并应以权力与控制体系来保护组织本身及引导职工的管理方式；管理的重点在于提高效率，完成任务；管理特征是订立各种严格的工作规范，加强各种法规和管制。为了提高士气，则用金钱刺激，同时对消极怠工者严厉惩罚，即采用"胡萝卜加大棒"的政策。泰罗制就是"经济人"观点的典型代表。

2.“社会人”的假设

这一假设源于霍桑试验。霍桑试验使人们注意到：社会性需求的满足，往往比经济上的报酬更能激励人们。人们在长期的社会生活中发现，只有在群体利益得到保障时，个人利益才能得到保障。因此，“社会人”的假设是：从根本上说，人是由社会需求而引起工作动机的，并且通过与同事的关系而获得认同感；工业革命与工作合理化的结果，使工作本身失去了意义，因此只能从工作的社会关系中去寻求意义；员工对同事们的社会影响力，比管理者所给予的经济诱因及控制更为重视；员工的工作效率随着上司能满足他们社会需求的程度而改变。

这种假设下的管理模式应该是一种民主式的管理，不应该只注意指挥、监督等，而更应该注意职工之间的关系，注重集体的成就感和共同的价值观念，培养职工的归属感。日本的企业管理基本上属于这种模式。

3.“自我实现人”的假设

“自我实现人”是马斯洛提出来的。所谓自我实现是指人都需要发挥自己的潜力，表现自己的才能，只有人的潜力充分发挥出来，人的才能充分表现出来，人们才会感到最大的满足。这就是说，人们除了上述社会需求之外，还有一种想充分运用自己的各种能力，发挥自己潜力的愿望。麦格雷戈总结并归纳了马斯洛与其他类似的观点，提出了Y理论。

Y理论有以下观点：人并非生来就是懒惰的，要求工作是人的本能；在正常情况下人们愿意承担责任，都热衷于发挥自己的才能和创造性，人追求满足欲望的需要与组织需要没有矛盾，只要管理适当，人们会把个人目标与组织目标统一起来。

Y理论强调内因和主观因素，注意发挥人的主观能动作用。在科学研究、工程技术或文化教育部门，采用Y理论效果会更好。

基于这种假设，管理人员的主要任务在于如何发挥人的才智创造条件，尽力减少和消除员工在自我实现过程中所遇到的障碍。管理制度应保证员工能充分表露自己的才能，达到自己所希望的成就。

4.“复杂人”的假设

复杂人是六十年代末至七十年代初提出的假设。上述三种假设虽各有一定的合理性，但不能适用于一切人。因为人是复杂的，不仅因人而异，而且一个人在不同的年龄、地点、时期也会有不同的行为表现。人的需求随各种变化而改变，人与人之间的关系也会改变。为此，管理学家提出了超Y理论，其主要观点是：人的需要是多种多样的，而且这些需要随着人的发展和生活条件的变化而发生改变，每个人的需要都各不相同，需要的层次也因人而异；人在同一时间内有各种需要和动机，它们会发生相互作用并结合成为统一体，形成错综复杂的动机模式；人在组织中的工作和生活条件是不断变化的，因而会产生新的需要和动机；一个人在不同单位或同一单位的不同部门工作，会产生不同的需要；由于人的能力各异，其需要也会不同，对不同的管理方式就会有不同的反应，因此没有适合于任何组织、任何时间、任何个人的统一的管理方式。

基于这种假设，要求管理人员根据具体的人的不同，灵活采用不同的管理措施，即因人因事而异，不能千篇一律。这就是管理学的权变理论。

二、激励理论

有关激励的理论很多，这里主要介绍以下几个典型的激励理论。

（一）需要层次理论

需要层次理论是研究需要与行为动机关系的一种理论。美国心理学家亚布拉罕·马斯洛（Abraham Maslow，1908～1970）认为人的需要取决于他已经得到了什么，尚缺少什么，只有尚未满足的需要，才能够影响行为，已得到的满足不能起激励作用。另外，他还认为人的需要是有层次的，某一层次需要得到满足以后，另一层次需要才出现。他认为，需要是逐步提高的，当基础需要（或当前的需要）得到满足，才能产生更高一级的需要。因此，马斯洛创立了需要层次理论，并把需要划分为5个等级：生理的需要，安定或安全的需要，社交和感情的需要，自尊和受人尊重的需要，自我实现的需要。

1. 生理的需要

是指人类生存最基本的需要，如食物、水、住所等。如果这些需要得不到满足，人类就无法生存，也就谈不上其他的需要。

2. 安全的需要

是指保护自己免受身体和情感伤害的需要。安全需要体现在社会生活中是多方面的，如生命安全、劳动安全、职业有保障、心理安全等。

3. 社交的需要

包括友谊、爱情、归属、信任与接纳的需要。马斯洛认为，人是一种社会动物，人们的生活和工作都不是独立进行的，经常会与他人接触，因此，人们需要有社会交往、良好的人际关系、人与人的感情友爱，在组织中能得到他人的接纳与信任等。

4. 尊重的需要

包括自尊和受到别人尊重两方面。自尊是指个人的自尊心，工作努力不甘落后，有充分的自信心，获得成就后的自豪感。受人尊重是指自己的工作成绩、社会地位能得到他人的认可。这一需要可概括为自尊心、自信心、威望、荣誉、地位等方面的需要。

5. 自我实现的需要

是指个人的成长与发展，发挥自身潜能、实现理想的需要。即人希望自己能够充分发挥自己的潜能，希望自己越来越成为社会所期望的人，完成与自己的能力相称的一切事情。在现实社会中，人的最高层次的需求就是自我实现。

马斯洛需要层次理论的需要层次结构，如图 5-6 所示。

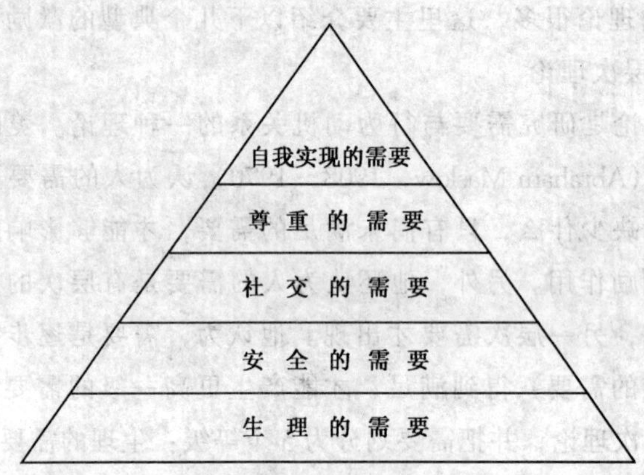

图 5-6 马斯洛需要层次示意图

(二) ERG 理论

针对马斯洛需要层次理论所受到的批评，美国激励研究者阿尔德费(C. Alderfer)作了改进。他提出了一种与马斯洛的理论密切相关，但又有所差别的理论，即存在、关系、成长理论，简称 ERG 理论。这个理论把人的需要分为三类：

1. 存在需要

这些需要关系到机体的存在。它们包括衣、食、住，以及工作组织为得到这些因素而提供的手段，如报酬、福利补贴、安全的工作条件以及职务的安全感。

2. 关系需要

这是人际关系的需要，这种需要通过与职务内外其他人的相互作用而得到满足。

3. 成长需要

这是个人发展和完善需要。这种需要通过发展对个人极为重要的能力和才能而得到满足。

阿尔德费的ERG理论在需要的分类上，并不比马斯洛的理论更完善，他对需要的解释也并未超出马斯洛需要层次理论的范围，只是阿尔德费的理论对不同需要之间联系的限制较少，阿尔德费提出的主要改进：

一是ERG理论不那么强调层次的顺序。此外，多种需要可以在一个时间发挥作用，而且一种需要得到满足后，既可能进展到下一种更高的需要，也可能没有。

二是ERG理论认为较高级的需要受到挫折时，可能导致倒退，使人更加关心低级的需要，而不是像马斯洛预言的那样，继续努力去满足受挫折的需要。

三是ERG理论认为某些需要，尤其是关系需要和成长需要，如果为个人提供了满足这种需要的较好的条件，其强度可能会增长。这种情况与马斯洛的预言正好相反，也就是说，一种需要的满足与其重要性有成正比关系。

(三) 双因素理论

双因素理论是美国心理学家弗雷德里克·赫茨伯格（Frederick Herzberg）于1959年提出的。他通过访问调查的结果，把企业中有关因素分为满意因素和不满意因素。满意因素是指可以使人得到满足和激励的因素，即激励因素。不满意因素是指如果缺少它，就易产生意见和消极的因素，即保健因素。两种因素共同影响职工的工作态度。

保健因素可归纳为10项：企业的政策与管理、监督、与上级关系、与同事关系、与下级关系、工资、工作安全、个人生活、工作条件、地位。经过反复调查，赫茨伯格发现使职工感到不满意的，大都属于工作环境和工作关系方面的问题。如果不在这方面进行改善，消除不满情绪，就不能激励个人有更好表现或提高生产效率。

激励因素是适合个人心理成长的因素，其内容包括成就、赞赏、工作本身、责任感、上进心等。赫茨伯格发现使职工有满意感的，大都是属于工作本身和工作内容方面的因素。这些因素具备时，可以起到明显的激励作用，可以使个人或集体以一种成熟方式成长，使工作能力不断提高。当这类因素不具备时，也不会造成职工的极大不满。

（四）成就需要理论

成就需要理论是由美国心理学家麦克莱兰（D.C.Maclelland）提出的激励需要理论。认为人的基本需要有三种，即成就需要、权力需要和社交需要。

1. 权力的需要

是指影响或控制他人，且不受他人控制的欲望。具有较高权力欲的人，对向他人施加影响或控制时表现出极大的关心，这样的人一般寻求领导者的地位。

2. 社交的需要

是指希望和他人建立亲近和睦的关系的愿望。极需社交的人，通常从友爱中得到快乐，并总是设法避免因被某个团体拒之门外而带来的痛苦。

3. 成就的需要

是指达到标准，争取成功的需要。极需成就的人，对成功有一种强烈的需求，同样也担心失败，他们愿意接受挑战，一般喜欢表现自己。

麦克莱兰研究表明，对于企业的管理人员来说，成就需要比较强烈。因此，这一理论常常用于对管理人员的激励。

（五）期望理论

期望理论是由美国心理学家弗鲁姆（V.H.Vroom）提出的。期望理论的基本观点是：人们预期其行动如果是有助于达到某个目标时，在此情况下才会被激励起来去做某事，来达到此目标。他认为，一个人从事某一行动的动力即激励力，取决于他对行动的全部结果的期望值和效价两个因素。

用公式表示为：

激励力＝效价×期望值

激励力是指激励水平的高低，它表明动机的强烈程度；效价是指一个人对某一目标（奖酬）的重视程度与评价高低，即主观认为奖酬价值大小；期望值是指一个人对自己的行为能否导致所想得到的工作绩效和目标的主观概率，即主观上估计达到目标的可能性。从公式可以看出，当一个人对达到某一目标漠不关心时，效价是零。而当一个人宁可不要达到这一目标时，那么效价就是负的，结果当然是毫无激励力。同样，期望值如果是零或很小时，一个人也就没有任何动力去达到某一目标。因此，企业为了激励员工，管理人员应当一方面提高员工对某一成果的偏好程度，提高效价；另一方面帮助员工实现其期望值，提高实现的可能性，以便提高员工的激励力。

（六）公平理论

公平理论是由美国心理学家亚当斯（J.S.Adams）提出的。公平理论主要研究报酬的公平性对人们工作积极性的影响，把员工对报酬是否满意看成是一个社会比较过程。主要观点是：人是社会人，一个人的工作动机，不仅受其所得报酬绝对值的影响，而且受到相应报酬多少的影响。每个人都会把自己所得的报酬与付出的劳动之间的比率，同其他人的比率进行社会比较，也会把自己现在的投入产出比率，同过去的投入产出比率进行历史比较，并且将根据比较的结果决定今后的行为。人们将通过横向和纵向两个方面的比较，来判断其所获得报酬的公平性。

公平理论的主要内容可用下列公式表示：

$$\frac{自己所得（A）}{自己投入（B）}=\frac{他人所得（C）}{他人投入（D）}$$

投入包括：个人所受到的教育、能力、努力程度、时间等因素。所得包括：薪酬、领导的赏识、晋升、人际关系的变化，以及内在心理上的所得等因素。上述公式中的比率可能是非定量的和主观的，公式两边的比率也是非精确的，但是个人的态度和行为却受之影响。在比较中有三种可能的情况：

（1）A/B＝C/D，感到报酬公平。

（2）A/B＜C/D，感到报酬不足，不公平。

（3）A/B＞C/D，感到报酬多了，不公平。

当个人感到报酬公平时，其心态就容易平衡。有时尽管他人的所得超过了自己的所得，但只要他人的投入相应也大，个人就不会有太大的不满。

当个人感到报酬不足时，就会设法去消除不公，并有可能采取以下措施来求得平衡：要求加薪来增加自己所得；通过减少努力来降低投入；理性地曲解原先的比率；使他人改变产出的结果或投入；变换比较目标，另选参照对象比较；离开组织等。

当个人感到报酬多了时，对多数人来说不会有什么大问题，但处于这种不公平的情况下，有些人也会努力减少这种不公。主要包括：通过付出更多的努力来增加自己的投入；有意或无意地曲解原先的比率；设法使他人减少投入或增加产出等。

除了“自己”与“别人”的横向比较外，还存在着自己的目前与过去的比较。比较的结果也有三种：

(1) 自己目前的所得与投入之比与过去相等。则认为基本公平，积极性和努力程度会保持不变。

(2) 自己目前的所得与投入之比大于过去。则可能会认为自己的能力和经验有了进一步的提高，其工作积极性因而不会提高多少。

(3) 自己目前的所得与投入之比小于过去。则此人会觉得很不公平。工作积极性会下降，要求管理者给他增加报酬。

公平理论对管理者而言是非常有益的。

(1) 管理者用报酬或奖励来激励员工时，一定要使员工感到公平合理。

(2) 作为管理者应注意横向比较。如果一个单位的报酬与其他同类单位相比差距过大，那么这个单位不仅留不住人，也很难招聘到合适的人。

(3) 公平理论表明公平与否，是源于个人的感觉。人们在心理上往往会低估他人的工作成绩，而高估他人的得益，由于感觉上的错误，就会产生心态不平衡。这种心态对组织和个人都很不利。所以管理人员应有敏锐的洞察力来体察员工的心情，如确有不公，则应尽快解决；如纯属个人主观上的认识偏差，也有必要进行说明解释，做好思想工作。

(七) 激励模式

波特（L.W.Porter）和劳勒（E.E.Lawler）的激励模式，比较全面地说明了激励理论的内容。如图 5-7 所示。

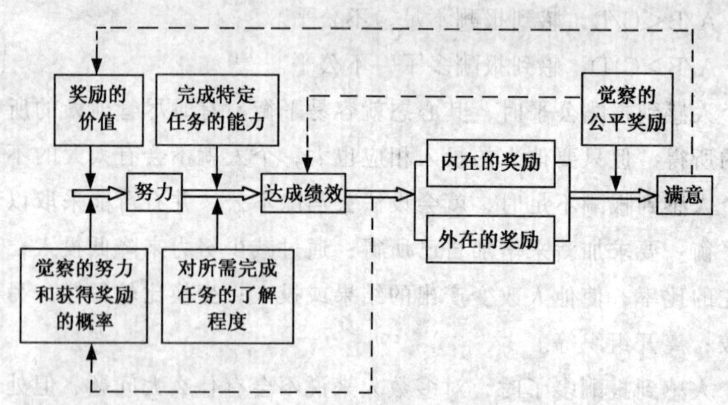

图 5-7 波特和劳勒激励模式

从激励模式中可以总结出以下几个基本特点：

1. 个人是否努力以及努力的程度不仅仅取决于奖励的价值，还受到个人觉察出来的努力和受到奖励的概率之影响。个人觉察出来的努力，是指其认为需要或应当付出的努力，受到奖励的概率是指其对于付出努力之后，对得到奖励的可能性的预测。很显然，过去的经验、实际绩效及奖励的价值将对此产生影响。如果个人有较确切的把握完成任务，或曾经完成过并获得相当价值的奖励，那么他将乐意付出相当程度的努力。

2. 个人实际能达到的绩效，不仅仅取决于其努力的程度，还受到个人能力的大小，以及对任务的了解和理解程度的影响。特别是对于比较复杂的任务，如高难度技术工作或管理工作，个人能力以及对此任务的理解，较其付出的努力对所能达到的绩效的影响更大。

3. 个人所应得到的奖励，应当以其实际达到的工作绩效为价值标准，尽量剔除主观评估因素。要使个人看到只有当完成了组织的任务时，才会受到精神和物质上的奖励。不应先有奖励，后有努力和成果，而应当先有努力的结果，再给予相应的奖励。

4. 个人对于所受到的奖励是否满意以及满意的程度如何，取决于受激励者对所获报酬公平性的感觉。如果受激励者感到不公平，则会导致不满意。

5. 个人是否满意以及满意的程度，将会反馈到其完成下一个任务的努力过程中，若满意会导致进一步的努力，而不满意则会导致努力程度的降低，甚至离开工作岗位。

波特和劳勒的激励模式所描述的激励过程，是组织成员个人努力、取得成绩、得到奖励、达到个人目标的过程，也是激励理论正确、综合地加以运用的过程。它表明，要使激励能产生预期的效果，就必须考虑到奖励内容、奖励制度、组织分工、目标设置、公平考核等等一系列的综合因素，并注意个人满意程度在其实际工作中的反馈。

(八) 强化理论

强化理论是由美国心理学家斯金纳（B.F.Skinner）提出的。强化理论认为，人们为了达到某种目的，都会采取一定的行为，这种行为将作用于环境。当行为的结果对他有利时，这种行为就会重复出现；当行为的结果对他不利时，这种行为就会减弱或消失。这就是环境对行为强化的结果。根据强化理论的性质和目的，可将强化分为正强化和负强化两种类型。

1. 正强化

正强化就是奖励那些符合组织目标的行为，以便使这些行为得到进一步加强，从而有利于组织目标的实现。正强化的刺激物不仅包含奖金等物质奖励，还包含表扬、提升、改善工作关系等等精神奖励。为了使强化能达到预期的效果，还必须注意实施不同的强化方式。可以采取连续的、固定的强化，即对每一次符合组织目标的行为都给予强化，或每隔一定的时间，都给予一定的强化。也可以采取间断的、不定时间、不定数量的强化，即管理者根据组织的需要和个人行为在工作中的反映，不定期、不定量实施强化，使每一次强化都能起到良好的效果。

2. 负强化

负强化就是惩罚那些不符合组织目标的行为，以使这些行为削弱直至消失，从而保证组织目标的实现不受干扰。负强化的形式有批评、处分、降级、罚款等，甚至有时不给奖励或少给奖励也是一种负强化。实施负强化的方式与正强化有所不同，应以连续负强化为主，即对每一次不符合组织目标的行为都应及时予以负强化，消除人们的侥幸心理，减少直至完全避免这种行为重复出现的可能性。

（九）归因理论

归因理论是美国心理学家凯利（Harold H. Kelley）等人提出来的。

目前归因理论研究着重两个方面。一方面是把行为归结为外部原因，还是内部原因；另一方面是人们获得成功或遭受失败的归因倾向。人们的行为获得成功还是遭受失败，可以归因于四个要素，即努力、能力、任务难度、机遇。这四个因素可以按以下三个方面来划分：一是内因或外因。个人的努力和能力属于内因，任务难度和机遇属于外因；二是稳定性。能力和任务难度属于稳定因素，努力和机遇属于不稳定因素；三是可控制性。努力是可控因素；能力在一定条件下是不可控因素，但人们可以提高自己的能力，这种意义上的能力又是可控的；任务难度和机遇是不可控的。

人们把成功和失败归因于何种因素，对以后的工作态度和积极性有很大影响。例如，把成功归因于内部原因，会使人感到满意和自豪，归因于外部原因，会使人感到幸运和感激；把失败归因于稳定因素，会降低以后工作的积极性，归因于不稳定因素，可能提高以后的工作积极性等等。

归因理论有助于管理者了解分析下属的归因倾向，以便正确指导和训练正确的归因倾向，调动下属的积极性。

（十）挫折理论

挫折理论专门研究挫折的表现，产生挫折的原因和影响因素，目的在于找出受到挫折后进行有效激励的方式方法，引导人们走出挫折阴影，从逆境中奋起，积极努力地对待工作。

该理论的主要论点是：

(1) 不同的人受挫折后的行为表现是各不相同的，有的人采取积极进取的态度，有的人采取消极的态度，甚至有的人采取对抗的态度。

(2) 挫折的各种表现形式都是客观存在的，我们应该找出发生挫折的原因，以便妥善处理。形成挫折的原因也是多种多样，归纳起来主要有主观原因和客观原因两大类。由主观原因引起的挫折又称为内因性挫折，它是由个人所具备的条件，如体力、智力、经验、思想意识等和动机的冲突，致使目标无法实现而产生的挫折；由客观原因所引起的挫折又称为外因性挫折，它是由外界自然环境、社会环境等因素所引起。

(3) 由于每个人的志气和容忍力不同，其感受挫折大小的程度也不同。

(4) 挫折理论提出采用宽容的态度，提高认识、分清是非、心理咨询，以及改变环境等多种方法，可以引导受挫折者避免消极甚至对抗的态度，而采取积极的态度，以改变行为朝着积极方向发展。

三、激励手段

(一) 奖惩激励

有效的激励方案既能鼓励员工的积极行为，也可以惩罚有害的行为。因此，奖惩激励主要包括奖励和惩罚两种激励手段。

1. 奖励及其技巧

通常人们的行为是遵照奖励的取向而定的。对人们取得的工作成效给予奖励，会使人们的动机起到强化作用。奖励包括物质的和精神的，物质奖励如奖金、晋升工资、奖励实物、提供生活条件等等，这些都属于人们的基本需求。精神奖励如对于工作成效的认可、记功命名、表彰、授予称号、提级升职等等。奖励方式多种多样，可根据人们取得的成绩和他们对不同需要的追求程度而定。要把物质奖励和精神奖励结合起来，并与思想工作结合起来运用。任何一个成功的企业，必然拥有一套公正严谨的奖励制度，并且能够在实际的执行中遵循以下原则：奖励要有针对性和目的性，不是员工做的所有事情都需要奖励；奖励要扩大影响范围；要选择好奖励的时机；奖励要有层次性；奖励方式要不断地创新等。

2. 惩罚的技巧

惩罚通常是被认为属于抑制性控制措施。管理者要认识到惩罚是一种教育手段，合理的惩罚教育才能取得较好的效果，同时，惩罚还必须坚持公平、适度的原则，面对因懒散、失职或渎职所造成的不良后果，应控制反感和恼火的情绪，保持理智和冷静的态度，做出合情合理的判断和处罚。在实际工作中实施惩罚时，应注意以下原则：惩微原则，做到未雨绸缪；沟通原则，了解事实真相；及时原则，及时给予惩罚；反馈原则，指明错误行为；综合原则，要综合运用多种惩罚方式等。

奖罚是规范人们行为的有效杠杆，是激励员工的基本手段。因此，管理者在实施过程中，既要注意奖励和惩罚相结合，又要注意以奖为主，以罚为辅，同时要适度掌握奖励和惩罚。

（二）特殊激励

1. 参与激励

通过参与可以把组织的目标变成每个成员自己的目标，把管理者的决策变成大家共同的决定，把命令转变成员工的自觉行为。而激励的目的也正在于此。因此，参与激励是一种很重要、也很有效的激励方式。在实践中，管理者要充分调动全体员工的积极性和主动性，通过广泛征询意见，加强沟通联络，吸收员工参与管理等多种方式，使员工真正参与到企业的生产经营活动中来。

2. 晋升激励

职务晋升对员工是一种内在激励，使其产生较强的成就感、责任感和事业心。通过晋升可提供包括工资和地位的上升，待遇的改善，名誉的提高，以及进一步晋升或增加赴外学习或工作的选择机会等优惠。因此，在管理实践中，管理者要让员工看到晋升的希望，只要自己的业绩突出，就会有一个良好的晋升机会。要营造良好的竞争环境，充分调动员工的积极性。

3. 目标激励

企业目标是企业凝聚力的核心，是一面号召和指引全体员工共同奋斗的旗帜。一个振奋人心、经过努力可以实现的奋斗目标，可以起到鼓舞和激励全体员工的作用。因此，为了使目标制定得更切合实际，能更好地起到激励作用，在实践中要做到：目标明确具体、难度适宜、要有灵活性，目标确立要有企业员工的参与。

4. 授权激励

授权是上级委授给下属一定的权力，使下级在一定的监督之下，有相当的自主权、行动权。授权可以使员工放开手脚，释放出更大的工作热情，激励员工努力工作。但授权要遵循因事视能授权、明确授权内容、授权要适度、不可越级授权、要有控制等原则。

5. 情感激励

情感激励就是管理者以真挚的情感，通过增强管理者与员工之间的情感联系和思想沟通，满足员工的心理需求，从而形成和谐融洽的工作氛围，激发员工的积极性、主动性和创造性。情感激励说到底是一种文化激励，是一项重要的亲和工程。它注重的是员工的内心世界，其核心是激发员工正确向上的情感，通过沟通交流消除员工的消极情绪。

6. 工作丰富化

工作丰富化是指试图在工作中体现一种更高的挑战性和成就感。它不同于工作内容的扩大，而是通过赋予多样化的内容，使一个工作丰富起来，还可以利用给员工以更大的自由、加强相互交往、让员工参与管理、让员工有责任感、成就感等，使工作内容丰富起来。丰富工作内容能改善员工对工作的态度，提高满意度，从而进一步激发员工的积极性、主动性和创造性，为企业的发展做出更大的贡献。

四、激励的发展趋势

(一) 激励取决于组织的环境

在某个时候一种环境可能压制人们的动机，而另一个时候则可能激发起人们的动机。创造适宜的激励环境，是有效激励的重要内容。所谓创造环境，就是管理人员应创造一种氛围，通过激励者的努力，形成有利于被激励者发挥积极性的气氛，在不知不觉、潜移默化中贡献出个体的内在力量。

(二) 激励的复杂性

经济环境的变化，增加了企业员工激励的变量，使得未来企业的员工激励措施变得更为复杂。主要表现为：组织目标的多元化要求企业的激励措施也要做也相应的改变；企业组织结构由金字塔型向扁平化方向的变迁，对激励提出了更大的挑战；经济全球化和各国文化差异对管理提出了新的挑战。

(三) 激励的层次性

在企业中报酬和激励的相互联系，不仅来自于人力资本价值补偿的需要，更来自人力资本消耗的差异。这种差异的不同要求，则需要对不同人力资本的所有者，要有不同的报酬与激励措施。因此企业的激励应分层次进行。针对企业的普通员工、专业技术人员、管理人员和高级管理人员应采取不同的激励方法。

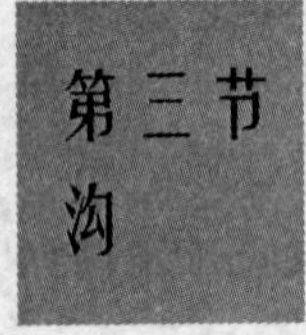

第三节 沟　通

一、沟通的含义

（一）沟通的概念

沟通就是信息交流，又称沟通联络，是指将某一信息传递给客体或对象，以期取得客体或对象作出相应反应的过程。

沟通是双方的行为，而且还要有中介体，双方可以是人，也可以是机器。沟通一般有三种表现形式：

1. 人与人之间的沟通

也叫人际沟通，如管理人员（或下属）发出情报，通过联络人员进行组合编排、整理，然后传递给下属（或管理人员）。其特点是：

(1) 人与人的沟通主要是通过语言来进行的。

(2) 人与人的沟通不仅是信息的交流，而且是情感、思想、态度和观点的交流。

(3) 在人与人的沟通过程中，心理因素有重要意义。

(4) 人与人的沟通过程中，会出现特殊的沟通障碍。这种障碍不仅是由于信息渠道的失真或错误，而且是人所特有的心理障碍。如，由于人的知识，经历和职业的不同，对同一信息可能有不同的看法和理解。

2. 人与机之间的沟通

将各种情况通过人或其他手段，把人的语言转变为机器的语言，使机器接受并执行。如，个人在操作计算机。

3. 机与机之间的沟通

如，两台传真机之间的沟通。

在各种沟通方式中，人与人之间的沟通在管理工作中具有典型意义。人与人之间的沟通不仅是单纯的信息和情报的交流，而且还是情感、思想和观念的交流。因此，在这里讲的沟通就是指人与人的沟通。

企业与外部人士的交流，组织者与被组织者的信息传递，领导者与下属的感情联络，控制者与控制对象的纠偏工作，都与沟通相联系。沟通是协调各个体、各要素，使企业成为一个整体的凝聚剂；沟通是领导者激励下属，实现领导职能的基本途径；沟通也是企业与外部环境建立联系的桥梁。

（二）沟通过程

沟通的过程就是发送者通过一定的渠道，把有一定内容的信息传递给接受者的过程。完整的沟通过程，应包括主体（发送者）、编码、媒体（传递渠道）、客体（接受者）、译码、作出反应（沟通效果）和反馈。沟通过程的模式如图5－8所示。

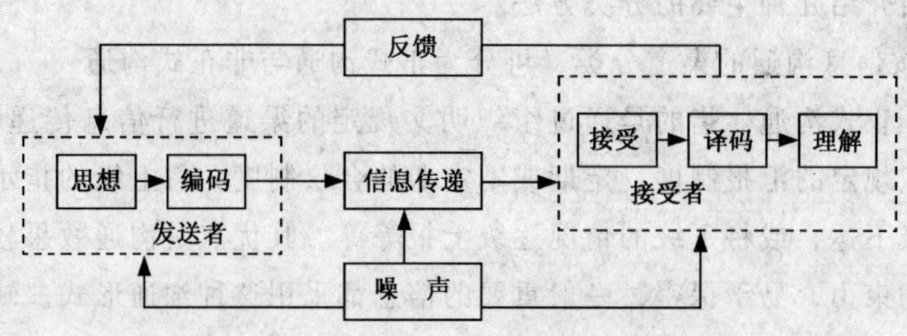

图5－8　沟通过程

1．发送者发出信息

信息发送者出于某种原因，希望接受者了解某个信息，发送者明确自己要进行沟通的内容。

2．编码

发送者将发送的信息译成接受者能够理解的一系列符号，如语言、文字、图表、照片、手势等。没有编码，信息就不能传递。

3．媒体

或称沟通渠道。通过某种渠道把信息传递给对方，由于选择的编码方式不同，传递的方式也不同，可以是书面的，也可以是口头的，也可以运用多种渠道来进行传递。

4．接受

接受者将通道中传输的信息，翻译成他能够理解的形式。解码的过程包括接受、译码和理解三个环节。

5．反馈

接受者把所接收到的或理解的信息再返回到发送者那里，供发送者核查信息是否被理解，以纠正可能发生的某些偏差。反馈构成了信息的双向沟通。

整个沟通过程都可能受到噪声的影响。噪声就是指信息在传递过程中所受到的干扰因素，包括内部干扰因素和外部干扰因素，它可以在沟通的任何环节发生，从而造成信息的失真，影响沟通的有效性。

二、沟通的形式与方法

(一) 沟通的形式

沟通的形式或类型有很多，可以按照不同的依据，即从不同角度进行分类。下面介绍几种主要的分类方法。

1. 按信息沟通的渠道分类，可分为正式沟通与非正式沟通

(1) 正式沟通。指的是通过组织明文规定的渠道进行信息传递和交流。如，组织规定的汇报制度，定期或不定期的会议制度，将上级的指示按组织系统逐级下达，或将下级的情况逐级上报等等。其优点是沟通效果较好，有较强的约束力，易于保密，一般重要的信息都采用这种沟通形式。缺点是比较刻板，缺乏灵活性，信息传播范围受限制，传播速度比较慢。

(2) 非正式沟通。指的是在正式沟通渠道之外进行的信息传递或交流。如，组织中员工私下交换意见，议论某人某事，小道消息传播等等。现代管理中非常重视研究非正式沟通。其优点是信息传递速度快，信息量大，覆盖面广，可以满足职工的部分需要。其缺点是随意性强，信息扭曲和失真可能性大。

2. 按信息沟通的传送方向，可分为单向沟通与双向沟通

(1) 单向沟通。是指信息的发送者和接受者的位置不变的沟通形式。如，做报告、演讲等，一方只发送信息，另一方只接受信息。其优点是信息传递速度快，能保持传出信息的权威性。缺点是准确性较差，容易降低沟通效果。

(2) 双向沟通。是指信息的发送者和接受者的位置不断变换的沟通形式。如讨论、会谈、交谈等。其优点是信息传递有反馈，准确性较高，沟通效果好。缺点是费时，速度较慢，容易受干扰。

3. 按信息沟通的媒介，可分为口头沟通、书面沟通、非语言沟通和电子媒介

(1) 口头沟通。就是运用口头表达的方式进行信息的传递和交流。其优

点是快速传递，快速反馈，信息量大。缺点是传递中经过层次越多信息失真越严重，核实越困难。

(2) 书面沟通。是指运用书面形式进行的信息传递和交流。其优点是信息内容持久，便于查看、核对。缺点是效率低，应变性差。

(3) 非语言沟通。是指用语言以外的非语言符号系统进行的信息沟通。如，声、光信号、体态、语调等。其优点是信息意义十分明确，内涵丰富，含义隐含灵活。缺点是传递距离有限，只能意会，不能言传。

(4) 电子媒介。是指通过电子符号进行信息的传递。如，传真机、闭路电视、计算机网络等。其优点是传递快速，信息量大，成本低。缺点是单向传递，双方看不到表情。

4. 按信息沟通方向，可分为上行沟通、下行沟通和平行沟通

(1) 上行沟通。是指下级的意见、信息向上级反映。即自下而上、点面结合的沟通。

(2) 下行沟通。是指组织中的上层领导按指挥系统，从上而下的信息沟通。

(3) 平等沟通。是指组织中各平行部门或人员之间的信息交流，即水平方向的信息沟通。

5. 按沟通时信息涉及的态度和价值观领域的程度深浅，可分为浅层沟通和深层沟通

(1) 浅层沟通。是指在管理工作中必要的行为信息的传递和交换。如，管理者将工作安排传达给下属，下属将工作的建议告知主管等，企业的上情下达和下情上传都属于浅层沟通。

(2) 深层沟通。是指管理者和下属为了有更详尽的了解，在个人情感、态度和价值观等方面所进行的深入交流。如，管理者与下属推心置腹的谈心就属于深层沟通。

(二) 沟通的方法

沟通中的方法是多种多样的，除了上述的某些形式也是具体的方法外，还应包括发布指示、会议制度、个别交谈、建立沟通网络等。沟通的方法运用要随机制宜，因人而定。

1. 发布指示

在指导下级工作时，指示是非常重要的。指示可以使一个活动开始、更改或制止，它是使一个组织生机勃勃或者失败解体的动力。指示作为一个领

导的方法，可理解为是上级的指令，具有强制性。它要求在一定的环境下执行任务或停止工作，并使指示内容和实现组织目标密切关联，以及明确上下级之间的关系是直线指挥的关系。指示可以分为一般性指示、具体指示、书面指示、口头指示、正式指示和非正式指示等多种形式，究竟采取什么样的指示方式，管理人员应根据其对周围环境的预见能力，以及下级的响应程度等多种因素来决定。

2. 会议制度

会议是整个组织活动的一个重要反映，也是与会者在组织中身份、影响、地位以及所起作用等的表现。会议中的信息交流会在人们心理上产生重要的影响。通过会议，人们可以集思广益产生一种共同的见解、价值观念和行动指南；可以使人们彼此了解共同的目标，了解自己的工作与他人工作的关系；可以对每一位与会者产生一种约束力；还能发现人们所没有注意到的问题，并对其加以认真的考虑和研究。会议的类型可根据所要达到的目的和参加人员的不同而确定，比如工作汇报会、专题讨论会、职工座谈会等等。必须强调的是，虽然会议是管理者进行沟通的重要方法，但决不能完全依赖这种方法。利用这种方法时，必须讲究实效，降低“会议成本”，避免“文山会海”。

3. 个别交谈

个别交谈是指领导者用正式的或非正式的形式，在组织内部或组织外部，与下属或同级人员进行个别交谈，征询谈话对象对组织中存在的问题和缺陷的看法，对别人或别的上级，包括对主管人员自己的意见。这种形式大部分是建立在相互信任的基础上的，不受任何约束，双方都感到有亲切感。这对双方统一思想、认清目标、领会各自的责任和义务都有很大好处。在这种情况下人们往往愿意表露真实的思想，讲出不便在会议上提出的意见，从而使领导者掌握下属的思想动态，在认识、见解、信心等方面容易取得一致。

4. 建立沟通网络

沟通网络实际上是对各种沟通形式的概括。组织中不同的沟通网络，对于组织活动的效率有不同的影响。组织中的沟通网络可分为正式沟通网络和非正式沟通网络。

(1) 正式沟通网络。在正式组织环境中，信息沟通网络的形态主要有链式、轮式、环式、Y 式和全通道式五种。如图 5-9 所示。

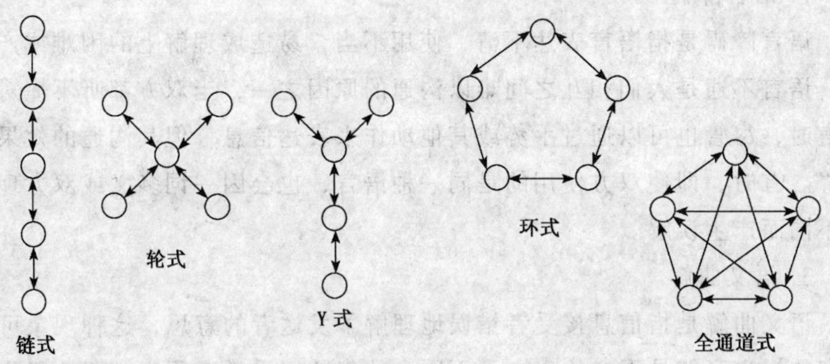

图 5-9 五种沟通网络

图 5-9 中的圆圈代表信息的传递者，箭头表示传递方向。五种沟通网络都有其优缺点：链式沟通网络传递信息的速度最快；环式沟通网络能够提高组织成员的士气，即大家都感到满意。轮式和链式沟通网络解决简单问题时效率最高，而解决复杂问题时，则环式和全通道式沟通网络最为有效。Y式兼有轮式和链式沟通网络的优缺点；即沟通速度快，但成员的满意感较低。

(2) 非正式沟通网络。正式沟通提供信息的“骨头”，而非正式沟通则提供“血”和“肉”，它包括听取各种各样的观点、猜测、疑问、刁难、敌意、奉承、冲突和威胁，这些都是正式沟通所不能传递的。非正式沟通的主要功能是传播员工所关心和与他们有关的信息，它取决于员工的社会地位和个人兴趣和利益，与组织正式的要求无关。在美国常常称为“葡萄藤”，用以形容它枝繁叶茂，随处延伸。与正式沟通网络一样，非正式沟通网络也有自已的沟通模式，主要包括集群连锁型、密语连锁型、随机连锁型和单线连锁型。非正式沟通网络客观上存在于组织之中，无法加以消除。对此应该加以了解、适应和整合，使其有效担负起沟通的重要作用。

三、沟通的障碍及其克服

(一) 有效沟通的障碍

在沟通过程中，由于主观因素和外界干扰及其他原因，经常出现信息被丢失或被曲解，使得信息的传递无法正常进行，或不能产生预期效果的现象,称之为沟通障碍。就其形成的原因来看，主要来自于以下几个方面：

1. 语言障碍

语言障碍是指语言表达不清，使用不当，易造成理解上的困难或产生歧义。语言不通是人们相互之间难以沟通的原因之一，当双方都听不懂对方的语言时，尽管也可以通过手势或其他动作来表达信息，但其沟通的效果大大下降。有时，即使双方使用的是同一种语言，也会因一词多义或双方理解力的不同而产生误解。

2. 语义曲解

语义曲解是指信息接受者错误地理解了发送者的意思，这种现象可能是故意的，也可能是无意的。由于不同人的年龄、受教育程度、职业职位、文化背景等各不相同，使得人们对同一事情的理解也会各不相同。有时别人好心说的一句话、做的一件事，由于理解角度不同，可能会产生误会。实际上，当人们面对某一信息时，是按照自己的价值观、兴趣、爱好等来进行选择组织和理解这一信息的含义的，一旦理解不一致，沟通就会受阻。

3. 心理障碍

心理障碍是指人们因个性特征和个性倾向所造成的沟通困难。人的行为是受其动机、心理状态影响的，现实的沟通活动常常被人的态度、个性、情绪等心理因素所影响，有时这些心理因素会成为沟通中的障碍。如个人与个人之间、组织与组织之间、个人与组织之间，由于需要与动机的不同、兴趣与爱好的差异，都会造成人们对同一信息的不同理解。

4. 过滤的障碍

过滤是指故意操纵信息，使信息显得对接受者更为有利。过滤的程度与组织结构的层次和组织文化等因素有关，组织的纵向层次越多，过滤的机会也越多。组织文化则通过奖励系统或鼓励或抑制这种过滤行为，只要奖励越注重形式和外表，管理者便越会有意识地按照上级的口味调整和改变信息。如一些单位的负责人喜欢说上级领导爱听的话，报喜不报忧，这就是对信息的过滤。

5. 时间压力的障碍

如果信息接受者只有很短的时间接收和理解信息，就可能造成信息接收不全或产生误会。管理者有时间压力，以为决策是有时间限制的，而时间压力会造成沟通障碍。当事情或问题需要迅速判断和处理时，正式沟通的准确率会降低，信息量会不足和不及时，有些人会被蒙在鼓里；有时因为时间紧急，导致信息传达不完整或模糊不清。

6. 信息过多的障碍

随着科技的进步，管理者从计算机网络及其他途径获得的信息量大大增加，如果对大量的信息不进行系统管理，就会使管理者一时无所适从，难以选择，分不清主次，甚至会被信息“淹没”。

(二) 沟通障碍的克服

针对以上影响有效沟通的障碍，必须采取一定的措施加以克服。具体可以采取以下措施：

1. 对所要发送的信息必须有认真的准备

发信者在沟通前，对沟通的内容要有正确、清晰的理解，比如，沟通要解决什么问题、达到什么目的等。重要的沟通最好事先征求他人的意见。此外，沟通之前对问题的背景、解决问题的方案及依据和资料，决策的理由和对组织成员的要求等要做到心中有数。

2. 尽可能传递有效的信息

因为人们总是比较关心对自己有用的信息，并能对这些信息认真对待，作出最敏感的反应。因此沟通的内容必须要有针对性，语义要确切，尽量通俗化、具体化和数量化，管理者若希望下级能记住要沟通的信息，则表达时的措词应尽量考虑到对方的利益和需要。

3. 及时反馈与跟踪

在沟通中必须及时了解对方对信息是否理解和愿意执行，特别是组织中的领导更应善于听取下属的报告，安排时间充分与下属人员联系，尽量消除上下级之间的地位隔阂及所造成的心理障碍，引导、鼓励并组织基层人员及时、准确地向上级领导反馈情况。

4. 增加沟通双方的信任度

在沟通中创造良好的沟通气氛保持良好的沟通意向和认知感，使沟通双方始终保持亲密、信任的人际距离。这样一方面可以维持沟通的正常进行，另一方面能使沟通朝着正确的方向进行。

5. 改善组织结构

为了取得良好的沟通效果，组织应尽量减少组织的结构层次，精简不必要的管理层，同时还应避免机构的重叠，增加沟通渠道，加强部门之间的联系，以加快信息的沟通速度，保证信息的准确和充分。

6. 领导者要保持清醒的头脑

如果领导者显示出对某类信息的偏好，比如只爱听好话，听不得批评意见，那么下属就会投其所好，甚至不惜歪曲事实或违心地向领导者传递不真实的信息，这样就会大大降低信息沟通的效果，有时甚至会起反作用。

7. 营造良好的沟通氛围，善于运用非正式沟通

沟通中尽量少用评价性、判断性语言，多用描述性语言，也就是既介绍情况，又探询沟通情况。沟通是表示愿意合作，愿意与对方共同找出问题，一起寻找解决方案，而不是企图控制和改造对方。应做到平等待人、坦诚相待，谦虚而富有耐心，以营造良好的沟通氛围，并在此基础上，适当地利用非正式沟通，促使整个组织的沟通能顺利地进行。

8. 充分考虑文化因素对沟通的影响

在进行沟通时，应充分了解对方的文化背景，掌握文化对其基本价值观的影响，从而更好地理解对方对事物的看法和态度，以消除或降低沟通中的文化障碍。

案例分析

案例 5.1　哪种领导类型最有效

ABC公司是一家中等规模的汽车配件生产集团。最近，对该公司的三个重要部门经理进行了一次有关领导类型的调查。

一、安西尔

安西尔对他本部门的产出感到很自豪。他总是强调对生产过程、产量控制的必要性，坚持下属人员必须很好地理解生产指令，以得到迅速、完整、准确的反馈。当安西尔遇到小问题时，会放手交给下级去处理，但若是问题很严重时，他就会委派几个有能力的下属人员去解决问题。通常情况下，他只是大致规定下属人员的工作方针、完成期限及完成后如何写出工作报告。安西尔认为只有这样才能导致更好的合作，避免重复工作。

安西尔认为对下属人员采取敬而远之的态度，对一个经理来说是最好的行为方式，所谓的“亲密无间”会松懈纪律。他不主张公开谴责或表扬某个员工，并相信他的每一个下属人员都有自

知之明。据安西尔说，在管理中的最大问题是下级不愿意接受责任。他谈到，他的下属人员原本可以有机会做更多事情，但以前他们并不是很努力地去做。他不能理解过去他的下属人员如何能与一个毫无能力的前任经理相处，他说，上司对他们现在的工作运转情况非常满意。

二、鲍勃

鲍勃认为每个员工都享有人权，他偏重于管理者有义务和责任去满足员工需要的学说。他说，他常为他的员工做一些小事，如给员工两张下月在伽利略城举办的艺术展览的入场券。他认为，每张门票才15美元，但对员工和他的妻子来说，其价值却远远超过15美元。通过这种方式，也是对员工过去几个月工作的肯定。

鲍勃说，他每天都要到工厂去一趟，与至少25%的员工交谈。

鲍勃不愿意为难别人，他认为安西尔的管理方式过于死板，安西尔的员工也许并不那么满意，但除了忍耐别无他法。鲍勃说，他已经意识到在管理中有不利因素，但大都是由于生产压力造成的。他的想法是以一个友好、粗线条的管理方式对待员工。他承认尽管在生产率上不如其他部门，但他相信他的员工有高度的忠诚度与士气，并坚信他们会因他的开明领导而努力工作。

三、查理

查理说他面临的基本问题是与其他部门的职责分工不清。他认为不论是否属于他们的工作任务都安排在他的部门，上级似乎并不清楚这些工作应该让谁做。查理承认他没有提出异议，他说这样做会使其他部门的经理产生反感。尽管他们把查理看成是朋友，而查理却不这样认为。查理说过去在不平等的分工会议上，他感到很窘迫，但现在已适应了，其他部门的领导也不以为然了。

查理认为纪律就是使每个员工不停地工作，预测将会发生的各种问题。他认为作为一个好的管理者，没有时间像鲍勃那样握紧每一个员工的手，告诉他们正在从事一项伟大的工作。他相信如果一个经理为了决定将来的提薪与晋职，而对员工的工作进行考核，那么，员工会更多地考虑他们自己，并由此而产生很多问题。

查理主张，一旦给一个员工分配了工作，就让他以自己的方式去做，取消任何工作检查。他相信大多数员工知道自己把工作做得怎么样。如果说存在问题，那就是在生产过程中他的工作范围和职责混淆不清。查理的确想过，希望公司领导叫他到办公室听听他对某些工作的意见。然而，他并不能保证这样做会使情况有所改变。他说他正在考虑这些问题。

问题：

1. 你认为这三个部门经理各采取什么领导方式？这些模式都是建立在什么假设的基础上的？试预测它们各自将产生什么结果？

2. 在特定的环境下是否每一种领导方式都有效？为什么？

案例 5.2 张总经理的用人之道

助理工程师黄大佑，是一所名牌大学的高才生，毕业后已工作了八年，四年前应聘到一家大公司工程部工作。他工作认真负责，技术过硬，很快就成为公司的“四大金刚”之一，名字仅排在公司技术部主管陈工程师之后。但是，黄大佑的工资却同仓库管理员不相上下。一家三口仍住在刚进公司时住的那间平房里。对此，他心中时常有些不平衡。

张总经理是一位有名望的老领导，4 年前，黄大佑来公司报到时，门口用红纸写着“热烈欢迎黄大佑工程师到我公司工作”几个很显眼的大字，是张总经理亲自吩咐人事部主任落实的，并交代要把“助理工程师”的“助理”两字去掉。这确实令黄大佑很感动，工作更加努力。

两年前，公司有申报工程师的指标，黄大佑属于有条件申报之列，但名额却让给了一个没有文凭、工作业绩平平的老同志。他想找张总谈谈，张总却先找他来了：“黄工，你还年轻，机会有的是。”去年他想反映一下工资问题。自己来这里工作的一个目的不就是想得到高一点工资，提高一下生活待遇吗？但他几次想开口，都没有勇气说出。因为张总不仅在大会上总是表扬他的成绩，而且，经常当着外地取经人的面赞扬他。路上相见时，还经常会拍拍他的肩膀说两句诸如“黄工，干得不错，很有前途”，这确实让黄大佑兴奋不已。

最近，公司新建了一批职工宿会，听说数量还比较多，黄大佑决心要反映一下住房问题，谁知这次张总又先找他，笑着说：“黄工，公司有意培养你入党，我当你的介绍人。”“他又不好意思开口了，结果分房落空了家也没搬成。

深夜，黄大佑面对一张报纸上的招聘广告想了很久。第二天，张总经理的办公桌上压了一张纸条：“张总：您是一个懂得使用人才的好领导，我十分敬佩您，但我决定走了。”

问题：

1. 根据马斯洛的需要层次理论，住房、评职称、提高工资和入党对于黄工来说分别属于什么需要？

2. 根据公平理论，黄助理工程师的工资和仓库管理员不相上下，是否合理？

3. 根据有关激励理论进行分析，黄工离开公司的原因是什么？张总应该使用什么样的激励方式才能留住黄工？

案例 5.3 摩托罗拉公司的沟通方式

1992 年摩托罗拉（Motorola）公司在天津经济开发区破土兴建它在中国的第一家分公司，其中包括寻呼机、电池和基站等 5 个生产厂，成为摩托罗拉在其本土之外最大的生产基地。现在其投资额比原来最初的投资增加 9 倍，员工从不到 100 人增加到 8000 多人，年产值达到 28 亿美元，是一个在华投资成功的企业。

为了在人格上千方百计与员工保持平等，在摩托罗拉公司要求每一个高级管理人员与普通操作工之间建立起一种兄弟姐妹般的关系。“对人保持充分的尊重”是公司的个性。最能体现其管理特点的是它的“Open Door”理念。“我们所有管理者办公室的门都是绝对敞开的，任何职工在任何时候都可以直接推门进来，与任何级别的上司平等交流。每个季度第一个月的 1 日和 21 日，中层干部都要同自己的下属和自己的主管进行一次关于职业发展的对话，回答‘你在过去三个月里受到尊重了吗?’之类的6个问题。这种对话是一对一和随时随地的”。

摩托罗拉的管理者们为每一个下层的被管理者们还预备出了以下几种“Open Door”敞开式表达意见和发泄的途径：

1. 我的建议。以书面形式提出对公司各方面的意见和建议，全面参与公司管理。

2. 畅所欲言。这是一种保密的双向沟通渠道，如果员工要对真实的问题进行评论和投诉，应诉人必须在3天内对不署名的投诉信给予答复，整理完毕后由第三者按投诉人要求的方式反馈给本人，全过程必须在9天内完成。

3. 总经理座谈会。每周四召开座谈会，大部分问题可以当场答复，7日内对有关问题的处理结果予以反馈。

4. 每日简报。方便快捷地了解公司和各部门的重要事件和通知。

5. 员工大会。由经理直接传达公司的重要信息，有问必答。

6. 教育日。每年重温公司文化、历史、理念和有关规定。

7. 墙报。

8. 热线电话。当你遇到问题时可以向这个电话反映，昼夜均有人值守。

9. 职工委员会。职工委员会是员工与管理层直接沟通的另一个桥梁，委员会主席由员工关系部经理兼任。

10. 589信箱。当员工的意见使用以上渠道仍无法得到充分、及时和公正解决时，可以直接写信给天津市589信箱，此信箱钥匙由中国区人力资源总监亲自掌握。

可以看出，摩托罗拉公司中上下级沟通的方式是各种各样的，采取这些方式取得了惊人的效果。为此，他们总结出：“抱怨是一件积压已久的事，如果每星期、每天都有与老板对话的机会，任何潜在的不满和抱怨还没有来得及充分积蓄爆发，就都会化解和烟消云散了”。

问题：

1. 摩托罗拉公司采用了哪些有效沟通方式?

2. 通过本案例的学习，谈谈沟通在企业管理中作用。

复习思考题

1. 什么是领导？领导者的主要特征有哪些？

2. 领导与管理有何不同？

3. 领导者的权力包括哪几个方面？

4. 领导者的作用有哪些？

5. 领导方式有哪几种类型？

6. 有关领导问题的理论有哪些？在实践中，如何正确理解和运用？

7. 领导艺术的内容主要包括哪些？

8. 什么是激励？举例说明激励过程？

9. 激励理论有哪些？在实践中，如何正确理解和运用？

10. 激励手段有哪些？如何正确运用激励手段，实现有效激励？

11. 何谓沟通？简述沟通的过程？

12. 沟通的形式和方法有哪些？

13. 有效沟通的障碍及如何克服？

第六章

控 制

内容提要

随着管理实践和管理科学研究的不断发展，系统论、信息论和控制论为管理提供了重要的理论和方法。管理过程实际上就是一个控制过程，因此管理的实质就是控制，管理者就是控制者。要搞好管理，就必须认真把握控制工作的基本知识、控制工作的原理和要求、控制工作的技术和方法。学习本章内容，对做好整个管理工作都有着十分重要的意义。

第一节 控制工作概述

一、管理控制的含义、内容与特点

（一）控制与管理控制

控制论之中的控制，是一般意义上的控制，是为了一定目的而对控制对象施加的一种信息反馈，防止控制对象越出范围或标准的一种手段。

管理学之中的控制，是由管理者对当前的实际工作是否符合计划或标准进行的测定、衡量和评价，并促使工作既定目标实现的过程或实现更高既定目标的过程。管理控制的根本目的是实现既定目标，同时使管理控制的期望结果超越既定目标，求得管理的提升与突破。

(二) 管理控制的内容

控制的对象是什么，就叫什么控制。相应的控制，对应于相应的内容。就企业来说，管理控制的内容有着不同因素、不同范围、不同过程的内容，现举例说明。

1. 生产控制

是指对生产计划、目标、标准、指标的组织执行和监督落实，以保证生产按既定的要求来进行。生产控制的内容不仅是对生产过程中生产的品种、数量、生产进度进行控制，而且还必须包括对投产前的各种准备和条件进行控制，以及对生产的产品工序、产品成本进行控制。

2. 质量控制

是指利用科学的方法和手段，对产品质量实行监督、检验与控制。其一般分为四个阶段和八个步骤来进行：四个阶段是：①计划阶段（Plan）；②执行阶段（Do）；③检查阶段（Check）；④总结阶段（Action）。四个阶段形成 PDCA 的不断循环，可以使控制产品的质量不断提高。八个步骤是：①分析现状，提出问题；②分析影响质量的各种因素；③找出影响质量的主要因素；④针对影响质量的主要因素，制定提高质量的措施；⑤执行各项措施；⑥检查工作效果；⑦制定巩固的措施和标准；⑧将遗留的问题转入下一个循环。

3. 成本控制

是以降低产品成本为目标，把构成产成本因素的各种耗费，掌握在计划和标准范围内的控制。①控制直接费用的开支。使费用开支数量符合规定的时间、用途等。②控制人力资源消耗。合理安排使用人力，提高工作效率。③控制物力消耗。提高设备与物资的利用率。

4. 市场营销控制

是对市场营销因素与活动进行组合的控制。其内容包括：①确定目标市场。市场测试、市场细分等。②组合可控制的变数，主要变数因素是 4P：产品（Product）、价格（Price）、地点（Place）、促销（Promotion）。

（三）管理控制的特点

1. 控制的系统性

控制的系统性是指整个管理过程的计划、组织、指挥、控制等，是一个完整的系统。控制总是围绕管理的目标，来实施、完善、修改计划，并根据计划安排一种“纠正偏差”的工作。这一特点，要求整个管理工作构成一个闭路系统，坚持控制的封闭原则。通过封闭的控制，使控制工作成为一个首尾相接、环环相扣、连续回炉的运转体系。比如，在控制工作的封闭系统中，从决策开始，控制随着决策实施而发挥系统的作用、随着决策目标完成而告终。

2. 控制的动态性

在管理过程中，只有开始实施计划，才能发现实际情况与原订计划的距离，才能进行控制工作。否则，计划没开始，控制工作就无从开始。控制工作量的大小是由计划和组织工作的科学水平的高低决定的，原来的计划和组织工作越科学、严密，控制的工作量就越少；根据这一特点，要求运用控制的反馈原则。通过反馈的信息，使控制工作灵敏、正确、有力地运动，发挥能动作用。聪明的管理者，应该经常根据管理过程中出现的脱离或违背目标的情况，及时得到反馈，通过动态地校正，又回到实现目标的正确方向上来。

3. 控制的层次性

管理系统是一个层次结构，因而控制是分层次进行的。不同层次的管理者，各自控制的范围不同，高层次的管理者负责高层次的控制工作，低层次的管理者负责低层次的控制工作。这一特点，要求使用控制的能级原则。通过确立能级标准，合理安排力量，使每个管理者有把握地做好各自的控制工作。在管理工作中，常常出现高层次管理者过多干涉基层工作、或低层次管理者将矛盾上交，结果造成高层次的管理者因处理低层次的具体事务而忙得头昏脑涨，低层次的管理者因事事靠上级拍板而一事无成。

管理者在把握控制的特点时，不难发现控制工作的三个前提条件：

（1）事先有目标或标准。目标或标准决定控制内容，控制工作是为实现目标或标准服务的，控制要时刻以实现目标或标准为中心。管理者只有把管理工作转化为自己的具体目标或标准，事先明确自己的目标是什么，达到什么样的具体要求、水平，才能有的放矢地进行管理的控制工作。如果一个管理者连自己所应该完成的管理目标或任务都不清楚，那么这个管理者就根本无法按要求工作、检查工作，也谈不上了解工作人员表现得好坏。

(2) 事先有科学详细的计划。计划是控制的标准和依据，控制是计划实施过程中的保证，两者是同一工作的两个方面。没有计划，控制就无从下手；没有控制工作，计划就很难落实。因此，计划是控制的行动准则，为控制指示着方向和目标，规定着任务、要求和规范。

(3) 事先有清晰的权责机构。如果没有机构或机构的职责不明确，就不可能确立明确的标准、确定哪个部门应承担检查落实成效的责任，落实纠正偏差的措施，就会给控制工作带来困难，如相互推诿扯皮、相互抱怨指责，甚至出现不承担任何责任的多余机构，因此，权责清晰的机构是控制工作强有力的组织保证。

二、控制工作的类型、系统

(一) 控制工作的类型

控制贯穿于管理的各个阶段，所涉及的范围和内容相当广泛，可从不同的角度对控制工作进行不同的分类。按照在一个完整的管理过程中控制发生的阶段性，可分为前馈控制、现场控制和反馈控制。

1. 前馈控制

这是一种面向未来积极预防的控制。它是为了保证将来的实际成果能够达到计划的要求，尽量减少将来控制活动的偏差。由于前馈控制把控制活动提前到管理过程的前端，因而前馈控制也被称作预先控制或事前控制。前馈控制既可提前控制外部的因素、内部的因素，又可提前控制活动的整体、局部等，因而是一种比较灵活的预防控制，但其中心是预防管理系统所采用的资源在质上和量上产生偏差。具体来说，预先使人力适应组织所阐明任务的需要；预先使物力符合规定的质量和数量标准，并能按时达到；预先使财力保证充分的供应，有地方的适时支持；预先使各种有关信息渠道畅通，能及时反馈。总之，预先控制包括了为确保将来的实际结果，针对输入所作出的一切管理上的努力。因此，它要求管理者具有预见能力、专业能力、综合能力。

(1) 前馈控制的优点：①防患于未然。在工作开始之前进行控制，避免了已铸成差错而无力补救的弊端。②不易造成冲突。在工作开始之前，针对某项计划行动所必要的条件进行控制，不是针对具体人员，因而易于被职工接受并付诸实施。③适用范围广泛。前馈控制的缺点：主要是资源、精力投入较大，正确运用相当复杂，一旦失效，就会造成控制系统的性能变化。

(2) 前馈控制正确的运用，需要及时、准确地把握信息，并充分了解前馈控制因素与计划工作的影响关系。要运用好前馈控制，通常应满足六个条件：①建立前馈控制的模式；②能够把握前馈控制模式的变化；③对计划和系统分析透彻、详细、准确；④前馈输入正确、并跟踪；⑤能够定期评估前馈输入与计划输入的结果；⑥具有措施保证。

2. 现场控制

这是一种发生在执行过程中的控制。它是通过直接地对计划的执行情况进行现场检查，并纠正其偏差的控制活动。由于现场控制是在工作过程中进行的，因此，现场控制又被称作随机控制、实时控制、即时控制、过程控制等。现场控制是在现场进行直接的指导和监督，一般按照事先规定的标准进行控制。例如企业生产过程的进度控制，原材料消耗控制，销售进程控制等。高层管理者对基层人员一般通过现场指挥途径，针对发生的各种问题，研究和决定各种解决办法，做出即时处理，以使正在进行的工作朝着规定的目标迈进。

现场控制的优点：①由于指导及时，因而可减少损失，具有指导职能与及时效果；②可提高工作能力及自我控制能力。其缺点：①受管理者时间、精力、业务水平的制约；②现场控制的应用范围较小；③易形成心理上的对立。

现场控制的正确运用，需要形成上下协调的组织基础，提前把握现场的客观情况，恰当选择现场控制的时机，运用科学的指导方法。管理者经常使用现场控制的方法，但不能将它作为日常性的方法，只能作为其他方法的补充。

3. 反馈控制

这是一种针对结果的控制。它是管理者通过分析以前工作的执行结果，将执行结果与控制标准相比较，发现偏差，研究原因，拟定纠正措施，防止偏差发展或继续存在的控制活动。由于反馈控制是在计划执行后已经出现偏差，并造成了一定后果的情况下进行的，所以也称作事后控制。换言之，它是“用历史结果指导将来的行动”。如果“历史结果”发生很大偏差，那么，就会造成损失的扩大。因此，反馈控制不是最好的控制。但是，反馈控制却是使用最为普遍的控制，这是因为预测的局限性往往导致计划工作的失误，前馈控制和现场控制都难免会出现偏差，纠正已发生的失误或偏差，就要运用反馈控制，这样，可以使下一步的管理工作避免偏差重现。

反馈控制的优点：便于总结规律，为下一步工作的实施创造条件；不断地进行信息反馈，有利于实现良性循环，提高效率。最大弊端：实施措施前，偏差已产生，时间已滞后。

反馈控制与前馈控制的主要区别：①馈入信息不同。反馈控制的馈入信息是系统输出的信息；前馈控制的馈入信息是系统输入的信息。②针对点不同。反馈控制针对点是防止已发生的偏差在今后再度发生，即结果；而前馈控制的针对点是防止所使用的资源在质和量上产生偏差，即原因。

（二）控制工作的系统

管理控制作为管理者对控制对象所施加的一种能动作用，总是存在着作用者和被作用者两个基本要素，其中作用者就是控制者，又叫施控主体；被作用者，又叫受控客体。施控主体对受控客体具有控制作用，受控客体对施控主体又有反作用。控制工作系统就是施控主体和受控客体这两个相互作用、相互制约的要素，构成的相对于某种环境而具有控制功能与行为的统一体。显而易见，管理控制系统至少有三个要素：作用者（即施控主体）；被作用者(即受控客体)；作用的传递者（反馈机构）。管理的信息反馈机构，就是用既定的程序、方法和手段综合处理信息，并将信息提供给管理者的机构。

管理控制必须以信息为基础，一切信息的传递都是为了管理控制，而任何管理控制又都必须通过反馈来实现。反馈与控制是相互作用、互为前提、同时并存的。反馈可分为正反馈、负反馈；全面反馈和局部反馈。如果反馈信息是增强管理系统输入效应的，称为正反馈；如果反馈信息是减弱管理系统输入效应的，称为负反馈。正反馈作用的结果，将使控制系统的输出量变得愈来愈大；负反馈作用的结果，将使控制系统的输出量变得越来越小。在实际工作中，究竟运用正反馈还是负反馈，要视具体情况加以确定。

一个好的控制系统的标志是：具有中肯贴切、敏感和可靠的特征。中肯贴切意味着系统能够客观地确定控制的界限，科学地发现、回答问题；敏感就是系统能够迅速有效地区分控制的偏差；可靠是指系统具有一致的衡量与纠正的能力。

（三）控制系统的控制方式

1. 排除干扰的方式

在管理运行之前或运行之中，应尽力排除来自系统内部或外部环境条件，对被控制对象产生干扰的因素，保证被控对象的正常运行。例如，为保证产品质量，就要严格控制不合格的原材料的使用，防止一切违章操作等干扰因素。

2. 补偿的方式

当干扰因素已经造成影响时，可以采取补救办法来加以控制。这种方式在现场控制中常常运用，如原材料价格上涨，引起产品成本的升高，则可通过系统内部挖潜，技术改革等新举措，在系统内消化涨价因素的影响，把成本控制在许可的范围之内。

3. 平衡和调节偏差的方式

这是对运行中已发生的偏差、或防止以后运行中发生偏差，采取平衡和调节的方式加以控制。这一方式一般是事后进行，如建立原材料的保险储备。运用这种控制方式一般要有两个条件：一是及时准确地收集、处理和传输信息，为平衡调节提供依据。二是平衡、协调措施要及时有效。否则，偏差将会继续扩大，难以有效平衡和控制。

三、控制工作的步骤

管理控制是管理者有意识的程序活动，一般分为：确立标准；衡量成效；纠正偏差这三个最基本的步骤。

（一）确立标准

控制标准是指反映或评价单位（工作、活动等）稳定状态的水平或尺度。简而言之，即工作成果的规范。在一个完整的计划程序中，对工作成果进行计量的关键就是确立标准，标准可以有多种，可以是实物标准和财务标准，也可以是无形标准和有形标准，还可以是定性标准和定量标准，但最理想的标准是可以针对目标进行考核的标准。不管是哪一种标准，都要正式地纳入目标管理或计划工作的正常体系。如果没有标准，就没有衡量实际工作情况的依据，就无法进行控制工作。由于行业不同、单位管理水平不同，因而导致确立的标准有所不同，有些情况是管理工作本身难以确立标准的，例如对行政性工作和知识分子的工作等，只能制定一些不确切的标准。由于标准的难以统一或标准的不明确，因而给控制工作带来一定程度的困难。

在实际工作中，确立标准必须切合实际，尤其是确立一套能影响管理效果的重要标准，并把重要标准作为“硬性”的标准来处理。对不同的控制对象应采取不同的方法来确定控制标准。确定标准的常用方法有：统计方法，估价方法，工作分析方法。形成的标准有三种：统计性标准、估价性标准和工作性标准。统计性标准，是以过去的统计资料为基础，通过分析、选择后，确立为控制标准。估价性标准，是在缺乏充分的数据资料情况下，以过去的经验为基础，进行估计评价后，确立为控制标准。工作性标准是以对具体工作所作的客观定量分析为基础，运用分析归纳推理后，确定为控制标准。一般地讲，管理单位确立的控制标准，主要包括四种：①时间标准。主要规定工作的时间进度或时间利用的要求，如完工日期、时间定额等。②费用标准。主要规定管理或经营活动所支出的各种费用的要求，如企业的产品成本、制造费用等。③数量标准。主要是规定管理或经营活动过程及其成果的数量要求，如企业的产量、劳动生产率等。④质量标准。主要规定工作水平和质量的要求，如企业的产品品种与规格、产品合格率等。

在实际工作中，控制标准要力求能够量化、活化、系统化等。一项好的标准，应符合六个要求：①总括性与一致性。标准应在相同范围和条件下通用，总揽全局，不能过于繁琐；标准之间应相辅相成，不能互相矛盾。②可行性。标准水平的高低要适当，以经过努力能够达到为度，过高过低难以进行控制。③稳定性。标准一旦确定，应在较长时期适用。④简单性。标准应通俗易懂、便于理解和执行。⑤互动性。标准要与下级达成共识，形成共同的愿景，调动下级的积极性。⑦动态性。标准要有时间限制且可更改，可随着控制绩效的提高而变动。

（二）衡量成效

衡量成效就是依据预定的标准，对实际工作的执行情况进行衡量，通过标准与实际的比较，测定实际成效的高低或多少。衡量实际成效的方法主要有：①面对面的直接口头汇报。②正式的书面文字汇报。③直接观察。④抽样调查。⑤计算、比较与分析等。衡量工作成效的过程主要是：明确衡量工作的责任，建立各种记录和报表；设计信息流通和反馈渠道，确定信息收集和处理方式；分析标准的科学性、实际的客观性、标准与实际的差异，形成工作执行情况报告等。在衡量成效的过程中，要注意三点：一是详细报告工作执行情况的程度要与标准相一致。资料和分析过于详细会浪费时间，耽误工作；过分简单又会使控制因缺乏对实际情况的必要了解而无法进行。二是综合运用各种分析方法。包括会计分析、统计分析、业务分析、系统分析等，提高分析的科学性和准确性。三是注重“例外管理”。属于正常范围的差异不大的情况，可按一般程序进行控制。一旦发现对工作影响较大或非正常的差异，应及时深入现场，分析研究，找出问题所在，采取迅速而有力、有效的对策，并实行跟踪控制。

在实际工作中，我们期待控制的理想状态：即最终的实际成效与预期的计划达到完全吻合。这就要及早发现偏差的苗头，及早采取适当措施防止偏差的发生。由于有些工作很难制定出精确的标准，有时存在衡量过程的不科学性、不严肃性等，因而就出现了一个问题：偏差到底是衡量中出现问题造成的，还是标准本身存在问题造成的呢？因此，必须注意检验标准的客观性和有效性，注意标准执行情况测量的客观性与有效性；必须形成完善的监测体系，确定好日常工作监测的人员、时间、手段、方法等；必须形成科学的衡量机制，安排好进行监测和评价工作的人员、内容、时间、时机、流程等。在有的单位，往往出现衡量成效者又是标准执行者的现象，这将导致自我迁就、自我照顾。为此，衡量成效时，必须分清衡量成效者与标准执行者的职责，并明确衡量的手段和方法，然后，进行衡量成效的活动。

（三）纠正偏差

衡量成效的结果无非有两种可能：一种是存在偏差，另一种是不存在偏差。偏差有两种情况：一种是正偏差，即工作成效优于控制标准，另一种是负偏差，即工作成效劣于控制标准。我们讲纠正偏差，实际上是纠正执行中的负偏差，这是控制工作的中心点，但是正偏差并不一定没有问题，在某种情况下会存在虚假成分，掩盖实际工作中的一些问题。

假若没有偏差发生，或偏差在规定的“限度”之内，控制工作到目前衡量成效这一步就已完成。这表明，控制活动已经发挥了它的功能。但是，如果发生巨大偏差，或偏差已超过规定的限度，那么，必须准确地把握产生偏差的原因，有效地开展纠正偏差的活动，及时地予以纠正。

通常来讲，纠正偏差的做法主要有两种：1. 控制标准不变，纠正实际偏差。当标准与实际发生一定差异时，通常是保持计划、标准的稳定性，而千方百计采取措施，如改进工作的态度、人员、方法、手段，强化责任、改善控制，以减小和消除实际和标准的差异。2. 改变原定计划和标准。如果绝大多数的人超额完成计划标准，往往说明计划标准过低；如果绝大多数人完不成，则说明计划标准过高。这两种情况都需对计划和标准加以调整和修改，使之更符合实际、更为合理。还有一种情况是，既定标准是合理的，但由于环境情况发生了重大变化，这也要进行适当的标准改变，并相应地改变控制。

在实际纠正偏差的工作中，必须认真考虑纠正偏差的组织、责任、对象、重点、措施、方式、时机、速度等。既要不断完善优化原有方案或工作、标准，又要优化改进衡量工作的方法、过程；既要防止过度强硬的矫枉过正，又要防止纠正乏力、产生抗拒力、贻误时机、出现新偏差。纠正偏差的行动要与思想教育、落实责任制、奖惩等管理工作相结合，要改进与加强控制工作，不断提高控制的质量，促使控制工作有效有力地、周而复始地连续开展，努力维护管理系统的稳定、和谐。

第二节 控制工作的原理和要求

一、控制工作的原理

（一）反映计划性的原理

反映计划性原理是指计划越明确、全面、完整，设计的控制系统就越能反映计划的要求，就越能有效地服务于管理者。

控制和计划既有联系又有区别，是同一工作的两个方面。没有计划，就无法确立控制标准，无法衡量成效，无法判定偏差；计划不具有操作性，就无法确立控制的对象、方法，无法实施控制；计划不科学，就不会有衡量工作的科学分析、比较与判断。因此，设计控制系统、运用控制技术，必须把计划作为前提与依据。只有明确合理的计划，才能进行全面系统的、科学的控制。

（二）组织适应性原理

组织适应性原理，是指组织工作体系越是明确、全面和完整，设计的控制系统就越能体现组织工作体系适应性的要求，就越能动态地实施控制。

控制工作的目的，是对实施计划或目标的工作进行衡量、及时纠正偏差，确保既定计划或目标的正常运行，力求计划或目标的完成、甚至突破。要达到这样的目的，就必须发挥组织工作系统的作用，明确负责组织工作系统的部门（或人员）。组织工作系统中的部门（或人员）的岗位职责越明细，控制工作就越及时、有力、有效。

（三）控制关键点原理

控制关键点的原理，是指管理者尽可能区分计划工作的轻重缓急，越是能把握关键点来进行控制，控制工作就越能在正确的方向下持续运动的原理。

任何整体工作、整体活动的各个部分都有轻重缓急之分，又都不能截然分成轻重缓急的。但是，重点工作是事关整体方向的关键点，如果选不出或选不准这个关键点，势必造成眉毛胡子一把抓难以控制局面，势必失去既定方向。管理者要把有限的精力集中在关键点的控制上，就能在正确的方向下实现持续的控制。在实际工作中，一般选取对全局有决定意义的重点目标、对落实工作起导向作用的重点决策、选择先进或后进或试点的重点单位为控制的关键点。事实上，选择关键点是没有简易准则的，是因时因地因条件而有区别的，这正是一种管理的艺术。

（四）例外情况原理

一切事物都处在剧烈的变化之中，发生偶然的事件是正常现象，控制亦如此。现代管理的控制效率，要求必须在控制例行情况的同时，尤其重要的是要集中解决控制例外的情况。例外情况解决得越好，控制的效率就越高。这就是例外情况的原理。

“例行”与“例外”是相对而言的，是相互联系、相互依存的。今天有秩序的控制活动，正是昨天无秩序控制活动的条理化。从表面来看，例外情况没有固定的一套程序化的控制标准，但它也是有其规律性的。要认识例外情况的规律，就必须不断研究例外情况产生的原因，不断制定解决例外情况的标准、制度、规定等。但是，只注意例外情况是不够的，必须把例外情况与关键情况结合起来，把例外情况放在全局之中来处理，使例外情况逐步纳入例行控制之中。

（五）直接控制原理

一方以某种形式对另一方直接施加影响，左右其行动的行为是直接控制。管理者素质越高，就越能胜任其所承担的职务，就越不需要间接控制，这就是直接控制的原理。

直接与间接是相对而区分的，是相互补充、相互联系的。在一个控制系统中，往往是以某种控制为主，而以另一种控制为辅。比如国家经济的管理控制系统中，是以间接控制为主的，以直接控制为辅；企业的管理控制系统中，既有自力控制，又有他力控制；对生产经营是以行政指挥权为后盾的直接控制，对调动劳动者的积极性，则是以物质利益为导向的间接控制。

直接控制并不意味着直接控制效果。要提高直接控制的效果，必须千方百计提高管理者的素质，确保管理者有很高的洞察能力、判断能力、解决问题能力等。事实上，直接控制既有广阔的实践空间，又有一定的前提条件，要与间接控制结合起来才能发挥更大的作用。

二、控制工作的要求

（一）适应性的要求

适应性的主要表现是：（1）应与计划相适应。有什么样计划，就应有什么样的控制方法，不同的计划应采取不同的控制方法。因为，每一项具体计划，都有自己特定的内容与特点。（2）应与工作特点相适应。每一项具体工作，都有各自的特点，控制方法的采用也应考虑不同工作特点的要求。比如：宏观管理和微观管理的控制方法就不同，行政控制与经济控制的方法也不同。（3）应与组织结构的类型相适应。各种组织的分工是不同的，各有自己的职责范围。组织结构明确了经济活动中部门或人员的管理职责、任务，不同的部门具有不同的管理任务，因而就要运用不同的控制方法。因此，制定控制方法必须适应组织结构的区别，使不同的组织结构有不同的控制方法。

（二）及时性要求

当经济活动偏差出现之后，控制要迅速及时察觉，并采取有效措施加以纠正。经济活动是在不断发展变化的，计划也不可能永远保持不变，否则，将会影响到经济运行的迅速发展，对此，控制系统就必须迅速做出反应。控制系统反应的快慢与好坏，能否解决问题与抓住机会，将是计划继续推行或改变的起点。因此，控制系统的及时性反应，就显得格外重要与紧迫。要做到及时性，首先应知道影响计划的客观环境发生了什么变化，这些变化对计划带来什么影响；其次，应了解实施计划的组织结构内部本身所拥有的客观物质条件和主观工作情况的变化。这两方面相互对照、结合起来，就成为控制系统及时性原则的依据。成功的控制，是通过对计划外部环境的变化、计划本身的情况，以及利害关系者的反应等各项分析之后取得的。

（三）灵活性的要求

就管理系统自身而言，不平衡、不协调是经常的。当管理运行出现不协调、不平衡时，就必须通过控制来实现协调，保证管理的平衡运行，即使在面临计划发生变化，出现了未能预见到的情况，或计划全盘错误的情况下，也应充分发挥控制的作用。这就要求所实行的控制要具有灵活性。使控制工作在计划出现异常或未能遇见的情况下，仍然保持有效性。但应注意，这种灵活的控制是对应于计划出现偏差或严重失误的情况下进行的，在计划顺利进行时，决不允许控制随意出现灵活性。

（四）经济性的要求

控制系统要考虑经济效益，注意调节控制系统所增加的开支是否低于它所带来的经济效益。就是说，要根据经济活动规模大小，控制问题的重要程度，控制所能带来的经济效益，来设计不同的控制系统。不论采用哪一种控制方法，都必须坚持用最少的费用，以查明偏离计划的实际的原因或潜在的原因，都必须防止无效的控制、不讲经济代价的控制。

控制工作除有上述要求外，还要求具有全局观点，面向未来的意识；突出重点，强调例外；纠正措施适当，避免出现目标扭曲问题；注重控制的对症下药、适应不同的个性，培养组织成员的自我控制能力等。

第三节 控制的技术与方法

一、管理信息系统

管理的任何控制技术与方法，都必须以管理信息系统作为保障。只有建立强而有力的管理信息系统，才能使各种控制的技术与方法得到广泛而又正确的应用。

管理信息系统由管理、信息和系统三个词组成的，是服务于管理领域的信息系统，而信息系统是一种基于计算机与通讯两方面技术，综合发展起来的技术。管理信息系统在控制中担负着基础的任务，既对管理方式产生影响，又对整个系统的运行与发展产生影响。管理控制的过程是一种信息运动的过程，管理水平的高低取决于控制信息的能力，管理效率的高低取决于对信息处理、控制的时效性。管理信息系统的基本功能，是向管理者或管理部门提供决策和控制的信息。它的具体任务是根据使用者的需要，对数据进行采集、存储和检索，并转化为信息。信息系统提供的信息主要有：外部情报、内部信息。各种材料、数据、文件、指令等都是信息。管理者的任务之一，就是通过管理信息系统了解信息、处理信息、然后进行决策与控制。

管理信息系统的要素有：信息源、信息接收器、信息管理者和信息处理机构。信息源是指原始的数据资料输入的地方，可按照地点不同分为内源和外源，可按照时间不同分为初始信息源和二次信息源。信息接收器若从系统输出信息的去向来讲，一是储存载体，二是信息的直接使用者。信息管理者，即信息管理人员。信息处理机构是指获取数据，将数据转化为信息，并向接收器提供信息的一组装置。

管理信息系统的工作过程，一般包括信息收集、加工、传递、储存、检索、输出六个阶段。对管理信息系统的基本要求是：及时，准确，适用，经济。管理信息系统输出的信息是否具有及时性、可靠性和有效性，决定着控制工作的方向、水平、成败。输出的信息是控制工作作出正确安排、评价与判断的先行条件，歪曲或掩盖事实真相的信息，不仅达不到控制的目的，而且会造成意想不到的损失。在实际的控制工作中，要善于把握信息的运动，提高处理各种信息的能力，选出与控制问题有关的信息。

在现代社会，存在着大量独立的、专门性的信息系统，如咨询公司等。这类系统的存在，使管理者可以就一些非程序性的、关系重大的决策性问题，到自己的系统之外寻求帮助。但是，日常管理中所需要的大量信息处理问题，是不可能由这些专门的经营性的信息系统来帮助解决的。所以，每一个管理系统都要有作为自己子系统的管理信息系统，使自己的管理信息系统满足三个方面的要求：(1) 管理信息系统能够从解决实际存在的管理问题出发，与其他系统形成有机统一的整体；(2) 管理信息系统能够提供真实的、准确的和高质量的信息；(3) 管理信息系统能够连续提供即时信息，信息量适中，及时有效。

二、预算控制

(一) 预算与预算控制

预算是用数字编制未来一个时期的计划，也就是说预算是计划的数量表现。预算的时间可以是月度、季度或年度，但一般都是以一年为期限的。预算的数字可以用财务数字或非财务数字来表现、且表现是多种多样的，比如收入、费用、资本项目、直接工时、材料、实物销售量和生产量等。预算在形式上是一整套预计的财务报表和其他附表，报表和附表在各行各业是多种多样的。

预算的基本目的主要是为管理者提供分配资源和协调专项工作的依据；协助管理者制定控制的标准；预先明确一个组织的实际运行情况；对各级部门的管理者以及对下级各部门进行评价。

从预算与计划的关系来看，预算的编制是作为计划过程的一部分而开始的，而预算本身又是计划过程的终点。因此，可以说编制预算的过程就是计划的编制过程，预算本身就是形成计划。即便如此，预算在某些方面仍有别于计划。首先，预算本身就具有标准性和可考核性，预算的真正目的就是为控制工作提供一种手段。其次，编制总预算，使总预算在一个特定的时期内统领其他预算，用总预算来总协调。

管理者在预测基础上，通过编制预算（即拟定标准）、执行预算（即按事先的要求工作并纠正偏差），以实现既定的管理目标与任务，这就是预算控制。预算是一种控制技术，往往被作为衡量部门间工作完成好坏的尺度、管理绩效优劣比较的尺度，是企业和政府部门使用最广泛的控制方法。

（二）预算的内容

一般来说预算内容主要有收支预算，时间、空间、原材料和产品产量预算，基本建设预算，现金预算，资本支出预算、资产负债预算等。

1. 收支预算

这是以货币来表现的收支控制计划。它有两种考虑来指导预算的编制：第一，确定支出预算中的各个项目的分类；第二，按照单位现行费用的项目，分配收支的数额。对于企业来说，收支预算可以根据企业会计科目表中的费用项目来分别分配收支。

2. 时间、空间、原材料和产品产量预算

这是以实物单位来表示的预算。它比收支预算具有生动直观的实际意义，如，用小时数表示时间、吨数表示重量等，十分清晰、恰当直观。

3. 基本建设费用预算

这是指购买新厂、新设备或地产，以及维护设备、设施等方面的费用预算。由于基本建设项目一般都要花较多的钱，都要用较长的时间，因此各单位都十分注意基本建设费用的预算工作。

4. 现金预算

现金预算实质上是对现金收支的预测，用来衡量实际的现金使用情况。这是各单位最重要的一项控制。对企业来讲，不能把企业资金都使用在非现金资产上，非现金资产占用资金越多，可供周转的资金就越少，这将影响企业的正常运行。对事业单位来说，现金是有使用、备用等方面严格限制的。

5. 资本支出预算

如果收支预算与现金预算的控制取得成功，就会有剩余的资金。这个余额的一部分可以再投资、上项目，以保证持续存在和发展。由于这些支出会产生收益，因而它们被列为资本支出，并包括在资本支出预算中。这些资金需要相当一个时期才能回收，因此，对这部分资金的支出一定要慎重，必须符合长期发展计划与整个资金的分配使用计划。

6. 资产负债预算

它是用来预测将来某一特定时期的资产、负债和资本等账户的状况。资产负债预算的资金来源于其他各种预算，所以它集中反映了其他各项预算的准确程度，完整的资产负债预算是总预算的一种形式。

（三）预算的控制程序与编制方式

预算的控制程序一般包括三个步骤：(1) 预算准备。根据预算制度，收集预算依据与信息，选择预算类型与期限，确定预算组织与要求等。(2) 预算编制。规定时间组织预算，进行综合平衡，汇总整理预算，审定审批预算等。(3) 实施预算。执行与检查预算，分析、考评、纠正、修改预算等。

在预算编制的方式上，有的单位总是先提出一个预算的总设想，高层管理者再向下级提出一些预算要求，便于下级制订本部门的预算草案，即自上而下的预算。有的单位却是先由下级提出本部门的预算，经过综合平衡后，再确定单位的预算，即自下而上的预算。这两种预算的程序各有其优点与缺点，自上而下的预算有利于总体把握，给下级提供了总体依据，减少预算的工作量；自下而上的预算有利于贴近基层的实际，使下级自主安排工作，调动基层积极性。一般情况下，采取自下而上、上下结合的预算程序，这样就使两种预算的优点得以综合、缺点得以改进。

在实际工作中，预算的编制方式会因预算的业务、时间等特性的不同而不同，如生产预算、销售预算、投资预算、固定资产预算、现金预算、弹性预算、零基预算、滚动预算等，其编制的方式各不相同，各有其特点与要求。

（四）预算控制系统及分析

预算控制系统包括预算控制体系和计算机预算控制系统两个部分。它明确预算编制的程序和方法；预算的执行与监控、预算的调整、预算的分析、预算考核等一系列的规定与要求。

预算控制系统必须具有灵活性。即适应不同条件变化的弹性，允许预算控制系统的标准有一定的变化程度和范围。如果预算控制系统没有弹性，那就可能无法扭转因计划工作疏忽造成的被动，无法适应执行中的新情况、新变化，解决不了实际出现的新问题；预算控制系统具有准确性。它必须掌握并向管理者提供精确无误的信息情报。信息往往是财务决策的依据，它将直接影响组织计划目标的调整和修正，直接影响预算系统的运转与新一轮的预算。预算控制系统提供的信息必须客观、及时、精确，才可能在科学的基础上高效率地进行控制；预算控制系统具有经济性。它提供信息的价值，应当大于提供信息的费用和代价。运用计算机进行控制固然是一种趋势，但是，应考虑是否适应管理的具体情况，并非预算控制的任何子系统都需要计算机。花费少而效率高的控制系统，才是最佳的控制系统。

预算控制系统的优点有很多，主要是：(1) 有助于进行有效的控制。管理者如果注意资金的时间价值，那么就会注意资金运动的时间比较，从而就能更有效地按时间组织业务。(2) 有了预算控制系统，就能更好地促进单位内各部门、各单位之间合作与联系。(3) 有助于保持并积累有用的财务档案资料。(4)预算控制系统与计划工作系统，是一个单位不可缺少的组成部分，如果一个单位没有预算控制系统，就会杂乱无章，难以想象。预算系统也有其弱点：例如，有的单位预算控制系统有时会过于刻板，而无法适应情况的变化，有的单位预算控制系统会限制一些人的发明创造。但是，只要管理者注意克服预算控制系统的一些弱点，预算控制系统将会起到有效的功能与作用。

三、非预算控制

管理控制中除了预算控制方法外，还有许多不同的非预算控制的技术和方法。

(一) 非预算控制及其内容

在管理控制中，不同控制的着力点、依据有所不同。有的控制着眼于工作或活动的过程，有的控制着眼于工作或活动的结果；有的控制依据是计划指标、统计指标，有的控制依据是一定的程序、一定的事实等。为了方便，区别于预算控制，我们对财务工作或预算活动以外的控制，统一称之为非预算控制。

非预算控制的内容相当丰富，就企业来讲，有计划、生产、设备、物资、质量、人员、营销等方面的内容，有决策、执行、效能等综合的内容，有整体、局部、程序、规范等不同范围的内容。

（二）非预算控制的方法

有些方法属于传统的控制方法，如亲自观察、现场办公、报告、专题报告，又如统计学中的比率分析法等；有些方法属于综合的控制方法，如工作绩效考评法，或属于现代管理的控制方法，如计划评审技术等。现简要介绍几种如下：

1. 传统的控制方法

（1）亲自观察。亲自观察是一种古老而又直接的控制方法，它是适用于一切关键领域的控制信息的一种技术。因此经常为各级管理者所采用。管理者通过同下级人员接触、观察，并倾听随意谈话，收集员工对问题的反应，就可以估价出员工工作的士气和态度，可以判断出工作进程、工作质量、存在问题与隐患，可以评定原计划原目标是否恰当，是否深入人心等。

管理者的亲自感受、亲自了解，可以获得第一手信息，取得生动、直观的效果；有利于创造一种组织关心、领导务实的氛围。但是，从观察中所获得的第一手信息的价值，会受到观察者的感知、技能和理解能力的限制，并且这种控制方法比较耗费时间，有时会出现下属的误解，下属可能把这种方法当成是一种干涉或不信任。即使如此，亲自观察往往是证明从其他来源所获得信息真实性的重要方法，接触下属常常具有一种尊重下属的效果。

（2）统计数据资料。在管理中，通过统计资料和统计分析进行控制，是又一种常用的控制技术。统计数据与计划、标准定额相比较，可以发现偏差，提出纠正措施。为了便于将各个时期的情况相互比较，应该采用按时间平均的数值，这样就可以消除由于会计期、季节性因素等因既定的时间而产生的误差，一般采用移动平均数。以图解的方式表示的统计资料最常见，易于被大多数管理人员所理解。

（3）专题报告分析。从控制的角度来看，专题报告分析对于控制特殊的问题是很有用处的。虽然会计和统计报表能提供情况，但往往还不能取代专题报告分析法。管理者根据专题报告所反映的投入程度、进展情况、存在问题等，可以组织专题研究和分析，并提出新的要求，这具有非例行性工作的特点，可引起人们对关键问题的高度重视，对于提高效率具有重大意义。

(4) 比率分析。比率是一种常见的反映两种度量之间关系的数量比值。在管理活动中，通过各种不同度量之间的比率的计算、分析，也是一种非常有益的和必要的控制技术。

在企业中，常见的比率有两类，即“财务比率”和“经营比率”。财务比率是有关财务资金来源与资金运用情况的一些比率。财务比率计算时，基本资料大多来源于资产负债表。财务比率中常用的有：资本金利润率、资本金增值率、销售利润率、营业收入利润率、资产负债率、流动比率、速动比率、应收账款周转率、存货周转率等；经营比率是反映经营状况的比率，可以更直接地帮助人们了解一个经营单位的经营状况。经营比率中常用的有：市场占有率、相对市场占有率、投入产出率、劳动生产率、产值能耗率、经营安全率等。

2. 综合控制的方法

综合控制是从系统的角度，对系统的输入、处理到输出全过程来进行的综合控制。它从系统的工作成效、工作性质来考虑控制的因素，如管理绩效、人力资源、营销、损益、投资回收等因素，这些因素属于倾向长期行为的因素，影响系统的长期生存和发展。对这些带有全部绩效和最终成果的因素加以控制，形成了一些综合控制的方法。现介绍几种如下：

(1) 管理审核。管理审核（在我国称之为：企业诊断）是以提高管理水平为目的，以管理学基本原理为控制准则，根据管理单位的要求，组织经营管理专家（经营顾问），系统地考察、分析和评价一个单位的管理水平与管理成效，进而提出切实可行的改善方案，采取措施使之克服存在的缺点或问题，谋求管理水平提升的一种活动。管理评审是一个工作过程，主要包括诊断准备、现场核实、初步诊断、详细诊断、管理沟通、方案实施等工作，通过诊断方案的最终实施来改善管理。管理评审在形式上有很多，主要有：经营商谈，提供综合调查报告，专题调查，经营诊断，经营指导，担当企业顾问，替企业物色和招聘人才等形式。

(2) 人力资源的控制。在每个单位中，对人员的规划、招聘、选拔、任用、业绩评估、制定工资、培训与发展等一系列的活动，都要遵照一定的标准，而这些标准的确定、执行，就是对人力资源的控制。

在管理中，由于一切以人为本，因此人力资源的控制是最根本的控制。人力资源的控制必须做好工作分析，在工作分析的基础上进行职位描述，要根据职位的不同，选择并实施不同的控制。

各级单位都十分重视人员工作绩效的考评。绩效考评的方法很多，主要有：分级法、排队法、要素比较法、成果考核法、行为考察法、工作日写实法、平衡计分卡法、关键绩效指标法、360度反馈评价法等。

(3) 损益分析控制。根据单位的损益表（书），对经营和管理成效进行综合分析，以实现单位一定时期内收支、利润的综合控制。损益表（书）是一个单位在一定时期内各种收入和支出情况的说明，它可以说明直接造成损益的各种收支因素、利润形成的直接影响因素与额度等，反映一个单位的经营状况、实际成效。

(4) 投资回收分析法。测定单位或项目投资额与利润额的绝对比、相对比，通过比较、衡量投资综合效果的控制方法。它综合反映投资、成本、项目、管理等方面的最终绩效。

四、成本控制

（一）成本及成本控制

成本是指生产和销售一定数量的产品（或提供一定的服务）所支出的各种耗费之和。

通过成本预测、成本计划、成本核算、成本分析来降低成本的控制就叫成本控制。对于一个企业来说，在整体管理活动中，成本控制具有十分重要的作用，通过对各项费用的发生进行引导和限制，以及对产品的设计、工艺、材料、生产、销售等各个方面进行监督与分析，及时纠正所发生的偏差，把成本限制在计划规定的范围内，从而实现预期的利润目标。

（二）成本控制的方法

在实际工作中，需要经常收集、分析行业的成本资料或企业的成本资料，通过比率的计算、先进平均数的计算等来确定标准成本。标准成本是成本控制的主要依据，主要包括工时费用标准、材料费用标准和间接费用标准。成本控制的方法主要有以下三种：

1. 分解法

把成本的计划指标分解为具体的指标，可以按生产单位、按部门分解；也可以按不同产品和每种产品的工艺阶段、零部件进行分解；还可以按工序进行分解。分解后得到的具体指标，可以作为成本控制的依据，使成本控制和成本计划、成本核算结合起来。

2. 定额法

就是利用各种消耗定额来制定成本控制标准。凡是能够直接制定消耗定额的，都应制定各种定额成本。如原材料可以制定材料消耗定额和单价标准，工时消耗可以制定工时消耗定额和小时工资额。不能直接制定定额的费用，也要根据需要与先进水平对此制定费用支出标准的限额，以此控制费用开支。这些定额和限额都要体现降低产品成本的要求。

3. 预算法

将制造费用和期间费用中的一些固定费用，按限额实行费用卡管理办法，并实行分级归口预算包干制，依照限额来确定各使用部门的月度预算。

（三）成本的差异分析

实际成本与标准成本、计划成本往往存在差异。成本的差异分析是在成本核算的基础上，对成本构成要素及其变动影响的分析。它包括：人工费用差异分析；材料费用差异分析、制造费用的差异分析等。通过分析，控制在成本中的重要因素（如占比重大的、差异大的因素），实行成本的归口分级管理，建立控制成本的责任制，加强信息管理与成本的预测，形成成本的系统控制。

（四）质量成本与降低成本的途径

目前，质量管理理论已非常成熟且非常流行。质量与成本是相互区别、又相互联系的。质量成本是指为确保满意的质量而导致的费用，以及没有获得满意的质量而导致的有形和无形的损失。一般地讲：产品质量高，成本就高；反之亦然。工作中出现差错，返工就造成质量成本。质量成本包括预防成本、鉴定成本、内部故障成本、外部保证成本。

通过质量成本的分析，可以找出影响产品质量的主要缺陷和质量工作的薄弱环节，寻求最佳质量水平的努力方向，为质量控制提供依据。

在实践中，降低成本的途径有很多。主要有：

1. 加强材料费用的控制，节约材料消耗。降低材料消耗量一般从改进产品设计，采用先进工艺；使用新材料，采用廉价的代用材料；加强材料的使用管理，避免材料使用过程中的浪费；加强材料采购的管理，降低材料的成本等方面做起。

2. 加强人工费用的控制，减少单位产品成本中的人工费用。降低人工费用包括降低人工费用的总额，降低单位产品成本中人工费用的比重。

3. 加强设备利用率、劳动生产率、产品合格率、折旧费用比例、制造费用分摊比例等方面的控制，使成本降低成为一项系统的控制工程。

案例分析

案例 6.1 许继集团的“死去活来”

许继集团是一家历史悠久的富有特色的现代国有企业。其前身是河南许昌继电器厂，在计划经济体制下，同其他国有企业一样存在着惰性的积累、沉淀，面临重重困难、矛盾。现在，许继集团已是集科研、生产、销售为一体，涉及五大行业的国际驰名企业。其下设 2 个上市子公司、8 个中外（港）合资的子公司、13 个充满活力的子公司，以电力系统的自动化、保护、控制设备等为主导产品，引领我国数字化电力设备的新时代。在国内同行业中，许继集团综合实力最强，具有龙头地位，其管理创新、技术创新，曾多次受到国家领导人、国内外管理专家的高度好评。2003 年许继集团实现销售收入 48.5 亿元，利润 3.03 亿元，继续保持可持续快速发展的态势。

许继集团成功的背后，有许多值得研究的做法、经验。其中，集团董事长王纪年以顶天立地的责任心，用“死去活来”的控制法，来盘活这个企业的做法尤为值得探讨。“死去活来”法的基本内容为“三个死亡线，三个生存线”，即：一是员工淘汰率低于 2%是死亡线，6%为生存线；二是收入中活的部分低于 15%是死亡线，40%为生存线；三是中高级技术和管理人才低于 10%是死亡线，20%为生存线。根据这些标准，许继集团进行自加压力、自我否定、自我衡量、自我纠正、自我优化，逐步实现了管理上的突破。

许继集团建立了一套德、能、勤、绩四个方面 11 个要素的考评标准。从领导到员工，人人都处在科学、严格、公正、公开的考核与评价体系之中；从集团高层到基层，各层都有量化的流动与淘汰比例。每两年在集团领导中淘汰 1 人；每年在中层干部中淘汰5%～7%、管理人员中淘汰8%、技术人员中淘汰8%的人员，对淘汰人员进行转岗；每年在工人中淘汰6%的人员进行转制。实行单一领导负责与淘汰制，人员竞争上岗与优化组合制。把每个人的月薪中40%的收入，作为固定部分逐月发放，而将60%的收入，作为活的部分与考核挂钩后实行浮动发放；加大浮动部分的激励作用，让低效率的劳动者挣低工资，让创造高效益的人才挣高工资，形成人的劳动价值市场化、“用一流的工资招徕一流的人才，用一流的管理才能出一流的效益，用一流的效益支撑一流的工资”的良性循环。

调整人员结构与生产关系，具体规定专业技术人员、管理人员、销售人员等人员的比例，引进专业对口的人才，限招内部员工的子女，实行股权奖励、年终分红，推进分步改革等措施来进一步改善生产关系，极大地调动了广大员工的积极性、主动性和创造性，促进了企业控制机制的转变和整体管理素质的提高，使企业整合出资源的合力、文化的合力。许继集团“不改革、不提高、不发展就等于自我淘汰”的自控意识尤为突出，打造出科学严密、高效灵活的管理机制。许继人的合力文化形成了团队精神、魅力许继、特色国企。

问题：

1. 从案例中找出控制的标准，如何执行这些标准？

2. 从案例中分析“死去活来”控制的科学性。

3. 从案例中归纳人事、用工、分配方面的管理突破。

复习思考题

1. 控制的含义，控制的特点与前提有哪些？

2. 前馈控制、现场控制、反馈控制的含义与优缺点是什么？

3. 一个好的控制系统的标志有哪些？控制工作的方式与方法有哪些？

4. 控制工作的主要步骤及其主要的做法有哪些？

5. 控制工作的原理有哪些？叙述原理的内容及要求。

6. 控制的技术与方法有哪些？理解零基预算的原理、价值工程的原理。

7. 试述管理者如何从控制工作的角度来提高控制的绩效，实现管理的突破。

第七章

创　　新

内容提要

组织、领导与控制是保证计划目标的实现所不可缺少的，其任务是保证系统按预定的方向和规则运行，起到维持功能的作用。但是，组织是在动态环境中生存的社会经济组织，仅有维持是不够的，还必须不断调整系统活动的内容和目标，以适应环境变化的要求，这就是管理的“创新职能”。本章旨在通过分析创新及管理创新的含义、管理创新的内容、过程以及组织，以揭示创新的规律，指导创新职能的履行。通过本章学习要求学生掌握管理创新的含义、要素、内容、管理过程以及组织的方法。

第一节 管理创新概述

一、创新的含义及其作用

（一）创新的含义

创新又称革新或改革。经济学家约瑟夫·熊彼特认为，经济增长最重要的动力和最根本的源泉在于企业的创新活动。创新概念包括以下五种情况：一是采用一种新的产品，也就是消费者还不熟悉的产品，或某种产品的一种新的特性。二是采用一种新的生产方法，这种新的方法不需要建立在科学的新的发现基础上；并且，也可以存在于商业上处理一种产品的新的方式之中。三是开辟一个新的市场，也就是有关国家的某一制造部门以前不曾进入的市场，不管这个市场以前是否存在过。四是掠取或控制原材料或半制品的一种新的供应来源，也不问这种来源是已经存在的，还是第一次创造出来的。五是实现任何一种工业的新组织，或打破一种垄断地位。熊彼特认为，创新就是生产手段的新组合。在他所述的创新活动的五个方面中，第一、二可以视为技术创新，第三、四可视为市场创新，第五可视为管理创新。

创新是创新主体为了某种目的所进行的创造性活动。创新是一个经济概念。管理体系中的创新者，是指那些看到了经济中存在潜在的利益，并敢于冒风险，把新发明引入经济活动之中，以便取得这种潜在利益的组织管理者。

创新与创造在形式上非常接近，但它与创造又有所区别。一般意义上的创造，范围更宽，可以是无目的的活动。而创新则具有明确的目的性，是通过对各种要素的创造、组合，而产生新的有用的东西。创新具有两大特性，一是目的性，即创新特别强调效益的产生，创新更是一个创造财富，创造有用的东西，沿着商业化的目标进行一系列加工、组合、创造的过程。二是独特性。创新要有其独到的方面，或是完全新颖的方法或材料，或是对人们熟知的方法和材料进行重新组合，而产生前所未有的效果。所以，创新是一个创新主体发挥创造性的过程，是人类财富创造的源泉。

(二) 创新与维持的关系及其作用

组织、指挥与控制是保证计划目标的实现所不可缺少的。他们可以同属于管理的“维持功能”，目的是保证系统按预定的方向和规则运行。但是，组织是在动态环境中生存的，仅有维持功能是不够的，还必须不断调整系统活动的内容和目标，以适应环境变化的要求，这就是“创新职能”。

作为管理的基本内容，维持与创新对系统的存在都是非常重要的。维持是保证系统活动顺利进行的基本手段，也是系统中大部分管理人员，特别是中层和基层的管理人员要花大部分精力从事的工作。系统中原本基于合理分工、职责明确而严密衔接起来的有序的系统结构，会逐渐地从有序走向无序，最终导致有序平衡结构的解体。管理的维持职能便是要严格地按预定的规划来监视和修正系统的运行，尽力避免各子系统之间的摩擦，减少结构内耗，以保持系统的有序性。没有各成员间的维持工作，就有可能偏离计划的要求，所以，维持对于系统生命的延续是至关重要的。

但是，仅有维持是不够的。任何社会系统都是一个由各种要素构成的，与外部不断发生物质、信息、能量交换动态的、开放的非平衡系统。首先系统内部的各种要素是在不断发生变化的。从而对系统原有的目标、活动要素间的相互关系等产生一定的影响。同时，系统的外部环境也是在不断地发生变化的，这些变化必然会对系统的活动内容、活动形式和活动要素产生不同程度的影响。系统的这种为适应系统内外变化而进行的局部和全局的调整，便是管理的创新职能。

任何社会经济系统首先必须追求的目标是维持其存在，延续其寿命，实现其发展。系统的生命力取决于社会对系统贡献的需要程度，以及系统本身的贡献能力，而系统的贡献能力，又取决于系统从社会中获取资源的能力、利用资源的能力，以及对社会需要的认识能力。由于社会的需要是在不断变化的，社会向系统供应的资源在数量和种类上也在不断改变，系统随之不断改变或调整取得和组合资源的方式、方向和结果，以向社会提供新的贡献，这正是创新的主要内涵和作用。

总之，作为管理的两个基本职能，维持与创新对系统的生存发展都是非常重要的，它们是相互联系、不可或缺的。创新是维持基础上的发展，而维持则是创新的逻辑延续；维持是为了实现创新的成果，而创新则是为更高层次的维持提供依托和框架。任何管理工作，都应围绕着系统运转的维持和创新而展开。只有创新没有维持，系统会呈现无时无刻无所不变的无序的混乱状态，而只有维持没有创新，系统则缺乏活力，犹如一潭死水，适应不了任何外界变化，最终会被环境淘汰。卓越的管理是实现维持与创新最优组合的管理。

（三）创新的类别与特征

系统内部的创新可以从不同的角度去考察。

从创新的规模以及创新对系统的影响程度来考察，可将其分为局部创新和整体创新。局部创新是指在系统性质和目标不变的前提下，系统活动的某些内容、某些要素的性质或其相互组合的方式，系统的社会贡献的形式或方式等发生变动；整体创新则往往改变系统的目标和使命，涉及系统的目标和运行方式，影响系统的社会贡献的性质。

从创新与环境的关系来分析，可将其分为消极防御型创新与积极攻击型创新。防御型创新是指由于外部环境的变化，对系统的存在和运行造成了某种程度的威胁，为了避免威胁或由此造成的系统损失扩大，系统在内部展开的局部或全局性调整；攻击型创新是在观察外部环境运动的过程中，敏锐地预测到未来环境可能提供的某种有利机会，从而主动地调整系统的战略和技术，以积极地开发和利用这种机会，谋求系统的发展。

从创新发生的时期来看，可将其分为系统初建期的创新和运行中的创新。系统的组建本身就是社会的一项创新活动。系统本身就要求有创新的思想和意识，创造一个全然不同于现有社会（经济组织）的新系统。但是，创新活动更大量地存在于系统组建完毕开始运转以后，系统的管理者要不断地在系统运行的过程中寻找、发现和利用新的创业机会，更新系统的活动内容，调整系统的结构，扩展系统的规模。

从创新的组织程度上看，可分为自发创新与有组织的创新。环境的任何变化都会对系统的存在和存在方式产生一定影响，进行积极或消极的调整，以应付变化或适应变化的要求。同时，系统的相关性决定了与外部有联系的子系统，必然会对那些与外部没有直接联系的子系统产生影响，从而要求后者也作相应调整。调整后各部分的关系不一定协调，系统各部分自发创新的结果是不确定的。有组织的创新包含两层意思：(1) 系统的管理人员根据创新的客观要求和创新活动本身的客观规律、制度化地检查外部环境状况和内部工作，寻求和利用创新机会，计划和组织创新活动。(2) 同时系统的管理人员要积极地引导和利用各要素的自发创新，使之相互协调并与系统有计划的创新活动相配合，使整个系统内的创新活动有计划有组织地展开。只有有组织的创新，才能给系统带来预期的、积极的、比较确定的结果。有效的管理要求有组织地进行创新。为此，必须研究创新的规律，分析创新的内容，揭示对创新过程的影响因素。

二、管理创新的含义

管理创新就是不断根据市场和社会变化，重新整合人才、资本和科技要素，以创造和适应市场，满足市场需求，同时达到自身的效益和社会责任的目标的过程。这个过程也就是管理本身的过程，管理就是创新，创新是管理的基本职能。企业管理创新的发展是螺旋台阶式的，每一个创新周期都是以上一个周期为基础，每一个周期又都是为下一个周期的发展做了铺垫和准备。管理创新不断处于这种创新——稳定——凝滞——再创新的周期性循环过程中，企业的管理水平才能不断地得以提高。

创造市场和适应市场，是企业管理创新的两个主要方向，无论是创造市场、还是适应市场都要观念先导。创新观念是管理创新的先导，观念创新实际上是一个否定自我，超越自我的过程，是一个改变现有利益格局、重构新的利益关系的过程，是一个不断学习、积累和提高的过程。管理创新是永恒的，创新管理理念永远指导着企业管理者超越自我，超越已有的管理理论、管理经验和管理模式，而逐步走向管理的自由王国。

三、管理创新的要素

推动企业管理创新与变革的因素主要有以下两个方面：

（一）推动企业管理创新的外部要素

1. 市场变化

市场变化是推动企业管理创新首要的外部要素。市场变化主要包括需求的变化、竞争的变化、资本和劳务市场的变化。最重要的市场变化是需求的变化。企业作为市场中的供给方是为满足需求而存在的，企业通过创新一方面创造需求，也就是满足潜在需求，另一方面满足现实需求。另一个重要的市场变化是竞争的变化。激烈的竞争往往使企业更倾向于适应市场的创新类型，因为创造市场创新类型的风险会更大。资本和劳务市场的变化也能诱发管理创新。美国的资本市场结构最适于诱发创新，他们有一种风险资本，专门寻找有发展前途的创新型小公司，实行高风险，高回报率的投资策略，加州硅谷的高技术公司大多有这种风险资本的支持。

市场一旦发生变化，企业必须迅速对之作出反应，分析这种变化对企业经营业务可能产生的影响。面对同一市场和行业结构的变化，企业可能做出不同的创新和选择。关键是要迅速地组织创新行动，至于创新努力的形式和方向则可以是多重的。

2. 行业结构

行业结构主要指行业中不同企业的相对规模和竞争力结构，以及由此决定的行业集中或分散度。企业是在一定的行业结构和市场结构条件下经营的，是行业内各参与企业的生产经营共同作用的结果，也制约着这些企业的活动。当行业结构发生变化，也要求企业必须迅速对之作出反应。实际上，处在行业之内的企业通常对行业发生的变化不甚敏感，而那些“局外人”则可能更易观察到这种变化，以及这种变化的意义，因而也较易组织和实现创新。所以，对已在行业内存在的现有企业来说，行业结构的变化常常构成一种威胁。

3. 社会政治文化背景

社会文化特点决定了价值取向和思维方式，也就决定了管理的方式和特点。同时，一个民族的社会的文化和价值观是不断发展的。随着人们物质生活的不断丰富，精神追求不断上升。管理要求体现人的自身价值，以人为本的思想。企业管理创新会随着社会文化的发展而发展。社会、政治、文化的变化对企业的影响，有的是通过市场变化来完成的，有的则是直接对企业行为有约束力，如政府的政策、法令、法律等。因此，推动企业管理创新的外部因素，最主要的强有力的因素是市场变化。

（二）推动企业管理创新的内部要素

在企业内部，推动企业管理创新的主要力量，是资本、人才和科学技术。

1. 资本

资本问题，在企业外部是筹资和投资问题，体现了经营技巧。企业内部的资本问题主要是成本问题，即资本的投入量。在相同条件下，资本投入量越少，成本越低，效益越高。企业之间的竞争，在某种意义上表现为成本的竞争。在企业内部，管理创新的主要压力，或者说主要驱动力是成本，不断降低成本是企业管理创新永恒的主题。

2. 劳动

劳动的实质是劳动者问题。在相同条件下，劳动者投入的劳动量越多，质量越高，效益就越高。劳动投入的增加可以是劳动时间和劳动强度绝对值的增加，也可以是有效劳动量的增加，也可以是有机劳动量，即创造性劳动量的增加。从“机器人”，到“经济人”，到“社会人”，再到“文化人”，所有以人为对象的管理创新，都是为了增加有效劳动和有机劳动，是为了使人主动地去增加这种劳动的投入。因此，企业管理归根到底是对人的管理，成本要靠人来控制，技术要人来发展和应用，人才在企业管理创新中处于中心位置。联邦快递有一句话“员工的热情是公司最宝贵的财富之一”。在这种理念指导下，创造出“热情——服务——利润”的经营模式。

3. 科学技术

科学技术包括自然科学、社会科学、技术和创新观念，是企业管理创新的强大推动力。管理创新依赖于科学技术的发展，如机器的使用加强了专业化趋势；数理统计技术促进了质量管理的发展；系统论和控制论催生了现代管理理论；而信息技术正在使整个管理发生根本改观。社会科学对管理创新的作用更为直接，因为管理本身就是社会科学的一个部分。在管理科学和管理实践的发展过程中，不断吸收经济学、社会学、心理学、行为科学和其他社会科学的最新进展，特别是经济学和行为科学，它们的每一个进展都直接影响着管理的发展与创新。创新观念是管理创新的最直接的推动力。在科学技术创新领域，无形胜有形，是观念和意愿在调动资本运营，创新观念虽然无形，却是企业的重要资源，是企业管理创新的要素。

企业管理创新的起点永远是市场，企业管理创新的终点也永远是市场，不是从市场出发，不经受市场检验的“创新”，不可能是真正的创新。企业管理创新的任务，就在于不断整合资本、人才、科技三要素，使其处于最佳组合，最大限度地满足不断变化的市场和社会。

第二节 管理创新的基本内容

一、管理理念的创新

一切创新源于理念的创新。目前企业所进行的信息化改造，如果没有创新理念其现代化的技术效果根本无法体现。管理理念的创新要求管理人员不断地加强学习，提高自身知识水平，发扬团队精神共同协作，注重以人为本的管理思想，建立柔性的经济组织，树立伙伴关系的经营理念，提高整条供应链的整体竞争能力，才能适应现代组织所面临的多样多变的、科学技术迅猛发展的、国际化经营的市场变化。

二、目标创新

企业是在一定的社会经济环境中开展经营活动的，特定的环境，要求企业按照特定的方式，提供特定的产品。一旦环境发生变化，要求企业的生产方向、经营目标，以及企业在生产过程中同其他社会经济组织的关系进行相应的调整。企业在不同时期、不同阶段所面临的环境各有不同，因此必须适时地根据市场环境和消费需求的特点及变化趋势，及时调整经营思路和策略，整合生产经营资源要素。而企业的每一次调整都是一种创新。目标的创新是企业发展中的一种根本性的、决定全局的管理创新。

三、技术创新

技术创新就是为了满足消费者不断变化的需求、提高竞争优势，而从事的以产品及其生产经营过程为中心的，包括构思、开发、商业化等环节的一系列创新活动。技术创新是企业创新的主要内容，企业中出现的大量创新活动都是关于技术方面的，因此，有人甚至把技术创新视为企业管理创新的同义语。技术水平是反映企业经营实力的一个重要标志，企业要在激烈的市场竞争中处于主动地位，就必须顺应和积极参与市场竞争，不断地进行技术创新，引导社会的技术进步。由于一定的技术都是通过一定的物质载体和利用这些载体的方法来体现的，因此企业的技术创新主要表现在要素创新、要素组合方法创新和产品创新上。要素组合方法创新包括生产工艺和生产过程的时间组织与空间组织两个方面。产品创新主要包括产品品种创新和产品结构的创新。

（一）要素创新

企业的生产过程就是将生产要素投入生产环节，一定的劳动者利用一定的劳动手段作用于劳动对象，使之改变物理、化学形式或性质的过程。要素包括材料、设备以及人力资源管理三类。要素创新就是指材料创新、设备创新和人力资源管理创新三个方面。

1. 材料创新

材料是构成产品的物质基础，材料费用在产品成本中占很大比重，材料的性能在很大程度上影响产品的质量。材料创新的内容包括：开发新材料、寻求可替代的稀缺材料、探索材料的新用途、改造材料的质量和性能。现代材料科学的迅速发展，为企业的原材料创新提供了广阔的前景。

2. 设备创新

现代企业生产过程广泛地采用了机器和机器设备体系，劳动对象的加工往往由机器设备直接完成，加工设备、检测设备直接决定了生产效率和产品的质量。设备是现代企业进行生产的物质技术基础。马克思曾经说过：“各种经济时代的区别，不在于生产什么，而在于怎样生产，用什么劳动资料生产。”设备的技术状况决定了企业生产力水平。因此，不断进行设备的创新，对于改善企业产品的质量，对于减少原材料、降低能源的消耗，对于节省活劳动的使用都有着十分重要的意义。

设备创新包括：(1) 采用更先进的设备，提高机械化和自动化水平；(2) 将先进的科学技术成果引入企业，对现有设备进行技术改造和革新，提高其效能，延长其技术寿命；(3) 对现有设备进行更新，以更先进、更经济的设备，来取代陈旧的、过时的老设备，使企业建立在先进的科学技术基础上。

3. 人事创新

人是企业各要素中最重要的因素。不断对人事进行调整，不断提高人的素质，做到人与设备的更好的匹配，使之符合技术进步后的生产与管理的要求，是人事创新的根本目的。企业的人事创新，不仅包括根据企业发展和技术进步的要求，需要不断地从外部取得合格的新的人力资源，而且更应注重企业内部现有人力资源的开发，要用新技术、新知识去培训、改造和发展他们，使之适应技术进步的要求。

(二) 要素组合方法的创新

同一生产要素进行不同的组合，可形成不同的生产方式，产生不同的作用效果。利用一定的方式，将不同的生产要素加以组合，是进行生产的先决条件。要素的组合包括生产工艺和生产过程的时空组合两个方面。

生产工艺是劳动者利用劳动手段加工劳动对象的方法。工艺创新包括根据新设备的要求，改变原材料、半成品的加工方法。要求在不改变现有设备的前提下，不断研究和改进操作技术和生产方法，使现有设备和材料得到更充分的利用。工艺创新与设备创新是相互促进的，设备改造更新后，要求工艺方法做出相应的调整，而工艺方法的不断完善，又必然促进设备的改造和更新。

生产过程的组合包括设备、工艺装备、在制品，以及劳动者在空间上的布置和时间上的组合。空间布置不仅影响设备、工艺装备和空间的利用效率，而且影响人机配合，从而直接影响劳动生产率；各生产要素在时间上的组合，不仅影响在制品、设备、工艺装备的占用数量，从而影响生产成本，而且会影响产品的生产周期。因此，企业应不断地研究和采用更合理的空间布置和时间组合方式，以提高劳动生产率、缩短生产周期，从而在不增加要素投入的前提下，提高要素的利用效率。

(三) 产品创新

企业的经营目标是最大限度地获得利润，而利润的获得要靠产品能够适应市场的需要。生产过程中各种要素组合的结果，是形成企业向社会提供有效的产品或服务。企业最终是通过生产和提供产品来求得社会承认、证明其存在的价值，通过销售产品来补偿生产消耗、取得盈余，实现其生存的目的。产品是企业的生命，企业只有不断地创造新产品，才能更好地生存和发展。

产品创新包括物质产品本身的创新和产品使用价值在实现过程中的创新。物质产品创新主要包括品种和结构的创新。产品使用价值在实现过程中的创新，将在下面的环境创新中陈述。

品种创新要求企业根据市场需要的变化，不断开发出适销对路的新产品。产品结构的创新在于不改变原有产品的基本性能，对现在生产的各种产品进行改进，找出更加合理的产品结构，使其生产成本更低、性能更完善、使用更安全，从而更具市场竞争力。

产品创新是企业技术创新的核心内容，它受技术创新其他方面的影响。新产品、新的产品结构，往往要求企业利用新的机器设备和新的工艺方法，而新设备、新工艺的运用为产品的创新提供了物质保证。

四、制度创新

制度是组织运行方式的原则规定。要素组合的创新，主要是从技术角度分析了人、机、材料各种组合方式的改进和更新，而制度创新则需要从社会经济角度，来分析企业各成员间的权、利关系的调整和变革。企业是通过规范群体的参与者在企业活动中权、利关系的制度，来引导和整合这些成员的行为的：通过企业对经营活动组织权利的分配，企业制度规范着参与者群体间的权利关系，从而影响着这些参与者在企业决策制定与执行中的行为表现；通过决定经营成果的分配，企业制度规范了参与者群体间的利益关系，从而影响着不同参与者在企业成果形成中的行为特点。权与利的关系及其相对地位的确定，使得参与者群体在不同模式的企业制度下，有着不同的行为规律，从而使他们的行为具有一定程度的可预测性。这种可预测性使得企业能够对参与者的行为进行引导和整合。

组织制度的运行状态和变革、创新的程度，从根本上决定了组织的未来发展状况。企业制度创新的方向，是不断调整和优化企业所有者、经营者和劳动者三者之间的关系，使各个方面的权力和利益得到充分体现，使组织的各种成员的作用都得到充分的发挥。制度创新主要包括产权制度创新、经营制度创新和管理制度创新。

产权制度是决定企业其他制度的根本性制度，它规定着企业最重要的生产要素的所有者对企业的权力、利益和责任。生产资料是企业生产的首要因素，因此，产权制度主要指企业生产资料的所有制。目前存在的相互对立的两大生产资料所有制——私有制和公有制，二者在实践中都不是纯粹的。私有制正越来越多地渗入“共有”的成分，而被“效率问题”所困扰的公有制，则正或多或少地添进“个人所有”的因素。企业产权制度的创新还在探索之中，也许应朝着寻求生产资料的社会成员“个人所有”与“共同所有”最适度组合的方向发展。

经营制度是有关经营权的归属，及其行使条件、范围、限制等方面的原则规定。它表明企业的经营方式，确定经营者，企业生产资料的占有权、使用权和处置权的归属问题，企业的生产方向、生产内容、生产形式的决策者，保证企业生产资料的完整性及其增值的负责者，以及向企业生产资料的所有者的负责者以及所负的责任种类。经营制度的创新方向，应是不断寻求企业生产资料最有效利用的方式。

管理制度是行使经营权、组织企业日常经营的各种具体规则的总称，包括对材料、设备、人员及资金等各种要素的取得和使用的规定。在管理制度的众多内容中，分配制度是极重要的内容之一。分配制度涉及正确地衡量成员对组织的贡献，并在此基础上提供足以维持这种贡献的报酬。由于劳动者是企业诸要素的利用效率的决定性因素，因此，提供合理的报酬以激发劳动者的工作热情，对企业的经营就有着非常重要的意义。分配制度的创新在于不断地追求和实现报酬与贡献在更高层次上的平衡。

产权制度、经营制度、管理制度这三者之间的关系是错综复杂的。一般来说，一定的产权制度决定相应的经营制度。但是，在产权制度不变的情况下，企业具体的经营方式可以不断进行调整；同样，在经营制度不变时，具体的管理规则和方法也可以不断改进。而一旦管理制度的改进发展到一定程度，则会要求经营制度作相应的调整；经营制度的不断调整，则必然会引起产权制度的变革。因此，反过来，管理制度的变化会反作用于经营制度，经营制度的变化会反作用于产权制度。

企业制度创新的方向，是不断调整和优化企业所有者、经营者、劳动者三者之间的关系，使各个方面的权力和利益得到充分的体现，使组织的各种成员的作用得到充分的发挥。

五、组织机构和结构的创新

企业系统的正常运行，既要求系统具有符合企业及其环境特点的运行制度，又要求具有与之相对应的运行载体，即合理的组织形式。因此，企业制度创新必然要求组织形式的变革和发展。组织机构的设置和结构的形成，要受到企业活动的内容、特点、规模、环境等因素的影响，不同的企业有不同的组织形式，同一企业在不同的时期，随着经营活动的变化，也要求组织的机构和结构不断调整，组织机构和结构创新的目的，在于更合理地组织管理人员的工作，提高管理工作的效率。

企业的系统可以看作是由不同成员担任的不同职务和岗位来组成的群体。因此它可以从组织的机构和结构这两个不同的层次去分析。在构建企业机构组织时，是根据一定的标准，将那些类似的或与实现同一目标有密切关系的职务或岗位归并到一起，形成不同的管理部门。它主要涉及管理的横向分工的问题，即把企业生产经营业务的管理活动分成不同的管理部门。而在构建结构组织时，却是把各管理部门之间、不同层次的管理部门之间的关系反映出来，它主要涉及管理劳动的纵向分工问题，即所谓的集权和分权问题。不同的机构设置必然要求有不同的组织结构形式与之相互对应；即使是相同的组织机构，但由于机构之间的关系不一样，也要有不同的结构形式。

六、环境创新

环境创新不是指企业为适应外界变化，而调整内部结构或活动，而是指通过企业积极的创新活动去改造环境，去引导环境朝着有利于企业经营的方向变化。对企业来说，环境创新的内容很多，但市场创新是最主要的。市场创新主要是指通过企业的活动去引导消费，创造需求。市场创新是通过企业的营销活动来进行的，或通过市场的地理转移，或通过揭示产品新的物理使用价值，来寻找新用户；或通过广告宣传等促销工作，来赋予产品以一定的心理使用价值，影响人们对某种消费行为的社会评价，从而诱发和强化消费者的购买动机，增加产品的销售量。

七、管理方式创新

组织机构和结构创新是从组织的角度去设计，组织管理人员的工作，以提高管理工作的效率。组织的管理方式是从具体的、日常的管理行为，为企业提供良好的行为方式和方法。与组织机构的设置和结构的形式相同，组织的管理方式也要受企业所从事的经营活动的内容、特点、规模、环境等因素的影响，不同的企业不仅有不同的组织形式，同一企业在不同的时期，随着经营活动的变化，也要求组织的机构和结构不断调整，而且同一时期、同一企业的不同的管理者所采取的管理的方式和方法也不相同。管理的方式创新的目的，在于为管理人员提供更加合理的、行之有效的管理活动，从而提高管理工作的效率。在20世纪前，几乎任何管理方式都见效，而到最近二三十年，企业经营环境发生剧变，管理系统就遭到了前所未有的考验。新的环境也酝酿出了新的思想，各种新的管理手段不断涌现，对现代企业管理起到了很大的推动作用。现在所推行的现代管理方法包括：柔性管理、国际化经营、供应链管理、项目管理、人本管理。

第三节 管理创新的过程与组织

一、管理创新的原则

管理创新本身意味着对某些传统管理原则的突破。这里所说的创新原则，只是从管理创新实践中总结出来的一些行之有效的方法，并不等于是管理创新必须要遵守的戒律。

（一）目的性原则

企业的管理创新应该有明确的目的，要回答各种各样的“为什么”的问题：企业的长远目标是什么？这一目标需要调整吗？如何调整？我们是如何做的？这些做法的有效性如何？是否存在改进的余地？通过何种方法来改进？

明确的目的指出了创新的方向，也提出了对创新工作进行检验和评价的标准，这是任何一项管理工作都必须遵守的基本原则。漫无目的的创新是难以有所成就的，也无法确定对创新的评价和对创新者的奖惩，更不用说能够通过一步一步的创新，使企业管理上升至更高的境界。

（二）系统性原则

企业组织是由许多相互联系、而又相互作用的要素构成的复杂系统，往往牵一发而动全身。采用新的管理方法之前，不仅要考虑实施成本和可能收益，而且一定要考虑清楚这个方法的影响范围、影响程度、影响时间，充分考虑可能出现的意外情况，准备应急措施，充分考虑组织文化的适应性，考虑员工的接受程度，因此管理创新特别强调，要把管理工作当作一个整体来考虑。

（三）注重沟通

组织管理的创新变革，要涉及到人们的切身利益，改变传统的价值观念和组织惯性，必然会遇到来自个人或组织方面的各种阻力。创新成功的关键在于尽可能消除阻碍创新的各种因素，缩小反对创新的力量，使创新的阻力尽可能降低。一项完美的创新方案，如果得不到员工的支持是难以成功的，创新实施过程成败的关键，取决于作为组织成员的各方，对组织创新目标及实施方式的理解，并在多大程度上达到一致，取决于组织者的沟通技巧。

（四）反向思维原则

所谓反向思维，是指分析一般人的思维方式，对一个问题有意识地采取不同的思维方式来考虑，以便找出新的解决之道。比如，看到别人嘲笑农民把洗衣机当容器使用时，有的企业发现真正可笑的是自己，重新分析这一市场需求的特点，从而创造出了新的市场。

还有一个例子，某个城市的商业企业降价大战逐步升级的时候，一个中等规模的企业却十分冷静，它没有仓促应战，它想到的是这场混战将如何结束。当这些企业都发现这场战争没有胜利者的时候，开始寻找下来的“台阶”，这家企业及时地出面充当了这个“台阶”——由它出面组织了一次和平谈判。无形之中它的地位由这个行业中的普通一员上升为至关重要的领导者。

这样的领域还有很多：多元化与专业化、特色与成本、价格与质量、分权与控制、利润与市场份额、长期利益与短期利益、竞争与合作……凡是矛盾取舍之所在，就有利用反向思维、多角度、全面考虑问题的必要。凡是当事物趋向一个极端的时候，距离它回归的时候就不远了；不仅如此，任何事物偏离平衡越严重，矫正的幅度必然越大，“矫枉必然过正”是反向思维的基础依据。

（五）综合交叉原则

企业管理日益成为一门综合性学科，管理创新必然涉及对其他学科、其他行业、其他企业的做事方法的借鉴，如对企业组织的认识就是如此。

在工业化初期，机器工业十分发达，人们倾向于认为组织是“机械组织”——各个部分分别承担不同功能（按职能划分成部门），组合在一起完成总体功能，而不太注意各个部门之间的联系。在生物科学有关生态平衡的观点逐步普及之后，人们发现组织是“生态型组织”，企业有诞生、成长、衰落的过程，企业作为一个整体不仅有自己的生命周期，企业的领导和组织管理模式，还必须配合企业发展的不同阶段的特点，以延长企业的生存周期，提升企业的存续质量。

在管理技术方面，这种综合的趋势就更加明显。自然科学和人文科学的成果，日益综合地对企业管理产生影响，数学、计算机科学及各类工程科学自不必说，心理学、组织行为学、社会学等，这些我们长期以来忽视的软科学对管理的影响日益显著，企业日益认识到最重要、最困难的管理工作是对人的管理。这些不同领域的每一个新的交叉综合，就会产生新的管理思想和管理技术。

德鲁克针对企业创新提出了“几要”、“几不要”原则，这些原则对于管理创新来说也有一定的借鉴意义。“几要”是：

第一，有目的、有步骤的创新，要从分析机会开始。创新即是理性认识，也是感性认识。成功的创新者应该左右脑并用，既看数字也看人，创新者应经常出去走一走，看一看，观察顾客和用户，了解他们有什么期望和需求，了解他们的价值观念。

第二，一项创新要想有效，必须目标明确而且简单。创新应当留有余地。创新在开始时规模最好小一些，只需要少量资金和为数不多的人，而且只需要一个规模有限的小市场，否则便没有足够的时间来进行必要的调整和变动。

第三，成功的创新要以建立领先地位为目标。这并不要求每一个创新都以发展成为一家大企业为目标，这是事先无法预料的。但是一项创新开始时如果不以取得领先地位为目标，它就没有充分的创新精神，成功的可能性就不大。

第四，创新要“专注于机会”而不是“专注于风险”。冒险并不是创新者的特征，成功的创新者是稳健的，成功的创新者是那些能够辨认风险，并将风险限制在一定范围之内，能够系统分析创新机会并加以利用的人。

上面是成功的创新必须遵守的“几要”，管理者还必须注意以下几个“不要”：

第一，创新不要过于复杂、过于精巧。创新的东西总是要由普通人来使用的，如果创新要想达到一定的规模和一定的重要地位，得让普通人能够方便地使用才行。无论在设计上，还是在使用上，过于精巧的东西差不多是注定要失败的。

第二，不要分散力量，不要零敲碎打，不要试图一下子完成许多事情。创新的努力一定要有一个核心，要集中力量去做，还要创新人员相互理解，团结一致。

第三，不要为将来去搞创新，要为现在搞创新。计算机是在 20 世纪 70 年代初期，才真正开始对企业管理产生重大影响的，此时距离第一台实用型计算机已经过去 25 年。但是，从第一天起，计算机就有具体用途：或是用于编制工资单，或是用于科学计算。

管理创新是一项实践性的工作，其原则及尺度只能在管理实践中细心领会。

二、管理创新的过程

管理创新作为一个过程和作为一个结果，实际上可以分成四个阶段：寻找机会阶段、创意形成阶段、创意筛选阶段和创意验证实施阶段。

（一）寻找机会阶段

企业的创新，往往是从密切地注视、系统地分析社会经济组织，在运行过程中出现的不协调现象开始的。旧秩序中的不协调既可存在于系统的内部，也可产生于对系统有影响的外部。

1. 就系统的外部说，有可能成为创新契机的变化主要有：

（1）技术的变化，从而可能影响企业资源的获取、生产设备和产品的技术水平。

（2）人口的变化，从而可能影响劳动市场的供给和产品销售市场的需求。

（3）宏观经济环境的变化。迅速增长的经济背景，可能给企业带来不断扩大的市场，而整个国民经济的萧条，则可能降低企业产品需求者的购买能力。

（4）文化与价值观念的转变，从而可能改变消费者的消费偏好，或劳动者对工作及其报酬的态度。

2. 就系统的内部来说，引发创新的不协调现象主要有：

（1）生产经营中的瓶颈。可能影响了劳动生产率的提高，或劳动积极性的发挥，因而始终困扰着企业的管理人员。这种卡壳环节，既可能是某种材料的质地不够理想，且始终找不到替代品，也可能是某种工艺加工方法的不完善，或是某种分配政策的不合理。

(2) 企业意外的成功和失败。如派生产品的销售额使其利润贡献不声不响地、出人意料地超过了企业的主营产品；老产品经过精心整顿改进后，结构更加合理、性能更加完善、质量更加优异，但却未得到预期数量的订单……这些出乎企业意料的成功和失败，往往可以把企业从以往的思维模式中解放出来，从而可以成为促进企业创新的一个重要源泉。

(二) 创意形成阶段，即为产生创意的阶段

有创意才会有创新，能否产生创意是关系到能否进行管理创新的根本。创意是由企业中的人或与企业有关的人所产生，能够产生一些好的创意决不是容易的事，它受人的素质、当时各种因素的影响和制约。

(三) 创意筛选阶段

产生了许多创意之后，需要根据企业的现实状况、企业外部环境的状况，对这些创意进行筛选，看其中哪些有实际操作意义。进行创意筛选的人员要有丰富的管理经验、极好的创造性潜能，以及敏锐的分析判断能力。

(四) 创意验证实施阶段

选择后的创意，要通过一系列具体的操作设计，将创意变为一项确实有助于企业资源配置的管理模式，而且确实在企业的管理过程中得到了验证。创意的验证实施是整个管理过程中非常重要的阶段，许多好的创意往往由于找不到合适的具体操作设计，而导致这一创意最终无法成为创新。因此，将创意转化为具体的操作方案并进行实施，是管理创新的困难所在，也是管理创新成功的要求。

从管理创新的三个阶段来看，它们是一个不断反馈的过程。

三、管理创新活动的组织

管理创新不是去计划和安排某个组织成员，在某个时间去从事某种创新活动——这在某些时候也许是必要的，但更重要的是管理者要为下属的创新提供条件、创造环境，有效地组织企业系统内部的管理创新。

(一) 正确理解和扮演“管理者”的角色

企业管理人员不仅仅是保证预先制定的规则的执行和计划的实现，使“系统的活动不偏离计划的要求”便是优秀的管理。而且它还是新制度、新

规则的制定者。即他们不仅仅扮演着现有制度的守护神的角色，而且还扮演着新思维、新创意的倡议者和支持者的角色。因此管理人员要彻底打破陈旧、保守观念的束缚，要积极主动地带头创新，并努力为企业成员提供和创造一个有利于管理创新的环境，积极鼓励、支持、引导企业成员进行创新。

（二）创造促进管理创新的组织氛围

促进管理创新的最好方法是大张旗鼓地宣传创新、激发创新、树立“无功便是过”的观念，使企业每一个成员都奋发向上、努力进取、跃跃欲试、大胆尝试。要造成一种人人谈创新、时时想创新、无处不创新的组织氛围，使那些无创新欲望或有创新欲望却无创造行动、从而无所作为者，自己感觉到在组织中无立身之处，使每个人都认识到企业聘用自己的目的，不是简单地用既定方式重复那些程序化的操作，而是希望自己去探索新的方法，找出新的程序，只有不断地去探索、去尝试，才有继续留在企业中的资格。

（三）制定有弹性的计划

管理创新意味着打破旧的规则，意味着时间和资源的计划外占用，因此，创新要求企业的计划必须具有弹性。管理创新需要思考，思考需要时间；管理创新需要尝试，而尝试需要物质条件和试验的场所。如果要求每个部门在任何时间都严格地制定和执行严密的计划，则创新会失去基地，而永无尝试机会的新构想，就只能留在人们的脑子里或图纸上，不可能给组织带来任何实际的效果。为了使人们有时间去思考、有条件去尝试，企业制定的计划必须具有一定的弹性。

（四）正确地对待失败

管理创新的过程是一个充满着失败的过程。创新者应该认识到这一点，创新的组织者更应该认识到这一点。只有认识到失败是难免的、是正常的，管理人员才可能支持失败，允许失败，不怕失败。创新者要在失败中总结经验教训，学到有用的东西，从而缩短失败到创新成功的路程。

（五）建立合理的奖酬制度

要激发每个人的创新热情，还必须建立合理的评价和奖惩制度。管理创新的原动力也许是个人成就感、自我价值实现的需要。如果创新的努力不能得到企业或社会的承认，不能得到公正的评价和合理的奖酬，则继续创新的动力会渐渐消失。因此，促进管理创新，就必须建立合理的奖酬制度。

（1）要注意物质奖励与精神奖励的结合。物质奖励不是万能的。物质上的奖酬只在一种情况下才是有用的：奖金的多少首先被视作衡量个人工作成果和努力程度的标准。

（2）要正确运用奖励，奖励不能作为“不犯错误的报酬”。奖励应是对特殊贡献，甚至是对希望做出特殊贡献的努力的报酬。如果奖酬制度能促进每个成员都积极地去探索和创新，那就必然会产生对组织发展有利的结果。

（3）奖励制度要既能促进内部的竞争，又能保证成员间的合作。内部的竞争与合作对创新都是重要的。竞争能激发每个人的创新欲望，从而有利于创新机会的发现、创新构想的产生，而过度的竞争则会导致内部的各自为政、互相封锁；协作能综合各种不同的知识和能力，从而可以使每个创新构想都更加完善。要保证竞争与协作的和谐，在奖励项目的设置上，可考虑多设集体奖，少设个人奖，多设单项奖，少设综合奖；从而防止相互封锁和保密、破坏合作的现象。

案例分析

案例 7.1 汤姆克弃旧图新

瑞士钟表以多样的步伐、准确的时间走过了沧海桑田。400多年的悠久历史足以让瑞士钟表业与日月同辉。

1876年，瑞士引进美国的机械技术后，钟表业的发展更是如虎添翼。20世纪60年代，瑞士年产各类钟表1亿只左右，产值40多亿瑞士法郎。瑞士钟表已销往世界150多个国家和地区，世界市场的占有率在50%～80%之间。20世纪70年代初期和中期仍保持有40%以上。

但是俗话说，辉煌常常就象坐在火山口上。20世纪70年代中期至80年代初期，日本、美国等国家和其他地区的钟表业迅速崛起，在竞争对手的“挤对”下，“钟表王国”的王冠只有昔日辉煌的余辉了——1982年瑞士钟表业在世界市场占有率猛跌到9%；手表年产量下降到5300多万只；出口量从20世纪80年代的8000万只以上下降到3100万只；销售总额退居日本、香港之后，而屈居第三位。市场竞争失势，业界苦不堪言——瑞士两家最大的钟表集团ASUAG、SSIH，1982年和1983年累计亏损5.4亿瑞士法郎；全国1/3的钟表工厂倒闭，数以千计的小钟表公司宣告停业，一半以上的钟表工人痛苦地加入了失业队伍……瑞士钟表遭遇了“停摆”。

为扭转衰败局面，瑞士7家银行联手投资10亿瑞士法郎，买下国内两家最大的钟表集团ASUAG、SSIH的98%的股票，并将这两大集团合并，于1983年5月组建为阿斯钟表康采恩——瑞士钟表业的“大本营”，聘请汤姆克担任总经理。

汤姆克何许人也——他能担任此大任吗？汤姆克1940年出生于瑞士。他戴着瑞士手表考取了医学博士，也许是“钟表王国”对他的熏陶，1978年他出任埃塔钟表零件公司的总经理。汤姆克在担任埃塔公司总经理前后，就奔走呼号：瑞士钟表业如不大力发展电子技术，将会丧失“钟表王国”的地位。他还带领公司进行技术创新，很快就在全国钟表业一片危机之中保持兴旺发展的走势。

这一回瑞士把振兴“钟表王国”的历史重任放到了汤姆克的肩上。大家的眼睛死死地盯着他将如何出手。汤姆克出手就是弃旧图新——摒弃对电子表不屑一顾的封闭观念，虚心学习对手的长处，奋力追赶、进而领导石英表与电子表的技术潮流。

许多人不敢苟同，也不愿意苟同。是啊，堂堂的机械表制造业的老大，竟然向石英表低头，太没有面子。对于瑞士的钟表业，已经不是面子问题，而是生存问题。汤姆克沉重地讲：“瑞士钟表业衰败的一个重要原因，不是别的，正是对自己创造了无比辉煌的机械表特别珍爱，不容许加以否定；我们对自己首创的电子表新技术视若儿戏，迟迟不愿意推上生产线，而日本和香港地区的钟表厂商则敏锐地认识到电子表和石英表未来的发展前景，抢先一步，走在我们前面了。我们是被自己打败的。”

汤姆克同时让全体员工认识到与对手的差距和发展前景——电子表可以组合在各种生活用具上，灵巧、方便；价值仅几十美元的石英电子表月误差不超过15秒，“机械表之王”的劳力士月误差一般在100秒左右，两者相比石英表无疑占有绝对优势。因此，在未来的几十年时间内，市场上手表需求量最大的将是准确而价廉物美的石英表以及形同玩具的电子表。汤姆克大声疾呼："死死抱定昔日辉煌不放，是没有出路的。"汤姆克带领员工很快推出了一批新式石英表，其中最具有竞争力的是薄形斯沃奇表——被誉为振兴瑞士钟表业的旗手。这种圆形长针日历表，全塑表壳表带，表身精美轻巧，并有许多不同的颜色，带有草莓、香蕉等多种不同香味。由于采用最新的制造工艺，它的零件比普通手表减少一半，且具有抗震性能强、防水性能好，能经受得起30米深的水压等优点。在生产过程中采用最先进的设备，如机器人操作等，产品质量稳定性很高，生产成本却相当低，每只售价才30美元。该表问世后，销量不断增加。

汤姆克看准时机，再一次出手。这个时候，他已不满足"斯沃奇"表畅销欧洲、南美、非洲、东南亚等地市场，他要"师夷制夷"，攻占石英表和电子表市场的"领头羊"——日本和美国。经过精心策划和广告促销，薄形的"斯沃奇"表首批出口美国400万只，一下子就被抢购一空；接着又进军日本，在那里开设日本瑞士钟表公司，1986年时，曾以每只7000日元的价格畅销于日本市场。

瑞士人又一次看到了瑞士表在世界强劲的走势，心花怒放。在视机械表为骄傲的氛围中，成功地推出反传统的电子表，汤姆克在产品结构的调整上迈出了可喜的第一步。但他并不满足。汤姆克又一次"弃旧图新"了。

过去，瑞士的"劳力士"，"珍妮·拉萨尔"、"欧米茄"、"浪琴"、"雷达"、"天梭"等名表，高档的品种每块售价达上万美元，但批量极小。如欧米茄和天梭表，生产品种款式分别多达1000种左右，其中许多品种生产批量极小，有的甚至每年仅生产几块。这不仅不利于提高劳动生产效率、降低生产成本，不利于稳定产品质量，也给工厂的管理带来了许多麻烦。汤姆克对欧米茄和天梭等名牌表的产品组合进行了全面整顿：放弃"多品种、小批量"战略，缩小产品线的宽度，坚决淘汰一批利润不高的品种；扩大名表生产的批量，从而大大地降低了生产成本，使手表质量因标准化的提高而得以稳定；大力发展石英电子表，使得欧米茄电子表占到整个欧米茄表产量的50%以上，天梭电子表占到整个天梭表产量的60%以上，均实现了以电子表为主的经营战略——大批量、标准化。这就是他的图新。

汤姆克的“弃旧图新，领导潮流”，终于使得瑞士钟表业再度辉煌：20世纪80年代中期的世界市场占有率又恢复到了40%，成功地超过日本、香港等地区的钟表业，夺回了失落的“钟表王国”的王冠，再度称霸世界钟表业界。“弃旧图新”是企业起死回生的法宝。

问题：

1. 根据案例分析瑞士钟表业遭遇“停摆”的原因。

2. 分析汤姆克的创新思路，汤姆克进行了哪些方面的创新？

复习思考题

1. 什么是创新？它与创造有何区别？

2. 管理创新的含义、推动企业管理创新与变革的因素有哪些？

3. 管理创新涉及哪些方面的内容？

4. 管理创新的原则及管理创新的过程是什么？

5. 管理创新活动的组织工作是什么？

第八章

新时期的管理思想

内容提要

步入21世纪，我国正在融入全球经济发展的大潮中。在以人为本的知识经济社会，我们面临着不可多得的机遇和更为严峻的挑战，如何与国际经济接轨，能否在新的、蓬勃发展的全球经济中赢得胜利，这是每个管理者值得研究和探索的问题。我们只有尽快地深入了解和掌握新时期管理的新的趋势、新的特点、新的观念和新的方法，才能使企业在复杂多变的经营管理环境中求得更好地生存和发展。本章着重介绍了知识管理、学习型组织、柔性管理和危机管理等内容，通过学习，对新时期的管理思想有个初步的了解和认识。

第一节 知识管理

一、知识管理及其特征

（一）知识管理的含义

知识管理是知识经济时代的一种全新的管理，它是人类历史上自19世纪末到20世纪初，泰罗科学管理理论出现以来的一次最伟大而深刻的革命，是信息化和知识化浪潮的产物。知识经济是以知识为基础的经济，是建立在知识和信息的生产、分配和使用之上的经济。它与农业经济、工业经济不同，知识作为第三种资源，将成为经济社会发展的首要资源，成为真正的资本和首要的财富。工业经济时代管理的重点，是如何增加生产、加快流通和销售。而在知识经济时代，管理的重点是知识（智能）的有效研究与开发，是员工（包括用户）知识的交流、共享与培训，是加快隐性知识的显性化和共享，以提高企业的应变和创新能力。

知识管理就是为企业实现显性知识和隐性知识共享寻找新的途径。知识管理既着眼于获得显性知识，更着眼于获得隐性知识，因为显性知识易于整理和进行计算机存储，而隐性知识则难以掌握，它集中存储在雇员的脑海里，是雇员的个人经验。

知识管理不同于信息管理，它是通过知识共享，运用集体智慧提高应变和创新能力。公司常常错误地认为，制定一项有效的信息管理战略，就能体现它们在知识管理方面的行动。但实际上，要想在知识经济中求得生存，就必须把信息与信息、信息与人、信息与过程联系起来，以进行大量创新。知识管理不仅涉及对信息的管理，而且同样涉及对人的管理。知识管理的实施，在于建立激励雇员参与知识的共享机制，设立知识总监，关注创新和集体创造力的培养。

知识不同于信息，从一定意义上说，知识高于和广于信息。经济合作与发展组织（OECD）的专家们把当代人类全部知识分成四类：一是知道“是什么”的知识，是指关于事实和现象的知识；二是知道“为什么”的知识，是指自然原理和规律方面的知识；三是知道“怎么做”的知识，是指对某些事物的技能和能力；四是知道“是谁”的知识，涉及谁知道和谁知道如何做某些事的信息，是指关于人力资源方面的知识。信息一般属于一、二类知识，也可以称为归类知识，能够通过读书、听讲和查看数据库而取得。三、四类知识属于沉默知识，比较难于归类和量度，主要靠实践取得。学习了解怎么做的知识的典型例子，是学徒跟着师傅学着做，并把师傅当作权威；知道“是谁”的知识要在社会实践中获得，有时也通过特殊的教育环境学习。

公司中的知识总监（CKO）不同于信息总监（CIO）。信息总监的任务是监督信息技术的采用，而知识总监工作是使组织中知识的创造、发现和传播达到最大化。最出色的知识总监往往能成功地扮演四个角色：创业者、顾问、科技专家和环境保护专家。知识总监一般须具有领导素质和管理素质。知识总监必须是富于创业精神和主动性的人，他对生意的发展和创造性的发挥感到兴奋。作为技术专家，知识总监必须了解哪些技术能够有助于知识的获得、存储、探索，尤其是知识的共享。

知识管理与信息管理的不同点在于：信息管理主要侧重于信息的收集、检查、分类、存贮和传输等，对信息管理者的创新能力，并没有提出多么特殊的要求。而知识管理与此大不相同，要想在知识经济中求得生存，就必须把信息与信息、信息与人、信息与过程联系起来，以进行大量创新。知识管理突出体现在知识的创造和知识的利用。知识管理的根本目标，就是运用集体的智慧提高对环境快速变化的应变能力和创新能力。对企业来讲，知识管理就是为实现显性知识和隐性知识的共享和有效转换提供新途径。

（二）知识管理的特征

知识管理不是一门技术，而是一种全新的管理思想，它既继承了人本管理思想的精髓，又结合知识经济这一新的经济形态的特点予以创新。知识经济是以知识为基础的经济，在知识经济时代，经济的增长不再是过分依赖于经济资源，而是更加依赖知识资源。企业的知识资源是企业拥有和可以反复利用的、建立在知识基础之上的、可能给企业带来财富增长的一类资源的总称，主要表现为无形的资产、信息资源和智力资源。其特点是无形的、可以反复利用的、不会枯竭的；是企业内部可以共享的资源；不会出现边际报酬递减，即知识资源的增加，会导致物质资源更加充分和有效的利用，而不会出现递减。通过对企业知识资源的开发和有效利用，可以提高企业创新能力，从而提高企业创造价值的能力。因此，知识管理本身具有其不同于以往管理的独特之处。

1. 知识管理重视对员工的精神激励

在知识经济时代，企业管理更加重视对员工的精神激励，但又不是那种只给予赞赏、表扬或荣誉的传统式精神激励，而是一种新型的精神激励，即赋予被管理者更大的权力和责任，使他们意识到自己也是管理者的一员，进而发挥自己的自觉性、能动性和首创性，充分挖掘自己的潜能，以实现其自身的人生价值。

2. 知识管理重视知识的共享和创新

未来知识经济下的企业之间的竞争，取决于企业的整体创新能力，即运用集体的智慧，提高应变能力和创新力，增强企业的竞争能力。因此，知识管理要求企业的领导层，要把集体知识共享和创新，视为赢得竞争优势的支柱，使员工共同分享他们所拥有的知识，并且要求管理层对那些能够主动做到这一点的人予以鼓励。

3. 知识管理对知识和人才高度重视

对于显性知识的取得、分享，可以通过计算机的网络化和软件系统实现。对于隐性知识，除了重视员工自身的潜能发挥以外，企业应重视组织内外专家学者及领导层的智慧作用，即人才智力的高效能发挥。对信息的利用必须把信息与信息、信息与人、信息与过程联系起来，从而进行大量创新。总之，对知识的重视程度的加强，要求企业逐步构建起学习型组织。

4. 知识管理重视企业文化建设

知识经济时代的知识管理强调企业文化建设，每一个成功的企业必须有自己的企业精神，用一种共同的价值观来教育熏陶全体员工。独特的企业文化全面地影响着各项管理职能的实现，以及集体效力的发挥。

5. 知识管理重视领导方式的转型

知识管理需要有新的领导方式，让每个成员都有参与领导的机会，领导层要不断进行学习，扩展成员的能力。未来的领导应是集体领导。

二、知识管理的内容

（一）组织内部知识的交流和共享

只有在交流中知识才能得到发展，也只有通过共享和交流，才可能产生新的知识。对一个组织来说，创新是竞争优势之源，而创新本身归根结底是一种新知识的创造，也是组织知识资源的一种积累。因此，在组织内部各个部门以及各个成员之间，在组织的内部与外部之间，都应该加强知识的交流与共享，否则就不可能实现创新。

（二）驱动以创新为目的的知识生产

随着技术的不断发展，全球一体化趋势的逐渐增强，企业面对的市场竞争也日趋激烈。在知识经济时代的市场竞争中，知识是竞争力之源。企业要想立于不败之地，就必须拥有比别人领先一步的产品、技术或管理优势，而这些优势必然是来源于企业以创新为目的的知识生产。只要企业先人一步掌握新知识，就可能给企业创新带来极大的便利与可能，甚至给企业带来巨大的利润。因此，创造适宜的环境与条件，充分开发和有效利用企业的知识资源，进行以创新为目的的知识生产，必然是知识管理的一项重要内容。

（三）支持从外部获取知识，并提高消化吸收知识的能力

企业的知识资源是创新的源泉，因此企业要使创新不断进行，就必须积累和扩大企业的知识资源。而这种知识积累又不能仅仅依靠企业自身知识的生产，因为这是很有限的，所以必须注重从外部获取相应的知识，并进行消化吸收，成为企业自己的知识资源。

（四）将知识资源融入企业产品或服务以及生产过程和管理过程

知识管理的直接目的是企业创新，使企业赢得持久竞争力。而企业的创新是为了将企业的知识资源转化为新产品、新工艺、新的组织管理方式等等。因此，创新离不开知识资源与企业产品或服务及其生产过程和管理过程的融合。知识管理的一个重要内容就是要明确企业在一段时间内所需要的知识以及开发的方式和途径，贯彻相应的开发和利用战略，保证企业的知识生产和知识资源的积累与扩大以及和企业的产品、服务、生产过程和管理过程紧密结合。

（五）管理企业的知识资产

企业的知识资产主要包括四个方面：市场资产（来自客户关系的知识资产）、知识产权资产（纳入法律保护的知识资产）、人力资产（知识资产的主要载体）、基础结构资产（组织的潜在价值）。摩根·斯坦利的全球指数显示，名列前茅的全球证券交易市场上各公司的平均市价，是账面价值的两倍。企业的这些资产在当前的资产负债表中得不到反映，有人认为应该在资产负债表上加上一列：知识资产。虽然对这种资产的评估是一个挑战性的课题，但这也说明了知识资产的重要性，企业的资产并不是资产负债表能够全部反映的。

三、知识管理的实施

知识管理的实施在于建立激励员工参与知识共享的机制，设立知识总监，培养企业创新和集体创造力。美国伊士曼软件公司技术总监埃德·麦克尼尔尼指出，实现知识共享必须得到公司领导和全体员工的认同。他说："成为杰出的知识总监的条件，是要具有灵活性和对智力的战略性运用意识"。因此，一个企业实施知识管理应做好以下几项工作。

(一) 调整公司结构，将公司建成知识型公司

知识管理要建立起能适应知识经济要求的知识型企业组织结构，任何一名员工的信息、意见或建议，都可以通过简化了的组织结构直接传输到公司的高层领导。

(二) 建立便于公司员工进行交流的设施和环境

实施知识管理最基本的，是要建立一个能为公开交流提供完好基础设施的网络。当代信息技术特别是国际互联网的发展，改变了人类的生产、生活方式，极大地改变了商业运行环境，把全球商业带进电子商务时代，这样企业内部的管理手段和设施，也就不可避免地与各种网络联系到了一起。各种网络对企业管理的影响是多重性的，一方面它提出了知识管理的要求；另一方面又使知识管理成为可能，并且降低了建立知识管理基础设施所需的成本。

(三) 公司设立知识总监

美国德尔福集团的创始人之一卡尔·弗拉保罗认为："那种认为人们在没有先例可循的情况下，就能够训练有素地丰富、支配和管理不断发展的知识的看法，未免要求太高。"正是因为认识到这一点，公司提出设立知识总监。弗拉保罗解释说，知识总监的地位居于首席执行官和信息总监之间，但知识总监不同于信息总监。库珀·利布兰公司的知识总监埃伦·纳普指出："知识总监就是创造、使用、保存并转让知识。这些知识不仅仅是数据，更主要的是深入人心的和发表在著作中的智力资本。"

(四) 建立透明、公平、民主化的决策机制

知识管理的核心在于强调每一个员工——知识的创造者的价值和作用。在知识高度发达的今天，决策透明和民主化是非常重要的，要让公司的每一个员工都参与公司的决策，了解公司的决策过程。美国哈佛管理杂志指出，企业要笼络员工的心，公平、透明的决策过程，比加薪更有效。

(五) 构建有利于每位员工积极发挥创造力的文化氛围

实施有效的知识管理，不仅要求公司拥有合适的软件系统和充分的培训，还要求公司的领导层把集体知识的共享和创新视为赢得竞争优势的支柱。如果公司里的员工为保住自己的工作而隐瞒信息，如果公司里所采取的安全措施只是为了激励保密而非信息公开共享，那么这将对公司构成巨大的威胁。因此，知识管理要求员工共同分享他们所拥有的知识，并且要求管理层对做得好的员工给予鼓励，公司要真正建立起对积极参与知识共享的员工

予以奖励的激励机制，要不断地激发员工的创造意识，增强公司员工的创造能力。

四、知识管理的激励机制

知识本身的外部性导致知识可以低成本共享，并且共享程度越高，越能更多地展现知识的网络效应；而知识创新具有高成本性、高风险性以及收益和分配的不确定性，显然，这是知识管理需要解决的一对矛盾。另外，随着知识更新周期的加快，知识创新过程的长期性和知识使用寿命的短期性构成了另一对矛盾。知识拥有者为了规避风险、回收投资，自然会对拥有的知识有意“垄断”，而这与只有通过大范围的知识共享才能充分发挥其效益形成冲突。一般来讲，企业员工基于上述理由，会将自己拥有的专门知识作为向上级讨价还价的本钱；而企业则希望员工心甘情愿地将自己的知识发布出来，供大家共享，从而实现知识的效益，最终达到提高企业竞争力的目的。为了解决上述矛盾，必须设计一套知识管理的激励系统，使员工乐于创新知识、共享知识和应用知识。

知识管理的激励系统应该由知识运行、知识明晰、知识绩效和知识奖惩四大机制组成。

1. 知识运行机制

知识运行机制的主要作用，是促进知识创新、共享与应用。它包括微弱市场信号收集制度、创新失败宽容机制、企业知识分类与标准化制度、企业文档积累与更新制度、知识型项目管理机制、外部知识内化机制以及知识宽松交流机制。

2. 知识明晰机制

知识明晰机制就是要将企业知识管理的目标和员工的知识成果明晰化，包括阶段性企业知识管理目标发布制度、员工知识成果申报制度等。

3. 知识绩效机制

知识绩效机制的作用，是对员工申报的知识管理成果进行审查和评定，确定其业绩和效果。它包括员工知识成果稽核制度、知识成果价值的计算机联合评价系统等。

4. 知识奖惩机制

知识奖惩机制，是将员工的绩效具体化为员工愿意接受的收益，并对不能按要求实现企业知识管理目标的员工进行处罚。通常，奖励机制包括知识薪酬支付制度、知识股权期权制度、知识晋升制度、知识署名制度和知识培训制度等；惩罚机制包括对知识老化型员工的淘汰制度等。

五、知识管理战略模式与实施方法

（一）知识管理战略模式

美国生产力与质量研究中心（APQC）曾对在知识管理实践方面走在前列的11家公司和组织进行了调查，提出了六种企业知识管理战略模式。

1. 把知识管理作为企业经营战略

这是一种在全企业范围内实施的综合性战略计划。它们把知识视为产品，对知识实施有效管理，并将对企业的赢利甚至生存产生直接的积极影响，因此不遗余力地推行知识管理战略计划。

2. 知识转移和最优实践活动

这是最为普遍采用的知识管理战略计划，通过建立获取、重建、储存和分配知识系统和方法，把知识融入企业产品和服务中，达到减少生产周期、降低生产成本和增加销售的目的。大多数公司十分强调团队精神和将网络设施作为最有效的基础知识的重要性，并采取多种手段鼓励知识向生产的转移活动。

3. 以客户为重点的知识战略

该战略旨在通过获取、开发和转移客户的要求、偏爱和业务情况等方面的知识，提高企业的竞争能力。该战略要求针对客户的问题实施知识管理。

4. 建立企业员工对知识的责任感

这种战略支持员工建立起对识别、保持和扩展自身知识，以及更新和共享知识资产的责任感，让每个员工认识到知识对他们担负高度竞争性工作的重要价值。同时，建立有利于知识管理活动的企业文化，也是该战略的主要内容之一。

5. 无形资产管理战略

该战略的目的是充分发挥专利、商标、经营，及管理经验、客户关系、企业组织体系等企业无形资产的作用，管理的重点是无形资产的更新、组织、评估、保护和增值及市场交易。

6. 技术创新和知识创造战略

该战略是通过企业基础和应用研究、开发，进行新知识的创造和技术的创新活动。

（二）知识管理战略的实施方法

1. 构建支持知识管理的组织体系

在这一体系中，一是要有负责知识管理活动的领导人，承担制定管理计划和协调企业的各种知识活动；二是成立专门的小组完成与知识管理活动有关的任务；三是建立支撑知识管理的基础设施，如统一的信息技术平台、数据库和图书馆等。

2. 加大对知识管理的资金投入

企业知识管理活动需要资金支持，要动员全企业加强对知识管理投资，以保证知识管理活动的正常开展。

3. 创造有利于知识管理的企业文化

主要包括良好的员工职业道德、企业荣誉感和团队精神等。

4. 开发支撑知识管理的信息技术

因特网和企业内联网技术是知识管理活动的催化剂，为识别、获取和利用知识提供了强有力的工具。许多公司还开发了用于知识管理的数据库系统和其他的信息技术。

5. 建立知识管理评估系统

要研究和建立面向知识管理和无形资产评估体系，如无形资产组成指标法、计算知识管理的投资回报率等。

六、实施知识管理应注意的问题

知识作为企业中一种新的资源，这种观念已逐渐为人们所认识和接受。为了有效地利用好这一资源，知识管理已逐渐成为企业管理者最为关注的话题。在实施知识管理的过程中应注意以下几方面的问题。

（一）企业忽视了人的价值和文化氛围问题

在一个个人知识受到重视和得到奖励的环境里，建立一种意识到隐性知识的价值，并鼓励员工分享的文化氛围至关重要。无论怎么向员工们宣传知识管理概念都不过分。毕竟在很多情况下，员工并非自愿而是被要求交出他们的知识和经验——而这正是体现他们个人价值的最大特点。企业激励员工参与知识管理的方式是建立激励制度，然而，这样做很有可能产生的结果，是员工参与只是为了得奖，而不考虑他们贡献的信息质量和相关性。最好的知识管理操作要尽量做到对员工透明。

（二）知识管理并不是一个技术词汇

当软件供应商向你贩卖他们无所不包的知识管理解决方案的时候，千万不要被他们所欺骗。企业实施一个核心的数据库系统，采用电子信息平台、网络门户或者其他任何协作工具，就以为已建立了知识管理系统，而实际上他们不仅在浪费时间，也在浪费金钱。虽然技术能支持知识管理，但技术并不是知识管理系统的出发点。把知识管理决策建立在“谁”（人）、“什么”（知识）和“为什么”（商业目标）之上，而“怎么样”（技术）是最后考虑的问题。

（三）一个知识管理系统不能脱离商业目标

虽然分享他人成熟的经验，是一个知识管理系统可采用的好办法，但这么做却必须要有一个商业目的。而没有实实在在的商业目标，实施知识管理是徒劳的。

（四）知识管理是动态的

知识管理并不是静止的，和很多固定资产一样，知识的价值随时间的流失而贬值。因为知识会很快变得陈旧，知识管理系统里的内容要不断地更新、修改和删除。此外，知识的恰当性和员工的技能一样，任何时间都在变化。因此，知识管理工程永远没有尽头，就像产品开发、营销和研发一样，知识管理是一个不断发展的商业实践。

（五）提高知识的质量

数量并不等于质量，对知识管理也不例外。企业在不断持续扩大信息数量的同时，更应注重质量的提高。知识管理工程的作用，就在于识别和传播从知识的海洋中提炼出高质量的知识。

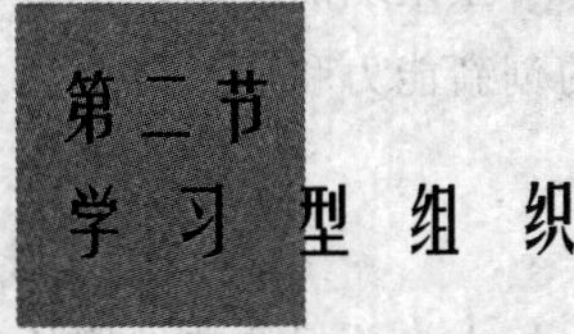

第二节 学习型组织

一、学习型组织的特征

（一）学习型组织的含义

从20世纪80年代开始，在企业界和管理思想界，出现了研究和推广学习型组织的热潮，并逐渐风靡全球。学习型组织最初的构想，源自于佛睿斯特在1965年写的一篇文章——“一种新型的公司设计”。美国麻省理工学院斯隆管理学院的著名教授彼得·圣吉作为佛睿斯特的学生，就如何建立一种更理想的组织，继续进行了研究，并于1990年发表了其享誉世界的著作：《第五项修炼——学习型组织的艺术与实务》，引起了世界管理理论界的关注与轰动。他提出了学习型组织所需的五项修炼技能。

1997年7月，在上海举行的管理大会上，与会学者一致认为，面向未来的世界管理有十大趋势，学习型组织被称为是趋势之一，即“未来成功企业的模式”。美国《财富》杂志指出：“未来最成功的公司，将是那些学习型组织的公司。”学习型组织是企业未来发展的趋势。一个企业只有当它是学习型组织的时候，才能保证有源源不断的创新出现，才能具备快速的市场应变能力，才能充分发挥人力资本和知识资本的作用。未来成功的企业必然是学习型的企业。

学习型组织的理论作为当今世界最前沿的管理理论，是一个宏观的管理理论。学习型组织管理理论适用的范围，大到一个国家、小到一个家庭。从社会角度要建立学习型社会；从国家角度要建立学习型政府；从城市角度要建立学习型城市；从企业角度要建立学习型企业；从家庭角度要建立学习型家庭等等。2001年5月15日，江泽民同志在亚太经合组织人力资源能力建设高峰会议上指出了“构筑终身教育体系，创建学习型社会”的主张后，到2001年年底，全国已有40多个城市提出了创建“学习型城市”的目标。

所谓学习型组织，就是充分发挥每个员工创造性的能力，努力形成一种弥漫于群体与组织的学习气氛，凭借着有效地持续学习，使个体价值得到体现，组织绩效得以大幅度提高。持续的学习能力是学习型组织的基础，学习不仅导致知识、信念、行动的变化，还增强了组织的创新能力和成长能力。

（二）学习型组织的真谛

1. 学习力

学习型组织是一个能使组织内的全体成员全身心投入，并保持持续增长的学习力的组织。学习力贯穿于企业管理的始终，是企业获得生存与发展的基本条件。学习力是由三个要素组成的，即学习的动力、学习的毅力和学习的能力。学习的动力来源于学习的目标；学习的毅力反映了学习者的意志；学习的能力则来源于学习者掌握的知识及其在实践中的应用。一个人或组织是否具有很强的学习力，完全取决于这个人或组织，是否有明确的奋斗目标、坚强的意志和丰富的理论知识以及大量的实践经验。学习力的模型如图8-1所示。

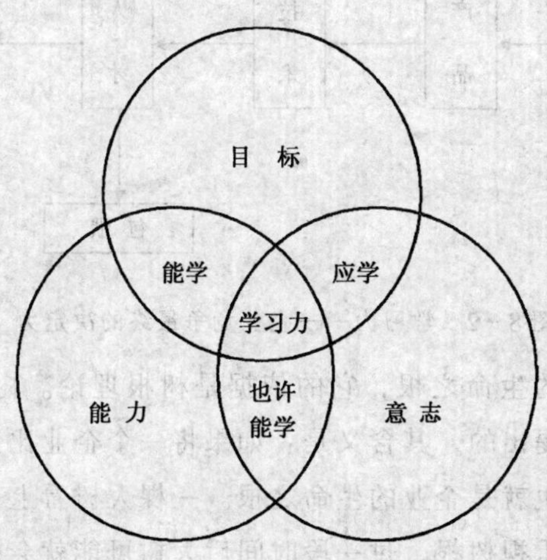

图8-1 学习力模型

学习力的模型揭示了学习力和其三要素的内在联系。这个模型告诉我们，学习力是其三要素的交集，只有同时具备了三要素，才能成为真正的学习力，才能持续地学习。当你有了学习目标和意志，但缺少学习能力时，仅能知道“应学”；当你有了学习目标和学习能力，却缺乏意志时，只说明你“能学”；而当你既有学习能力，又有学习的意志，但是还没有找到学习目标时，你只是处于“也许能学”的状态。只有将三者集于一身，你才能真正地拥有学习力。

学习力不仅是企业竞争的最终决定力，也是企业的生命之根。企业竞争发展的深层原因来源于学习力的提高，提高学习力是企业参与现代市场竞争的首要条件。一直以来，我们都认为企业的市场竞争实质上是产品的竞争，产品的竞争其实就是技术的竞争，而技术的竞争一定要归结到人才的竞争上。所以总是将企业的竞争最终归结到人才的竞争上。但是，学习型组织的理论告诉我们，企业的竞争最终一定是学习力的竞争，如图8-2所示。

人才其实是一个动态的概念，它不是一成不变的。随着科学技术的快速发展，知识更新越来越快，知识总量的翻番周期愈来愈短，由于学习力下降昨天的“人才”很可能成为今天的“包袱”，今天的“人才”如果不增强学习力，明天就不一定还是人才。因此，人才竞争的背后隐藏着学习力的竞争。

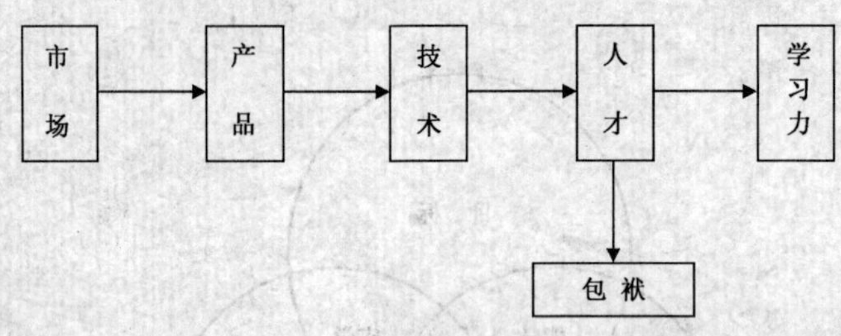

图8-2 学习力——企业竞争最终的决定力

学习力是企业的生命之根，它的依据是树根理论。树根理论是在1999年世界管理大会中提出的，其含义是：如果将一个企业比做一棵大树，学习力就是大树的根，也就是企业的生命之根。一棵大树看上去枝繁叶茂，果实累累，但如果没有重视树根，过一段时间后大树可能就会枯萎，因为树根烂了，此时再想挽救为时已晚。因此，评价一个企业在本质上是否有竞争力，不是看这个企业取得了多少成果，而是要看这个企业具有多强的学习力，只有学习力才是企业的生命之根。

2. 活出生命的意义

一个企业中，只有当全体员工能通过工作体验到自己的生命意义的时候，他们才愿意、才能够把自己所有的潜能都发挥出来。而一个企业只有在充分获得了自己员工潜能的时候，才能具有更强的竞争力，才能真正地取得成功。因此，只有在学习型组织中，员工和组织才会真正共同发展，共同进步。

彼得·圣吉指出，真正的学习，涉及到人之所以为人这一意义的核心。通过学习，我们重新创造自我。通过学习，我们能够做到从未能做到过的事情，重新认知这个世界及我们跟它的关系，以及创造未来的能量。这就是学习型组织的真谛。对这样的组织而言，单是适应与生存是不能满足它的。组织为适应与生存而学习，虽然是基本而必要的，但是必须与开创性的学习结合起来，才能让大家在组织内由工作中活出生命的意义。

学习型组织特别强调“生命意义”。它强调通过学习和激励，让人在工作过程中通过自我超越的创造过程，能够实现快乐地工作。

3. 创新

彼得·圣吉在描述学习型组织时说：如果用两个字回答那就是“创造”；如果用四个字回答那就是“持续创造”。学习型组织是通过学习能创造自我、扩大创造未来能量的组织。当今世界上的学习有三大类型，即转化为创造力的学习、无效的学习和转化为破坏力的学习。而学习型组织强调的学习是可以转化为创造力的学习。

学习型组织的核心理念就是创新，而且是持续的创新。在知识经济时代，知识的积累通过学习，创新的起点在于学习，环境的适应依赖学习，应变的能力来自学习。这就需要一种重视学习、善于学习的文化氛围，企业不再是一个终身雇佣的组织，而是一个“终身学习的组织”。现代企业只能作为一个不断学习的组织，才能够“善于创造、寻求及转换知识，同时能从领悟新的知识中，不断调整行为”，正所谓坚持学习，持续发展。因此，企业如果想要成功，就要努力建设成为学习型组织，努力使创新成为企业发展的主旋律。

(三）学习型组织的特征

1. 学习型精简

学习型组织的学习型精简，是学习基础上的精简，即先乘后减，先事后人。先乘后减是指在组织中开展各种学习活动，推进员工的学习，使每个员工掌握多种技能，一个人可胜任多个岗位，成为“多面手”，促使员工的实际工作能力成倍增加，然后考核上岗，企业再从这些掌握多种技能的员工中挑选优秀的人才，进行组织的精简。先事后人是指企业在进行精简时，首先要把与企业发展无关，甚至阻碍企业发展的工作找到并去掉，然后再精简与此相关的人员。

2. 扁平化

扁平化是指在决策层和操作层之间的中间管理层越少越好。学习型组织日益成为扁平式的组织，扁平式结构代表着组织结构的改革方向。

3. 有弹性

所谓弹性就是适应能力，今天的市场瞬息万变，企业必须具有很强的适应能力，才能在竞争中获胜。若使一个组织具有很强的弹性，必须做到三点，即观念更新，要树立快变、创新求效益的观念，要树立贴心服务、超值服务的观念；战略储备，包括人才的战略储备和技术的战略储备，只要做好战略储备，不管市场怎么变化，适应力都很强；提高员工整体素质。

4. 不断创新

学习型组织的核心理念是不断创新。只有不断地自我创造，企业才能与别人抗衡。企业的工作归纳起来不外乎两类，即创造性的工作和反应性的工作。反应性的工作最多能够维持现状，而且不一定能维持现状，而企业发展靠的是创造性工作。

5. 善于学习

善于学习强调终身学习、全员学习、全过程学习和团队学习。终身学习是指组织中的成员均应养成终身学习的习惯，这样才能形成组织良好的学习氛围，促使其成员在工作中不断学习；全员学习是指组织的决策层、管理层、操作层都要全心投入学习，尤其是管理决策层，他们是决定组织发展方向和命运的重要阶层，因而更需要学习；全过程学习是指学习必须贯彻于组织系统的整个过程之中；团队学习是指不但要重视个人的学习和智力的开发，更要强调组织成员的集体学习和群体智力（组织智力）的开发。只有既肯学习又善于学习的组织，才是一个真正的学习型组织。只有既肯学习又善于学习的人，才可能取得成功，而不会被时代淘汰。哈佛大学教授大卫·加尔文认为，组织学习活动包括：系统地提出新问题并解决问题、不断地进行尝试、从自己的经验与教训中学习、向他人学习，以及促进组织内的知识的普及等五项内容。

6. 自主管理

组织要成功，必须让员工参与进来，给他们自主管理的机会，肯定他们的工作成果，让他们体会到人生价值。自主管理是使组织成员能边工作边学习，并使工作和学习紧密结合的方法。通过自主管理，可由组织成员自己发现工作中的问题，自己选择伙伴组成团队，自己选定改革、进取的目标，自己进行现状调查，自己分析原因，自己制定对策，自己组织实施，自己检查效果，自己评定总结。团队成员在“自主管理”的过程中，能形成共同意见和看法，能以开放求实的心态互相切磋，不断学习新知识，不断进行创新，从而增加组织快速应变、创造未来的能量。只有实行自主管理的组织，才具有更大的创造力，更强的活力。实行自主管理，组织领导应该时刻为部下创造出色业绩提供机会、搭建舞台。

7. 领导者的新角色

在学习型组织中，领导者是设计师、公仆和教师。领导者的设计工作是一个对组织要素进行整合的过程，他不只是设计组织的结构和组织政策、策略，更重要的是设计组织发展的基本理念；领导者的公仆角色表现在他对实现愿景的使命感，自觉地接受愿景的召唤；领导者作为教师的首要任务是界定真实情况，协助员工对真实情况进行正确、深刻的把握，提高他们对组织系统的了解能力，以促进每个人的学习。

二、学习型组织学习的特点

彼得·圣吉提出，未来真正出色的组织，将是能够设法使企业上下的员工全心投入，并有能力不断学习的组织。只有学习才是组织生命的泉源。学习型组织是必需的。信息网络使得世界变得更加息息相关，社会与市场更加复杂多变。组织只有通过不断的学习，才能把握变化的趋势，在竞争中领先一步。组织中物的东西或制度，其自身是无法持续发展的，只有通过人的持续不断的学习才能保持发展的活力。对一个处于激烈竞争中的组织来说，惟一持久的竞争优势，就是具备比对手更快学习和掌握新知识的能力。

学习型组织是可能的。每个人都是天生的学习者，学习不仅是人类的天性，也是生命趣味盎然的源泉。人类天生是理性的动物，凡事都想追根寻源、探个究竟，总是保持对新事物的好奇。人类天生是社会动物，我们都有过这种体验：如果成为出色团体中的一分子，大家彼此信任、互相学习，为共同的团体目标全力以赴，就能创造出惊人的成绩。

学习型组织的学习有以下几个特点：

1. 学习与工作不可分离，即工作学习化，学习工作化

工作学习化就是把工作的过程看成学习的过程。学习型组织认为，这是一个人、一个企业成长、发展、成功的最重要的学习实践过程。美国著名的管理专家瓦特金斯与马席克提出了工作学习化模型，如图 8-3 所示。

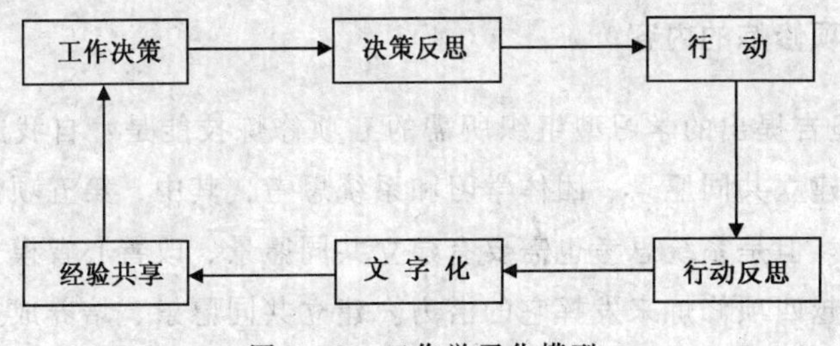

图 8-3 工作学习化模型

工作需要进行工作决策，决策后不是马上行动，而是先要经过决策反思。学习型组织认为，反思是最重要的学习，反思是学习的基础，反思是品格的体现。善于反思的人，他的决策能力很强。因此，创建学习型组织首先

要把反思文化建立起来。反思就是在发现问题的时候，不是互相推诿和埋怨，而是找出自己的责任，认真总结教训。决策层要进行决策反思，执行层要进行行动反思，反思以后修正决策、开始行动。行动也要有行动反思，决策反思和行动反思是最重要的学习过程。文字化就是把两次反思的感悟写成文字，文字化是为了经验共享。共享不是一个人的提高，而是整个团队的提高。共享之后的决策是高水平的决策。这样，决策→反思→行动→再反思→共享→决策的不断良性循环，就把反思的决策系统建立起来了。学习工作化是要求组织对待学习要像对待工作那样有严格的要求。由于当今时代的特点是变化速度急剧加快，学习工作化的要求也就不能仅仅停留在“学习”二字上了，而是要强调速度，学习速度必须大于或等于变化速度。

2. 组织的学习

组织的学习是一个持续的过程，是组织通过各种途径和方式，不断地获取知识、在组织内传递知识并创造出新知识，以增强组织自身实力，带来行为或绩效的改善的过程。学习型组织很重视个人学习，因为组织是由个体构成，但更重视、更强调组织的学习。学习型组织建立以信息反馈、反思和共享为基础的学习系统，特别强调个人的、团队的和整个组织的三个层次。组织学习是组织生存和发展的前提与基础。学习贯穿于企业管理的始终，是企业获得生存与发展的基本条件。像人一样，企业的成长过程也是一个持续的学习过程。

3. 学后要有新行为

学习型组织非常强调新行为，要求学习后付诸于行动、拿出成果，要产生新的行为。

三、五项修炼的内容

彼得·圣吉提出的学习型组织所需的五项修炼技能是：自我超越、改善心智模式、建立共同愿景、团体学习和系统思考，其中，第五项修炼、系统思考是核心。但是系统思考也需要有建立共同愿景、改善心智模式、团体学习和自我超越四项修炼来发挥它的潜力。建立共同愿景、培养成员对团体的长期承诺；改善心智模式专注于以开放的方式，认识我们认知方面的不足；团体学习是发展团体力量，使团体力量超乎个人力量加总的技术；自我超越则是不断反照个人对周围影响的一面镜子，缺少自我超越的修炼，人们将陷入“压力——反应”式的循环困境。

(一) 第一项修炼：自我超越

“自我超越”是指突破极限的自我实现，或技巧的精熟。对一名技术精纯的艺匠而言，将其巧思妙想融合熟练的手艺，而形成浑然天成的作品，便是一种自我超越的实现。生活中各个方面都需要自我超越的技能，无论是专业方面或自我成长。自我超越的修炼是学习不断澄清，并加深个人的真正愿望，集中精力，培养耐心，并客观地观察现实。它是学习型组织的精神基础。精于自我超越的人，能够不断实现他们内心深处最想实现的愿望，他们对生命的态度，就如同艺术家对艺术作品一般，全身心地投入、不断创造和超越，是一种真正的终身学习。组织整体对于学习的意愿与能力，植根于个别成员对于学习的意愿与能力。

要实现自我超越，要明确两点：首先是要清楚我们心目中最重要的是什么；其次是不断的学习如何更清楚地看清目前的真实情况。明确了这两点，也就清楚了“愿景”(愿望的景象)与现状的距离，这时心中便会产生一种“创造性张力”，一种想把二者合而为一的力量，而自我超越的关键，就是学习如何在生命中产生和延续这种创造性张力。自我超越修炼包括以下五个方面内容：

1. 建立个人“愿景”

愿景是一种期望的未来景象或意象，个人愿景是一个人内心真正最关心的事，自我超越就是要把焦点放在真心追求的终极目标上，而并不是放在次要的目标上。

2. 保持创造性张力

愿景与现实的差距，可能成为一种力量。这种力量一旦被正确使用，就会将你朝愿景方向推动。这种差距是创造力的来源，因而被称作“创造性张力”。保持创造性张力，就是不断地从个人愿景与现实之间的差距中，创造性学习与工作的热情和动力。

3. 看清结构性冲突

多数人心中常会因为存在着一些根深蒂固的成见，而限制了自己创造力的发挥。较为常见的是，认为自己没有能力实现真正渴望的事情，或认为自己不够资格得到所想要的。在寻求一个愿景的过程中，如果有无力感或不够资格的想法产生，那么结构性冲突的力量就会开始活动，阻止我们迈向成功。应对这种结构性冲突的策略通常有三种：一种是消极地让愿景被侵蚀；二是“操纵冲突”；三是常见的“意志力”运用策略。但是每一种策略都有其缺陷和限制。

4. 诚实地面对真相

诚实地面对真相，不是指追求一项绝对的真理或追究万物的本源；而是清除认清真实状况的心理障碍，并不断对自己心中隐含的假设发出挑战，也就是不断加深我们对行为背后结构的理解以及警觉。它有助于我们尽可能地避免走入结构性冲突的陷阱。

5. 运用潜意识

潜意识对于我们的学习是非常重要的。培养潜意识最重要的是，它必须符合内心所真正想要的结果。愈是发自内心深处的良知和价值观，愈容易与潜意识相一致，有时甚至就是潜意识的一部分。

(二) 第二项修炼：改善心智模式

“心智模式”是隐藏于人们心中的，根深蒂固的一种思维模式。它是指影响人们认识周围世界，以及采取行动的许多假设、成见，甚至图像、印象等。心智模式不仅决定我们如何认知世界，也影响我们如何采取行为。心智模式是一种思维定势，是人们认识事物的方法和习惯。如相信“人是可信的”与相信“人是不可信的”，两种不同的心智模式将导致两种不同的行为方式。当人们的心智模式与认知事物发展的情况相符，就能有效地指导行动，反之，就会使自己好的构想无法实现。因此，我们要留心心智模式中科学的部分，纠正不科学的部分，以求取得好的成果。

心智模式通常存在于人们的潜意识之中秘而不宣，它潜移默化地影响着人们的思维和行动，而本人毫无察觉、依势而行。因此，学习如何将我们的心智模式打开，并加以检查和改善，将有助于我们把事情做得更好。一个能不断改善自己心智模式的人，做事会更有效果。改善心智模式的方法主要是反思和探询。反思主要是通过放慢思考过程，使我们能更好地发觉自己的心智模式如何形成，以及如何影响我们的行动。探询则主要是关于如何与他人进行面对面的互动，特别是处理复杂与冲突的问题。改善心智模式的具体方法有：

1. 辨认“跳跃式的推论”

人的思维有一种追求简洁的倾向，特别是在处理有大量细节的时候，容易从粗浅的、对少数具体事项的观察，跳跃到概括性的结论，而这些结论通常是片面的、浅薄的，甚至是错误的。要想避免犯简单化推论的错误，首先必须反问自己推论所依据的“原始资料”是否可靠，其次再思考分析这个推论是否精确或有误导作用。

2. 找出推论所依据的假设

人们思维过程中的结论，往往依据一些潜在的假设，但是自己却毫无察觉。彼得·圣吉提出“左手栏”的方法，即画一个两栏表，右栏列出“我们所说的”，即思维的结论。左栏列出“我们所想的”，即对自己所经历的时间以及处理方式，坦诚地写出内心深处隐含的假设，找出其中不合理的地方。

3. 兼顾的探询与辩护

这是一种在多人之间进行开诚布公地探讨问题的做法。人们往往乐于为自己的观点辩护，而难以接受别人对自己观点的探询。如果团体和个人学会合并运用探询与辩护的技巧，通常能产生最佳的学习效果。

4. 对比拥护的理论和使用的理论

学习的结果应导致行为的变化，而不仅仅是获得一些新信息或新构想。为此就要对自己拥护的理论（通常是口头表示的）与实际使用的理论（实际支配行为的）之间的差距进行分析，并加以改进。

（三）第三项修炼：建立共同愿景

“共同愿景”最简单的说法是：“我们想创造什么？”正如个人愿景是人们心中或脑海中所持有的意愿或景象，共同愿景是组织中人们所共同持有的意愿或景象，它创造出一种共识，一种认同感，并渗透到组织活动的方方面面，使各种不同的活动融会在一起。

愿景是人们高度向往、希望早日实现的蓝图，除与目标相关外，愿景还包括价值观、哲学、道德观、准则和人的内在价值。共同愿景是建立在个人愿景的基础之上，但如果只是组织中个别人们持有相同的愿景，但彼此却不曾真诚地分享过对方的愿景，这并不算共同愿景。当人们真正拥有共同愿景时，这个共同的愿望会紧紧将他们结合起来。个人愿景的力量源自一个人对愿景的深度关切，而共同愿景的力量来源于共同关切。这种关切达到一定程度，就会转变为一种强大的感召力、使命感，促使组织内的所有成员都为这样一个共同的目标努力学习、追求卓越，而这一切的行为都是发自内心的意愿，不带有任何强迫性质。世界上众多的大公司都建立了自己企业的共同愿景：IBM公司以“优质服务”，福特汽车公司以“提供大众公共运输”，耐克公司以“击败阿迪达斯”，苹果电脑公司以“为大众提供强大的计算能力”作为组织的共同努力的方向。

如果没有共同愿景，就不会有学习型组织。如果没有一个拉力，把人们拉向真正想要实现的目标，维持现状的力量将很难被打破。愿景建立一个远大的目标，以激发新的思考与行动方式。共同愿景是一个方向盘，能够使学习过程在遭遇混乱或阻力时，继续循正确的方向前进。建立共同愿景的修炼主要包括以下内容：

1. 鼓励个人愿景

共同愿景是由个人愿景汇集而成的。有意建立共同愿景的组织，必须持续不断地鼓励成员发展自己的个人愿景。如果一个人没有自己的愿景，他所能做的就仅仅是附和别人的愿景，结果只能是顺从，决不是发自他内心的意愿。原本各自拥有强烈目标感的人们结合起来，可以创造强大的综合效果，朝向个人及团体真正想要的目标迈进。在鼓励个人的愿景时，组织必须注意不要侵犯到个人的自由。

2. 塑造整体图像

个人愿景是千差万别的，若将其相结合，创造出组织的共同愿景是需要一个过程的。在这个过程中不断有人陆续地加入队伍，分享组织的某个愿景，随着人数不断增多，组织愿景的整体图像日渐清晰，每个人也开始拥有一个最完整的组织图像，渐渐地共同愿景也就随之形成，此时，对于组织的每个成员而言，“我的”愿景也就是“我们”的愿景。

3. 绝非官方说法

在传统的阶层式组织里，没有人怀疑过愿景应来自组织的高层。在这样的组织中，通常指引实现公司的大蓝图的过程，是没有被大家分享的，每一个人只是听命行事，以便能够完成他们的任务，来支持组织的愿景。而学习型组织的共同愿景往往是自下而上、水到渠成的结果。

4. 不是单一问题的解答

愿景不是对问题的解答，如果把它当成是问题的解答，一旦士气低落或策略方向模糊不清的问题解决以后，愿景背后的动力也就会随之消失。因此，领导者必须把建立共同愿景当成日常工作的中心要素，是持续进行、永无止境的工作。

5. 学习聆听

在团体中，要达到彼此的愿景真正的分享及融汇，不是一蹴而就的。共同愿景是由个人愿景互动成长而形成的。经验告诉我们，愿景若要能够真正共有，需要经过不断地交谈，这样个人不仅能自由自在表达他们的梦想，并能学习如何聆听其他的梦想，在聆听之间逐渐融汇出更好的构想。聆听需要不凡的胸襟与意愿来容纳不同的想法，这并不表示我们必须为“大我”而牺牲“小我”的愿景，而是必须先让多样的愿景共存，并用心聆听，以找出能够超越和统合所有个人愿景的正确途径。

（四）第四项修炼：团体学习

“团体学习”是发展团体成员与集体配合共同实现目标能力的过程。它是建立在发展共同愿景和自我超越上，因为有才能的团体是由有才能的个人所组成的。组织在今天尤其迫切需要团体学习。团体就是彼此需要他人行动的一群人，团体在组织中渐渐成为最关键的学习单位，之所以如此，是因为现在几乎所有重要决定都是直接或间接通过团体作出，而进一步付诸行动的。

在组织内部，团体学习必须顾及这样三个方面：其一，当需要深入探讨复杂的议题时，团体必须学习如何萃取出高于个人智力的团体智力。其二，需要既具有创新性而又协调一致的行动。其三，不可忽视团体成员在其他团体中所扮演的角色与影响。

团体学习的修炼必须精于运用“深度汇谈”与“讨论”，这是两种不同的团体交谈方式。深度汇谈是自由和有创造性地探究复杂而重要的议题，先暂停个人的主观思维，彼此用心聆听。深度汇谈的过程，是一个人人畅所欲言，充分表达自己意见的过程。大家以多样的观点探讨复杂的问题，每个人摊出人心中的假设，并自由地交换他们的看法。在一种无拘无束的探索中，人人将深藏的经验与想法完全浮现出来。深度汇谈的目的，是想以此获得超过任何个人见解的集体智慧，从而显露出我们思维中的不一致性。讨论则是提出不同的看法，并加以辩护。深度汇谈与讨论基本上是能互补的，通常我们用深度汇谈来探究复杂的问题，通过讨论来形成对事情的决议。因此，一个学习型团体应是一个善于将深度汇谈和讨论相结合使用的组织。

为了确保有效的深度汇谈，必须具备三项基本的条件：一是所有参与者必须将自己的假设“悬挂”在面前。“悬挂”假设是为了便于不断地接受询问与观察，从而观察和检验我们的假设。如果我们一味地为自己的意见辩护，或未察觉自己的假设，或未察觉我们的看法是以假设的事实为依据，我们就无从悬挂自己的假设。二是所有参与者必须视彼此为工作伙伴。人们跟伙伴与非伙伴的交谈不一样，无拘无束可产生思维的互动。视彼此为伙伴，对建立一种成员之间良好的关系，以及消除真诚交谈时由于地位和身份级别差距所带来的障碍有所帮助。工作中的伙伴关系，并不是说需要赞成或持有相同的看法。视彼此为伙伴真正起作用的是在大家的看法存在差异的时候。三是必须有一位“辅导者”来掌握深度汇谈的议题和构架。在缺乏熟练辅导者的情况下，过去的思维习惯会不断把我们拉向泛泛的讨论，而拉离深度汇谈。一个深度汇谈的辅导者必须做好一个“过程顾问”的许多基本工作，这包括帮助人们了解他们自己才是过程与结果的“主人”——对深度汇谈结果负有成败的责任。如果辅导者未能扮演好角色，让成员感觉到有禁止某项话题的倾向，成员便会开始持保留的态度，而不愿意悬挂假设。辅导者必须保持对话的正常进行。同时，辅导者可以通过深入参与去影响深度汇谈发展的动向。

（五）第五项修炼：系统思考

系统思考是学习型组织的核心。系统思考为组织正确地观察、分析问题提供了保证，这就是系统的观点和方法。只有掌握了系统的观点与方法，组织的学习才能避免重大失误。彼得·圣吉继承了系统的观点，特别是继承了他的恩师佛睿斯特的系统动力学的观点，发展出一套系统思考的概念，创造了系统思考的模型。

系统思考是“看见整体”的一项修炼。它是一个架构，能让我们看到相互关联而非单一的事件，看到渐渐变化的形态而非瞬间即逝的一幕。系统思考是五项修炼的核心。所有的修炼都关系着心灵上的转换：从看部分转为看整体；从把人们看作无助的反应者，转为把他们看作改变现实的主动参与者；从对现况只作反应，转为创造未来。如果没有系统思考，各项学习修炼进展到实践阶段，就失去了整合的诱因和方法。

学习型组织系统思考的意义，在于看清复杂事物背后的结构形态。由于这些结构形态一再重复出现，彼得·圣吉给出了它们的基本模型，称为系统基模（系统的基础模型）。系统基模是学习如何看到个人与组织生活中结构的关键所在。运用系统基模可以发现，各类管理问题有其共通性，有经验的管理者在直觉上都知道这点。系统基模的目的是重新调整我们的认知，以使我们更能看出结构的运作，寻找到结构中的杠杆点。至今，已有大约十二个系统基模诞生，所有基模都是由不断增强的反馈、反复调节的反馈和时间滞延所组成。不断增强的反馈是成长的引擎，包括经常听到的词语如滚雪球效应、连锁反应、恶性循环都是不断增强的反馈。反复调节的反馈，是系统追求稳妥和平衡的一种力量，使一个调节的系统进行自我修正，以维持这种状态。时间的延滞是行动和结果的时间差。下面介绍系统的基本模型中两个最常见的基模。

1．基模一：“成长上限”

成长上限是指在事物成长的过程中，总会碰到各种限制与瓶颈，然而大多数的成长之所以停止，并非是达到了真正的极限，而是由于事物在快速成长中触动了一些抑制成长的要素，这些要素的作用使得成长减缓、停顿，甚至下滑。此时人们不要去尝试推动成长，而是要除掉限制成长的因素。“成长上限”模型如图 8－4 所示。在系统基模图形中，“同”表明对先前趋势的强化；“反”则表示削弱。

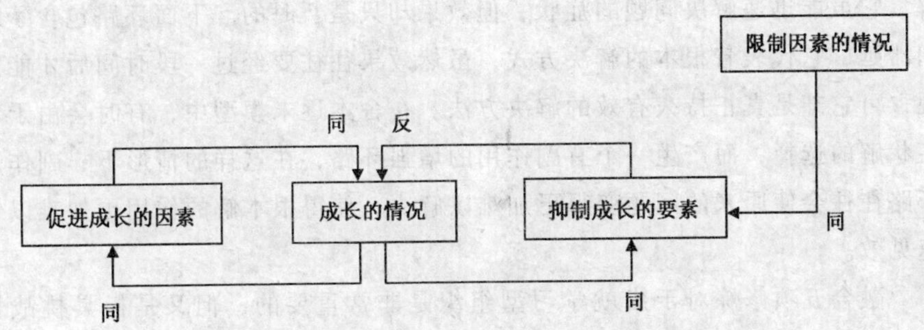

图 8－4 “成长上限”系统基模的基本结构

成长上限模型是由一个促进成长的增强环路和一个抑制成长的调节环路构成。在增强环路中，促进成长的要素越多，则组织成长得越快，同时相应地也会产生更多促进组织成长的要素，他们彼此间是正相关的。然而，组织在高速成长的过程中，有时也会不可避免地产生一些抑制成长的要素，这就形成了一个调节环路。在调节环路中，组织的快速成长导致了一些抑制成长要素的产生，这些要素越多，组织成长的受阻情况就越严重，这就迫使组织不得不停缓脚步，从而认真思考自身行为的缺陷。

2．基模二：“舍本逐末”

潜在的问题常在症状明显以后才会引起注意。人们在解决复杂问题时往往避重就轻，采用一些简便的、快速见效的解决办法，但不幸的是，较为容易的“解”经常只能改善症状，而不能改变潜在的问题。因此，我们必须时常小心，千万不要落入“治标不治本”的陷阱。“舍本逐末”模型如图 8－5 所示。

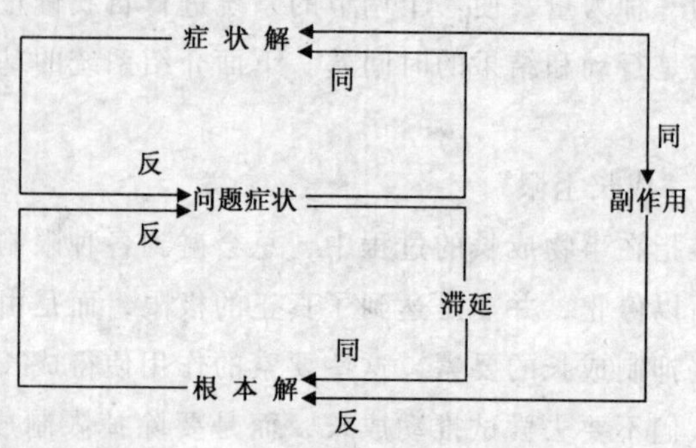

图8-5 “舍本逐末”系统基模的基本结构

舍本逐末模型是由两个调节环路构成的。上面环路代表快速见效的症状解，它虽能迅速解决问题的症状，但效果却只是暂时的。下面环路包含了时间滞延，它代表着根本的解决方式，虽然效果往往要经过一段时间后才能显现，可它却是真正持久有效的解决方法。在舍本逐末模型中，有时会由于对症状解的选择，而产生一个有副作用的增强环路，在这样的情形下，副作用环路往往会使原来的问题变得更加难以解决，使得根本解的作用更加难以快速见效。

融合五项修炼对于成就学习型组织是非常重要的，但又是极具挑战性的。系统思考是五项修炼中的核心，是整合其他各项修炼，使其成为一体的理论与实务。系统思考强化其他每一项修炼，并不断提醒我们：融合整体能得到大于各部分简单加总的效力。但是系统思考也需要有自我超越、改善心智模式、建立共同愿景和团体学习四项修炼来发挥他的潜力，自我超越是不断反照个人对周围影响的一面镜子；改善心智模式则专注于以开放的形式，来体察我们在认知上的缺陷；建立共同愿景培养了组织成员对组织发展的长期承诺；团体学习是发展团体力量，使团体力量超乎个人力量加总的技术。

四、学习型组织的管理

(一) 提供良好的学习环境

学习型组织的主要目的是创新，创新来自团体和个人的创造性思考，创造性思考需要调控情绪、集中精力，保持工作与休息之间的平衡。为此，组织必须提供一个良好的学习环境，营造一种浓厚的学习氛围，使组织成员能在这个学习环境中继续学习，不断获得跨职能的经验和不断提高能力，成为组织成员的一种生活方式。

（二）学习要与员工的生涯管理结合起来

学习的明显益处是得到提升，去做更有趣的工作，提高在组织内、外的就业能力。领导者应让员工明确保持继续学习对他们生涯发展的重要性，当员工看到学习的益处并深感振奋，自然会产生强烈的学习愿望，使员工外在的被动学习，变为内在的主动学习。

（三）鼓励共同学习和团体学习

团体、集团、网络起着作为向整个学习型组织推广新知识的中介作用。团体学习从最初的松散状态，经过几个阶段，经过从共同创造和相乘性的努力，直到最后的进化到具有持续性的协同工作能力。这样，人们通过团体学习,学到了共同合作的方法，同时也提高了完成共同目标的组织能力。

（四）学习要循序渐进。

不能把学习看作是孤立的、偶然的训练，或是一种嗜好，而是所有企业具备一定竞争力和持续发展的必要。持续学习是工作自身产生的要求，员工要想使自己能够改变，能够适应，能够成长，能够进行知识的创新，就必须不断地学习和不断地变革。在学习时，每个成员应善于聆听，能无忧无虑地表达思想，并能提出建设性的不同看法，对知识创新是非常重要的。组织要建立起学习及学习共享系统，要促使成员迈向共同愿景。

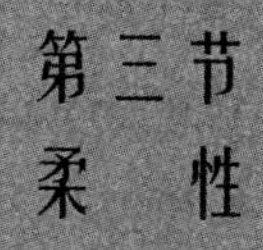

第三节 柔性管理

一、柔性管理概述

（一）柔性管理的基本理念

柔性一词在词典中被解释为：柔韧的、灵活的、能适应新环境的、可通融的，20 世纪末它从两条途径被引进管理学中。一条是技术管理的途径，提到利用计算机智能技术进行敏捷制造、柔性制造。柔性在技术上代表弹性、可适应性、可扩展性和可兼容性。另一条是企业文化的途径，20世纪80年代，美国学者提出了企业文化的理论，强调人处于管理的中心和主导地位。企业文化强调企业精神、价值观和员工的凝聚力，这些因素与管理计划和制度相比，无疑更具柔性。

柔性管理是现代企业的一种灵活管理模式，它要求企业组织结构是扁平的和灵活的，企业产品开发、生产、销售和服务是市场导向的和快速变化的，信息沟通是畅通的和便捷的，人的积极性得到最大发挥，企业能够根据市场变化，迅速反应和调整管理。柔性管理是人性化的管理，是增强企业灵活性、适应性、创新性和快速反应能力的管理，它通过人性化的组织系统、优良的信息管理、快速的反应机制、灵活的生产体系、市场导向的开发和服务来实现这些目的。

柔性管理是企业管理发展的新阶段，是现代企业管理的一种新模式，也是人本管理的一种新实践。西方企业柔性管理的实践经验是十分丰富的。他们通过开展多种形式热爱企业的教育，创立各具特色的企业精神，如倡导员工参与企业管理，广泛开展群众性技术活动，信任员工，加强沟通，实行弹性工作时间，注重人力资源开发等。柔性管理要求企业能快速地，而且无附加费用地适应形势变化，有强大的应变能力。为了实现这种能力，企业需要全面的柔性，它包括生产过程柔性、产品柔性和基础结构柔性。柔性的关键在于对变化的灵活、快捷的适应能力。柔性管理的基本理念主要体现在：管理要以人为本，要充分利用文化对组织的重要影响，组织要为适应复杂环境的快速变化而实施变革，要逐步建立起学习型组织等。

（二）柔性管理的理论依据

1. 权变理论认为，管理行为、管理方法是和其所处的环境特点密切相关的，在企业管理中要根据企业所处的内外条件随机应变，不存在什么一成不变管理模式，也不存在普遍适用的“最好的”管理理论和方法。为了增强企业的适应能力，出现了组织机构、战略决策、市场营销、生产指挥等等柔性化的趋势。柔性管理正是为了适应当今企业所处的环境而发展起来的。权变思想渗透到柔性管理之中。

2. 行为科学理论认为，员工是社会人，强调重视人的因素。柔性管理正是以人为核心的管理，它吸取了行为科学理论的精华，以此增强管理的柔性因素，注意做好有关人的各项工作，注意感情投资，重视倡导企业精神，重视民主管理，使企业产生巨大的向心力和凝聚力，充分发挥员工积极性、主动性和创造力。

3. 系统论认为，企业是一个具有多层次的复杂的动态系统，是一个人造的、开放的、动态组织形式。企业柔性管理正是依据系统理论，重视从系统的角度制定战略、组织生产、进行营销、开展全面质量管理，并由此来全方位地实现优质化管理目标，不断增强企业系统的环境适应性。

总之，权变理论、行为科学理论、系统理论都从不同的方面丰富和扩大了柔性管理的内容，使企业柔性管理进一步走向成熟。

（三）柔性管理的内容

1. 强调感情管理、塑造企业文化、推行民主管理、重视人才培训、人力资源开发。

2. 强调组织的柔性化，如由集权向分权的过渡，由金字塔形向大森林形组织过渡，建立组织机构的弹性权变设置等。

3. 强调战略决策的柔性化，如增强战略的灵活性、实行弹性预算、推行滚动计划法。

4. 强调营销的柔性化，如用各种灵活多变的营销方式，采取多种有效的营销组合来吸引消费者，刺激购买，实现销售。

5. 强调生产的柔性化，如制造业采用柔性生产线来组织灵活生产、突出多品种、小批量、适应市场变化的产品。

6. 强调利用高新技术进行管理，如信息技术带来的管理信息系统，办公室自动化等技术，使管理具有更灵敏、快速的特点。

7. 强调视觉标识管理，如运用心理学原理，采用企业标识设计、颜色的情感效果、重视管理心理学的应用。

企业管理的柔性和刚性是一对矛盾统一体，柔性管理并不排斥管理中的刚性成分，是对传统管理重物轻人、手段强硬、缺乏弹性的辩证否定，是一种扬弃。柔性管理实质上是在保持适度刚性的同时，尽可能地提高管理的柔性，使企业管理有刚有柔、刚柔相济，更加科学、实用、灵活、高效。柔性管理与刚性管理的对比如表 8－1 所示。

表 8－1　柔性管理与刚性管理的比较

柔性管理	刚性管理
乐于向下属授权	将权力集中在自己手里
重视与成员的人际沟通	通过管理渠道发布信息
引导成员自我管理	强调对成员严加管束

续表

柔性管理	刚性管理
实行扁平结构的弹性管理	依赖自上而下的层级控制
敢于挑战现状	容易接受现状
善于管理革新	好于平稳控制
管理风格具有可塑性和应变功能	管理风格相对稳定不易变化
有强烈的学习欲望，重视培养组织的学习能力	只重视成员招聘时已具备的能力，缺乏组织学习的观念
既管理成员的工作，又关心成员的成长发展	只对成员进行工作管理，成员的成长发展则是自己的事情
突出成员的主体作用，以愿景激励和调动成员的积极性和创造力	重视物质激励，认为成员工作就是为了追求经济利益
提倡无边界管理，按市场需要灵活组建团队	强调高层统管，部门分工，各负其责
强调组织的“快速反应能力”，倡导成员一专多能	强调组织结构的稳定性，注重成员的专一技术

（四）柔性管理的四个阶梯

柔性管理不仅要求企业具有灵活性，更重要的是要具有快速反应能力和快速推出新产品，最大限度地满足顾客不断变化的需求。一般来讲，企业柔性管理将攀登四个阶梯：特色产品、柔性生产、柔性组织和人性为本。

1. 特色产品

特色产品或服务，是指企业开发和推出的具有独特风格和个性化的系列产品或服务。它能更好地满足顾客多样化的需求，使企业适应市场的变化。这是柔性管理的第一个台阶，即特色化的柔性产品和服务。

2. 柔性生产

柔性生产就是能按市场和顾客的需要进行及时生产。需求是不断变化的，企业的生产必须要适应这种变化。柔性生产是柔性管理的第二个台阶，它使企业越来越具有生产或服务灵活性。

3. 柔性组织

如果仅仅是产品特色化和生产柔性化，这种企业还不是柔性管理企业。只能说它们采用了柔性管理的一些方法。只有企业的管理哲学、组织结构和市场网络都发生了变化，成为柔性组织和形成快速反应文化，才是真正的柔性管理企业。柔性组织是柔性管理的第三个台阶。

4. 人性为本

人性为本是企业柔性管理的第四个台阶，人性为本是尊重人性，是创造条件释放人的创造潜能。如弹性工作、弹性工时、远程工作等尊重人性的工作方式逐渐流行，合作关系、伙伴关系、平等关系等尊重人性的管理哲学越来越受到重视。人性化管理使企业员工的创造性得到解放，积极性得到最大发挥。

二、柔性管理的特征

柔性管理以“人性化”为标志，强调跳跃和变化、速度和反应、灵敏与弹性的有机统一。它注重平等和尊重、创造和自觉、主动和企业精神、远见和价值控制。它依据信息共享、虚拟整合、竞争性合作、差异性互补、虚拟实践社团等，实现知识由潜到显的转化，创造竞争优势。企业柔性管理的特征主要体现在以下几个方面。

（一）从生产经营的角度看，柔性管理具体有以下特点：

柔性化的管理是组织在已有先进技术和规范管理的基础上，经过系统思考，改变思维模式，提高学习能力，力求实现自我超越，主动地适应外部环境的变化，来实现经营管理状态的变化。

1. 从大批量粗放式经营转变为小批量多品种经营。

2. 采用柔性生产技术。一般泛指采用柔性制造系统（FMS）或计算机集成制造系统（CIMS）进行制造的模式。

3. 打破传统的部门界限，根据从市场需求到新产品开发、生产、销售的整个价值链，来建立灵活的团队工作模式。

4. 组织结构扁平化，网络化。重视应用信息技术，鼓励信息共享。

（二）从人力资源管理的角度看，柔性管理有以下特点：

1. 重视组织成员的个人价值。

2. 重视组织与成员之间的诚信与合作的关系。

3. 重视员工的成长，为员工提供广泛的个人成长的机会。

4. 实行灵活多样的奖励方式，奖励内容对获奖者要有价值。

5. 提倡分享权力，鼓励员工参与决策。

（三）从市场营销管理的角度看，柔性管理会导致以下创新：

1. 绿色营销

绿色营销观念的树立，绿色产品市场的拓展，要求企业生产经营的产品从生产过程到消费过程、从外包装到使用或废旧物的回收，都要有利于人类的健康和持续发展，有利于对环境的保护和改善，能够在创造企业内部经济效益的同时，带来外部社会的经济效益。

2. 虚拟营销

与市场营销资源融合在一起，在信息科技技术发展的促进与影响下，培育新的市场营销模式——营销虚拟化；消费者身份虚拟，消费行为网络化；广告、调查、分销和购物结算等，都通过互联网而转变为数字化行为。

3. 服务营销

服务营销就是强调不断改进和提高服务水平和服务质量，不断推出新的服务项目和服务措施，力图让消费者得到最大的满足或满意。

4. 知识营销

知识经济时代营销管理人员存在的价值，已不再是单纯地推销产品和服务，更重要的是充当信息咨询顾问。他必须能够让产品与知识融合一体，在出售产品给消费者的同时，成为知识产品的创造者。

（四）从战略管理的角度看，组织管理的柔性化有以下特点：

1. 重视组织环境的复杂性分析。

2. 重视面对不确定性的战略调整。

3. 在高风险的市场竞争中，既要敢于冒险抓住机会，又要善于保存实力。

4. 战略柔性不仅仅是为了适应现在的环境，更重要的是为了创造未来。

5. 为保证战略柔性，要实施组织变革。

三、柔性管理的实施

（一）实施柔性管理的基础

由于我国各行业、各地区的经济发展不平衡，各类组织之间的差异较大，因此柔性管理并不能通用。一般来说，实施柔性管理应具备的基础是：

1. 组织所处的环境复杂多变，无法做出比较准确的预测和计划安排。

2. 组织从事的活动具有较强的竞争性，竞争的未知因素较多。

3. 组织成员具有较高的文化水平和一定的专业知识，职业道德意识自律较强。

（二）实施柔性管理的方式

1. 带领成员努力实现组织的愿景是管理的本质。柔性管理主张管理者应能展示其振奋人心的愿景，带领组织成员进入崭新的境地，并能将此愿景转化为现实。实现这种理想的方法包括愿景沟通、逐渐细化愿景、奖励、不断培训和调整组织等。

2. 以促进学习、激发灵感和洞察未来作为管理的最基本职能。柔性管理是以关于人性的复杂人假设为基础，重视人的发展潜力和肩负责任的能力。

3. 以满足顾客的需求和偏好为经营导向。柔性管理的经营，就是将顾客的需求与偏好放在首位，而将利润置于满足顾客对商品需求和偏好之中，只要能将顾客的需求与偏好转化为商品或服务，利润就是这种转化的自然结果。

4. 以虚拟实践社团作为创新的源泉。组建各式各样的虚拟实践社团，努力为组织的发展提供创新性的建议与方案，增强组织的适时学习能力，使组织成为一个真正的学习型组织。

5. 以网络型组织取代层级组织，以网络型的扁平化组织结构，代替金字塔型的组织结构，可以提高信息传递的效率和工作效率，加强部门间的沟通，灵活地适应市场的变化。

（三）实施柔性管理的主要内容

1. 建设柔性组织

由集权向分权过渡，组织表现出很强的柔性，组织结构的网络化、管理层级的扁平化、组织实体的虚拟化。在高度竞争的环境中，学习型组织成长更快。组织的柔性强调，没有普遍有效的“标准”组织形式，不断适应环境变化的需要是柔性的最大特点。

2. 实施团队柔性管理

在扁平化、网络化的组织结构中，相对自主的团队模式具有很大的优势，要敢于放权，在团队合作的基础上，发挥每一个人的最大潜能。

3. 制定柔性战略

面对风云变幻的组织环境，战略管理必须具备柔性。不仅战略规划要具备柔性，战略实施也必须以柔性来适应动态环境。在确定战略目标的前提下，保持对市场变化的警觉性，增强战略的适应性，实行弹性预算，推行滚动计划。

4. 建设柔性文化

企业文化的建设是多方面的，有深层次的价值观，也有表层的企业形象；有正式组织的统一文化，也有组织内各种群体中的群体文化。建设柔性文化，就是要在组织内形成人人参与改革、鼓励创新的氛围，大力倡导学习的风气，使全体人员在服务社会的理念上、负起道德责任的新价值观上达成共识。抓好企业文化的队伍建设，实施民主管理风格，重视人力资源开发与培养。

5. 发挥柔性领导的影响力

重视培养柔性情感，搞好情感投资，树立管理风范，具备极强的感召力、亲和力、凝聚力。管理者要做到善解人意，要具备刚柔相济的自信力量，要做到以德服人，无为而治。管理者要有柔性服务意识，大力推行管理者为成员服务，成员为组织服务，组织为社会服务、为客户服务，以诚信待人，建立起组织内部、社会、客户的“情感链”。

6. 注重柔性人际管理

人际管理要求把握柔性沟通艺术，对任何组织来说，沟通都是领导的重要职能。良好的沟通必须放弃依赖权威的单向信息传播，要考虑到双方的立场和心理需要，充分利用各种有效的沟通手段。柔性管理主张下级不应当只是被动地执行上级的指令，上下级间应当是互相帮助的关系，下级要积极地影响上级，但不能把这种关系庸俗化，要把握好与上级关系的“度”。同样，上级在处理与下级的关系时，也要采用柔性的技巧来影响下属，更重要的是要帮助下属成长。

7. 实行柔性激励

人的活动都要受到其内在心理需求的驱动，不同的人有不同的需求，同一个人在不同的条件下有不同的需求，因此，要实行有效激励，首先要学会判断人的需求。管理者要根据组织成员的需求，设计适宜的激励系统，在满足成员物质利益的基础上，对成员的贡献实行多样化的激励，如给予期权、树为榜样、庆功表彰、授权负责、进修学习等等。激励的方式是多种多样的，要科学运用心理学的原理和方法，激发员工的工作热情，及时调整员工的心态。

第四节 危机管理

一、危机管理的含义

危机管理是指个人或组织为防范危机、预测危机、规避危机、化解危机、渡过危机、摆脱危机、减轻危机损害，或有意识利用危机等等，所采取的管理行为的总称。危机管理是一个时间序列的管理，即包括危机爆发前的管理，也包括危机爆发后的管理。危机管理的目的在于减少乃至消除危机可能带来的危害。

早期的危机管理主要局限于军事和外交领域。20世纪80年代以来，随着企业竞争环境不确定性的增加，西方管理学界将危机管理理论，扩展到研究经济及企业管理问题，探讨企业在遭遇危机以后，如何实施紧急对策，危机管理才开始在企业中日益受到重视。美国管理学家斯蒂文·芬克（steven-Fink）于1986年出版了《危机管理》一书，对危机管理进行了比较系统的研究，建立了较为系统的危机管理分析框架。该书于1987年在台湾地区被译成中文。危机管理的概念和理论在90年代才引入中国内地，但当时不太受重视。2003年SARS危机爆发后，才引起官、产、学、研各界对危机管理的广泛关注。

危机是一种对组织基本目标的实现构成威胁、要求组织必须在极短的时间内，作出关键性决策和进行紧急回应的突发事件。危机的含义强调：第一，危机是对组织构成重大威胁的事件，妨碍组织基本目标的实现；第二，危机是一种突发性的事件，往往出乎组织的预料突如其来；第三，危机给予组织决策和回应的时间很短，对组织的管理能力提出了很强的时间性要求。危机主要有如下特征：

1. 具有突发性。何时何地发生何种危机难以预期，具有偶发性、不确定性。

2. 具有必然性。正如斯蒂文·芬克所说的“像死亡和纳税一样不可避免”。

3. 具有破坏性。境况迅速恶化且极具威胁，造成损失甚至毁灭，这是危机所共有的负面效应。

4. 紧迫性。时间紧迫，需要快速反应、迅速决策和立刻行动。

5. 恐慌性。危机感迅速升高为恐慌，对前景预期不确定或看坏，这是危机所共有的群体心理特征。

6. 混乱性。以往的平衡和秩序被打乱，控制局面和恢复秩序成当务之急。

7. 信息不充分。危机的非预期性及危机对信息渠道的破坏等，均会造成信息不畅和不充分。

8. 资源匮乏性。抢险、救灾、救死扶伤、恢复、重建等均需大量人、财、物。

危机管理与风险管理、问题管理、零缺陷管理、末日管理等有所不同。

危机管理与风险管理。危机是一种现实威胁和危险，风险是一种预期的威胁和危险；危机是一种根本性的威胁和危险，风险是不确定的威胁和危险；危机管理是一种非常态管理，风险管理则一般纳入常态管理。

危机管理与问题管理。危机是量变引起的质变，问题是量变过程的表现；危机是问题日积月累的结果，问题可能是危机爆发前的信号；危机管理是后果管理，问题管理是过程管理。

危机管理与零缺陷管理。零缺陷并不是说绝对没有缺陷，或缺陷绝对要等于零，而是指要“以缺陷等于零为最终目标，每个人都要在自己的工作职责范围内努力做到无缺陷”。既然危机是问题日积月累的结果，那么就应加强过程管理，把所有的问题消灭在萌芽状态，实行零缺陷管理。零缺陷管理的本质是危机预防。

危机管理与末日管理。末日管理是抱持“如履薄冰”、“如临深渊”、“末日将至”的深刻危机感和高度责任感来行使管理职责，诚惶诚恐、兢兢业业、精益求精地做好每一件事情，错一步就贻误良机。

二、危机管理的原则

(一) 预防第一原则

危机管理并不是像某些人想像的那样，仅仅是处理和解决业已发生的危机。如果危机管理仅局限于此，则决不能达到危机管理的最佳状态。危机管理应从事前做起，从机制上避免危机的发生，在危机的诱因还没有演变成危机之前就将其平息。

（二）公众利益至上原则

在危机处理过程中，应将公众利益置于首位，以企业长远发展为危机管理的出发点。要想取得长远利益，公司在处理危机时就应更多地关注各利益相关者的利益，而不是只顾及公司的短期利益。危机处理人员若能以公众利益代言人的身份出现，对于处理和解决整个危机，打下了良好的基础。

（三）全局利益优先原则

企业在处理危机的过程中，局部利益要服从企业的全局利益。有时危机可能由局部产生，但其影响则是全局性的，因此必须从全局的角度考虑问题，关键时刻要敢于拿出“壮士断腕”的气概来。

（四）主动面对原则

当危机发生时，企业应承担第一消息来源的职责，主动配合媒体的采访和公众的提问，掌握对外发布信息的主动权。如果企业作为第二或第三消息来源，很容易造成媒体传播失真误导或公众产生误解，陷入被动。危机发生后，不论危机的责任在何方，企业都应主动承担一定的责任。即使受害者对于危机的爆发负有一定的责任，企业也不应急于追究，否则容易加深矛盾，不利于问题的解决。在情况尚未查明、公众反映强烈之时，企业可以采取高姿态，宣布如果责任在于自己，一定负责赔偿，以尽快消除危机的影响。

（五）快速反应原则

危机的突发性特点，要求危机处理必须迅速有效。危机一旦发生，随着媒体的介入，会立即引起社会公众的关注。企业必须以最快的速度设立危机处理机构，调集训练有素的专业人员，配备必要的危机处理设备或工具，以便迅速调查、分析危机产生的原因及其影响程度，全面实施危机管理计划。由于公众对危机信息的了解愿望十分迫切，他们密切关注事态的发展。企业发布信息必须及时，以便有效地避免各种谣言的出现，防止危机的扩大化，加快重塑企业形象的进程。

（六）统一对外原则

在危机处理过程中，企业必须指定专人负责，进行对外联系与沟通，一个声音对外，以确保宣传口径一致，不出现矛盾或差异。在危机处理过程中，最好不要中途换人，因为更换人员需要花费时间重新了解事件真相，在沟通方法与口径上也可能与原来不一致，从而引发公众的不信任，对企业处理危机的诚意产生怀疑。

（七）真诚坦率原则

当危机发生之后，媒体和社会公众关注和最不能容忍的事情并非危机本身，而是企业千方百计隐瞒事实真相或故意说谎。企业应尽快公布事实真相，向公众提供真实的信息，通过大众媒介广泛宣传，误解自然就会消失，有利于控制危机局面。危机发生给公众造成损失是十分不幸的事情，企业的危机处理人员在同公众接触的过程中，要有诚意，应站在受害者的立场上进行换位思考，表示同情和安慰，并愿意承担责任，不要一味地为企业辩解，防止公众产生不信任感。

三、危机管理过程

危机管理是一个全过程的时间序列过程，包括事前管理、事中管理与事后管理。危机管理可分为危机预防与危机处理两个过程。危机预防包括危机爆发前企业所有的努力，包括危机意识的培养、危机管理计划的制订与培训、危机预警系统的建立、危机的避免与消除等。危机处理包括危机的事中管理与事后管理。事中管理包括建立危机处理机构、表明危机处理的诚恳态度、开展危机调查与评估、制定危机处理方案、实施危机处理方案等；事后管理包括对危机处理结果进行评估与总结，做好危机处理的善后工作等。

（一）危机预防

危机管理的重点应放在危机发生前的预防上。其目的在于“居安思危”、“未雨绸缪”、“防患于未然”，做好危机的预防、预测和预应。为此，建立一套规范、全面的危机管理预警系统是必要的。

1. 危机意识的培养

把一只青蛙放到沸水里，它立刻会跳起来跑掉；但如果把它放在温水里慢慢地加温，它可能感到非常舒服，直到被煮熟。这说明了生于忧患、死于安乐的道理。企业要避免“温水煮蛙”现象的发生。首先要求其高层管理者具备危机意识，这样，才能使企业从战略上不致迷失方向，避免在不经意之间滑入危机的泥潭中。企业的全体员工都要树立起强烈的危机意识，使每位员工都具有居安思危的思想，提高员工对危机发生的警惕性，使危机管理能够落实到每位员工的实际行动中，做到防微杜渐、临危不乱。企业管理者要有意识地用危机意识来激发员工的奋斗精神，不断努力和创新，不断追求更高的目标。企业应加强对员工危机意识、危机防范、危机处理等教育，帮助员工树立危机意识，掌握危机管理技能，使员工具备较强的心理承受能力和应变能力。

2. 危机管理计划的制订与培训

企业应根据自己所处的行业特点，及可能发生的危机类型，制定一整套危机管理计划，明确怎样防止危机爆发，一旦危机爆发应如何做出针对性的反应。危机管理计划的制订，可以帮助企业在危机时刻有条不紊地处理危机。危机管理计划通常包括危机事件的界定、危机管理的目标、危机管理的原则、危机管理小组的建立、危机调查的内容、危机发展过程的记录、危机处理对策的提出，以及危机沟通策略的制订等。为了提高企业全体员工的危机管理技能，有必要将危机管理计划发给每一位员工，并由危机管理小组的成员担任教师，对员工开展有针对性、有侧重点的危机管理培训。企业也可以根据自己的情况，模拟可能发生的危机，进行各种训练演习。

3. 危机预警系统的建立

提前发现危机发生的征兆，是有效进行危机预防的前提。危机预警系统的建立，有助于危机管理小组及时地收集与评判有关企业危机的各种信息，提前发出危机预报。所谓危机预警就是企业采用定量与定性相结合的方法，对危机的诱因及危机的征兆，进行事先的监测与评判，并由此发出危机警示的管理活动。危机预警是危机预控的基础。危机预警系统一般主要由危机监测、危机评判、危机预报等三个子系统构成。

4. 危机预控

危机预控主要在于提前对可能引起危机的各种诱因采取措施，或对难以避免的危机做好准备，全部或部分地清除危机爆发的诱因，尽最大可能避免危机的爆发，或减少危机爆发后的危害程度。对于不同种类的潜在危机，危机预控可以从排除策略、缓解策略、转移策略和防备策略中选择一种最适用的策略。

(二) 危机处理

危机处理主要在于控制危机事态，遏止危机蔓延，缩短危机过程，尽早结束危机，将危机损失减到最低限度，做好恢复、总结及改进等危机善后处理工作，使危机当事者尽快恢复正常运作，并获得必要的改进和提高。

1. 建立危机处理机构

危机发生后，应立即根据危机的类型，按照预先制订的危机管理计划，迅速组成由企业高层管理者、相关的职能部门，以及企业外部专家组成的危机处理小组，并明确规定危机处理小组成员之间的职责分工、相应权限和沟通渠道。危机处理小组组建后，要明确负责人，即首席危机处理官员以及危机处理期间的发言人。

2. 表明危机处理的诚恳态度

危机处理小组要迅速对相关公众表明企业危机处理的积极态度。企业应本着诚恳、负责的精神，表现出对危机受害者的同情、关注，表明企业会立即着手调查，并在调查结果出来之后给予公众满意的答复，尽可能减少公众的反感和不满。

3. 开展危机调查与评估

危机处理小组应立即组织危机调查，以形成对危机的正确认识。调查的重点包括了解危机发生的详细经过、了解危机的受害者及受害情况、查明导致危机爆发的原因等。在调查的基础上，对危机所造成的实际损失程度、危机蔓延的可能性、危机对企业的长远影响、相关公众对危机的可能反应等进行评估。

4. 制定危机处理方案

对于已经制订危机管理计划的危机类型，危机处理小组应尽快启动危机管理计划。对于尚未制订危机管理计划的危机类型，危机处理小组应根据危机调查与评估的结果，尽快制订危机处理方案。主要内容包括：确定危机处理的目标和原则；选择危机处理的策略；制订对受害者的赔偿措施；明确危机沟通的对象、方式、策略；明确危机的恢复策略；确保危机处理所必须的人、财、物支持等。

5. 实施危机处理方案

根据危机处理方案的具体要求和时间安排，危机处理小组成员分头实施危机处理方案。

6. 对危机处理结果进行评估与总结

在危机事态基本得到控制后，企业应对危机处理的结果进行评估。通过评估，发现企业在危机处理中存在的不足，总结危机处理中的经验。在对危机处理结果进行全面评估的基础上，危机管理小组应撰写书面的危机处理总结，向上级或董事会报告。在必要的情况下，通过媒体向外部公众公布危机处理结果。

7. 做好危机处理的善后工作

为了使企业尽快从危机的阴影中摆脱出来，实现企业的可持续发展，需要做好危机处理的善后工作，即尽快消除危机的消极影响；进一步提高危机管理技能；改进管理制度，减少管理漏洞等。

案例分析

案例 8.1 微软公司的知识管理

1975 年自从微软公司成立以来，它的竞争优势就是拥有一批高水平、高素质的员工。微软需要高层次人才的原因，是由于它所处的 IT 领域的激烈竞争快速变化的形势。

但是对人力资源能力的这种高度关注，不仅仅限制在以产品为导向的人员中，企业内部信息技术部更重视鉴别和维持员工的知识能力。内部信息技术部部长 Gibbon 聘用 Conway 为项目经理，承担研究提高知识能力的课题。Conway 的目标是为微软的职位和员工创造一个高水平网上控制能力的形象。该项目被称为 Skills Planning "und" Development（简称 SPUD）。内部信息技术部的"学习与交流源小组"正是利用 SPUD 的主动性去转化、发展知识能力，而不仅仅是测试它。

SPUD 项目包含五个主要因素：

1. 完善能力类型与层次的结构；
2. 对特殊工作所需能力进行定义；
3. 对从事以能力为基础的特殊工作的员工进行绩效评级；
4. 实现网上系统的知识能力；
5. 执行能力模型。

完善能力结构——在 SPUD 项目的四种类型模式中，它作为最基本的知识，是必须掌握的。除了掌握基础能力之外，还有局部或独特能力。例如，一个网络分析员可能需要具备准确地诊断出局域网出现的各种错误的能力。

能力的下一层是全局知识。例如，管理部门的每位工作人员都必须精通财务分析；每位从事 IT 的员工都要胜任技术设计和系统分析。能力结构的最高层是普遍能力，普遍能力是对公司内所有员工而言的。这种知识是关于公司所从事的全部业务、所售产品、产业领头人等的知识。

依据工作能力对员工定级——根据员工的实际工作能力来评价员工。员工评级过程的全部目的，就是产生一份整个微软都可使用的员工能力的评价目录。寻求以后建立新项目小组的管理者，不再需要亲自考察和了解所有可能适合这份工作的员工。

与教育资源的连接——将提高能力形象与教育资源相连，是实现该项目的关键目标的。所以在微软的内部和外部已经推荐和开设了一些有关的特殊课程连接。最后，学习与交流小组希望不仅能够推荐特殊课程，甚至还能推荐课程中的有助于达到目标能力层次的某些特殊资料。最后，来自内部讨论会和外部的由Puget Sound区提供的课程，将会按照他们所对应的能力和技能层次进行定级。

执行能力模型——执行能力模型的工作，从地区与功能两方面进行，首先开始于业务部门，然后是应用部门和在欧洲的所有工作岗位。微软能力模型的某些方面的作用，要过很长的时间才能被确定。例如Conway希望执行能力的模型在这个快速发展变化的产业中，能成为一项改革的制度以不断提高员工个人的知识能力。

Conway也意识到项目的成功的关键还在于使用该项目的个人。“如果他们感到能从中得到了一些提高，那么这个项目才会发展下去。”他们引进能力模型，通过重视提高个人的知识能力，从而达到推进整个微软的知识持续发展和不断提高的目标。

问题：

1. 微软公司的知识管理对你有何启示？

2. 微软的SPUD项目计划的实施，在哪几个方面促进了公司的知识管理？

案例8.2 联想集团学习型组织的创建

联想集团创建于1984年，现已发展成为拥有19家国内分公司、21家海外分支机构、近千个销售网点、职工6000余人、净资产16亿元，以联想电脑、电脑主板、系统集成、代理销售、工业投资和科技园区六大支柱产业为主的技工贸一体、多元化发展的大型信息产业集团。联想成功的原因是多方面的，但主要的一点是联想具有极富特色的组织学习实践，使得联想能顺应环境的变化，及时调整组织结构、管理方式，从而健康地成长壮大，正如柳传志所说："我们认为自己已是学习型企业"。

1. 联想的组织学习方式

一是向合作伙伴学习。联想把向合作伙伴学习，作为实现自己战略目标的重要一环。联想与多家国际大公司建立或保持着非常良好的合作关系。联想从与惠普的合作中，学到了市场运作、渠道建设与管理方法，学到了企业管理经验，这对于联想成功地跨越成长中的管理障碍大有裨益。联想积极开展与国际、国内技术合作，与计算机界众多知名公司，如英特尔、微软、惠普、东芝等，保持着良好的合作关系，并从中获益匪浅。因此，联想是一个非常善于从合作中学习的公司。

二是向他人学习。除了能从合作伙伴那里学到东西之外，联想还是一个非常有心的学习者，善于从竞争对手、本行业或其他行业的优秀企业，以及顾客等各种途径进行学习。联想人学会了"跳出画面看画"，学会了"照镜子"，懂得了"前车之辙，后车之鉴"的道理。联想人不仅经常反思，总结自己的成败得失，而且特别关注别人的成功与失败。对于别人的失败，联想不是幸灾乐祸，而是对照自己，力求达到"别人摔跟头，我们长见识"的目的。联想本着海纳百川的宽广胸怀和谦虚好学的态度，积极向同行业的优秀企业学习，边打边学，积累了大量经验。同时，联想也将眼光投向不同行业的企业，向海尔学习，联想提出了"五心服务"的口号。1997年10月联想首家推出厂方付费的电话咨询服务热线，每天接受上万次用户热线咨询，公司还专门设立技术支持服务电话。联想热线既接进来，又主动打出去——回访电话。联想的天琴电脑，这一包含了14项专利技术的高科技新产品，就是在回访用户中厚积薄发研制成功的典范。

三是从自己过去的经验中学习。柳传志有句名言："要想着打，不能蒙着打。"意思是要善于总结、善于思考、不能光干不总结。联想是一个非常善于从自己过去的经验中不断总结，学习提高的公司。联想人善于总结，不仅总结“联想是什么”，而且总结“联想为什么”。

2. 联想的组织学习机制

在不断向别人、向自己的经验学习的同时，联想在组织内部也形成了几种行之有效的组织学习机制，包括会议制度、培训制度、议事制度、委员会与工作小组制度等。

一是会议制度。联想从来就是以爱开会而出名，名堂很多，有统一思想、振奋精神的誓师会；有回顾过去、展望未来的总结会；有征求意见、探讨工作的研讨会；有协作配合、调整关系的协调会等等。联想认为，会议是一种学习；开会的过程，也是一种学习的过程。会议有利于集思广益、科学决策、班子磨合、团队学习。

二是培训制度。联想注重全员、全方位、全过程的教育培训，并已建成完善的教育培训体系，从新员工“入模子”培训，接受联想企业文化的熏陶，到高级干部研讨班及管理干部培训班，从专业技能培训到理论务虚研讨，每年都坚持不懈地搞，并且不断将其健全、完善，务求实效。

三是领导班子议事制度。领导班子议事制度包括：每周一次的总经理晨会；每月一次的总经理例会；每季一次的总经理沙龙。同时，联想领导班子有一整套约定俗成的议事规则，如：“把问题放到桌面上谈”，“算大账不算小账”，“自己看不透的事就听别人的；自己想透了别人没想明白的事，就设法让别人明白；如果发生争执，可以依别人的，但要算后账；双方都想明白的事，就在单位会上谈开、谈透，再行动”等等。

四是委员会与工作小组制度。为加强横向综合管理的力度，联想陆续成立了投资委员会与技术委员会，汇聚各方面的领导和专家学者，规划、领导和协调集团重大投资活动与研究开发工作。同时，还针对某项具体工作，成立专门委员会与工作小组，确保重点工作快速推进、协调一致。

3. 联想的组织学习促进与保障机制。

一是“鸵鸟理论”。联想之所以能虚心学习，关键在于联想集团总裁柳传志有一个很有趣的“鸵鸟理论”：当两只鸡一样大的时候，人家肯定觉得你比他小；当你是只火鸡，人家是只小鸡时，你觉得自己大得不得了，而人家才会认为咱俩一样大；只有你是只鸵鸟时，小鸡才会承认你比他大。提出“鸵鸟理论”，是为了提醒自己要有自知之明，千万不要把自己的力量估计得过高。你想取得竞争优势，就得比别人有非常明显的优势才行。因此，联想人不能自高自大，只有不断找自己的差距，发现别人的长处，才能不断虚心学习，才能不断提升自己。

二是建立共同愿景。自创办之初，联想就拖定了“要把联想办成一个长久的、有规模的高技术企业”的信念，并逐渐为自己制定了更清晰的目标：到2010年力争进入世界500强。这个目标已深深植根于每个联想员工的内心深处，它就像一盏明亮的灯，指引着全体联想员工奋勇前进。建立共同愿景目标是联想成功进行组织学习的第一步。

三是企业文化认同。柳传志反复强调，人力资源管理的一个重要工作，就是建立一支稳定的、高素质的、对企业目标和企业文化有强烈认同感和归属感的员工队伍。企业文化认同对于维护整体、保持战斗力具有重要作用。因此，公司采取了多种行之有效的措施，来保证员工对企业文化的认同，增强企业的凝聚力。只有形成组织共有的心智模式，才能有效地进行组织学习。

四是领导人物四项准则。联想集团认为，成熟的领导人物有四项标准：一要有强烈的事业心，能以大局为重，不争尺短寸长；二要处事立意高，能经得住表扬；三要有自知之明，能接受别人批评，开展自我批评；四要能善于总结，勤于思考，努力找出规律。

五是及时调整组织结构。企业昨天的成功，不能保证今天和明天的成功，因为昨天的经验可能已经不适应今天的形势。因此，企业必须根据内外环境的变化，及时调整组织结构，绝不能因循守旧、固步自封。在短短十几年时间里，联想的组织结构变了好几茬：从大船结构到舰队模式；从众多的事业部，到整合为六大子公司；从北京联想、香港联想分而治之，到统一平台……。通过组织结构调整，促进了组织学习。

六是人员流动机制。伴随组织结构调整而来的是公司人员的流动。在联想集团内，人员流动一般有以下三种情况：一是为培养后备干部而进行的工作轮换；二是人岗不相称的“能者上庸者下”的职位流动；三是由于现工作环境不适合，或组织业务发展需要而进行的调整。伴随着人员流动，知识可以在组织内流动，提高了组织学习的效果。

七是推行知识管理。公司内部成立了信息管理部，设立热线电话，设立公开信箱，建立 Internet 主页，增加电脑设备及网络建设。公司出版六种内部的信息刊物：《联想报》、《参考资料》、《LAS 动态》、《新闻集锦》、《政策与动态》、《沟通与交流》等。公司建立了一整套“知识收集、传播与利用”系统。

问题：

1. 联想集团创建学习型组织对你有何启示？
2. 联想的学习型组织有何特点？
3. 联想创建学习型组织的基本理念有哪些？

案例 8.3 自我改善的柔性管理

大连三洋制冷有限公司，是由日本三洋电机株式会社、中国大连冷冻机股份有限公司和日本日商岩井株式会社三家合资兴办的企业。公司的经营领导者在实践柔性管理中深深地领悟到，公司不能把员工当成“经济人”，而应把他们看作是“社会人”和“自我实现的人”。为此，大连三洋制冷有限公司形成了自己特有的经营理念和企业价值观，并逐步形成了职工自我改善的柔性管理。

员工是改善活动的主体，公司从员工入厂开始，即坚持进行以“爱我公司”为核心的情感教育，以“创造无止境改善”为基础的自我完善教育，以“现场就是市场”为意识的危机教育。他们在吸纳和研究员工危机意识与改善欲求的基础上，总结出了自我改善的 10 条观念：(1) 抛弃僵化固定的观念。(2) 过多地强调理由，是不求进取的表现。(3) 立即改正错误，是提高自身素质的必由之路。(4) 真正的原因，在“为什么”的反复追问中产生。(5) 从不可能中寻找解决问题的方法。(6) 只要你开动脑筋，就能打开创意的大门。(7) 改善的成功，来源于集体的智慧和努力。(8) 更要重视不花大钱的改善。(9) 完美的追求，从点的改善开始。(10) 改善是无止境的。这10条基本观念，如今在公司已成为职工立足岗位进行自我改善的指导思想和自觉的行为。

大连三洋制冷有限公司的职工自我改善，是在严格管理的基础上日渐形成的。从公司创建起，他们就制定了严格规范的管理制度，要求员工要适应制度，遵守制度，而当员工把严格遵守制度当成他们自我安全和成长需要的自觉行动时，进一步使制度更能有利于发挥员工的潜能，使制度对促进员工的发展具有相对的灵活性。

例如，他们现在的“员工五准则”中，第一条“严守时间”规定的后面附有这样的解释，“当您由于身体不适、交通堵塞、家庭有困难，不能按时到公司时，请拨打7317375通知公司。”在这里没有单纯“不准迟到”、“不准早退”的硬性规定，充分体现了公司规章制度“人性化”的一面。公司创立日举行社庆，公司将所有员工的家属都请来予以慰问。逢年过节，公司常驻外地的营销人员，总会收到总经理亲自执笔的慰问信。在他们那里，“努力工作型”的员工受到尊重。职工合理化提案被采纳的有奖，未被采纳的也会受到鼓励。企业与员工共存，为员工提供安全舒适的工作环境，不断提升着员工的生活质量，员工以极大的热情关心公司的发展，通过立足岗位的自我改善的柔性管理成了公司发展的强大动力。

问题：

1. 如何理解柔性管理的四个阶梯？
2. 试分析三洋柔性管理模式的内涵？
3. 在三洋的柔性管理中体现了怎样的管理思想转变？

案例8.4　亚信：启动应急方案，从容应对非典

1993年，凭借50万美元风险投资起步的亚信，如今已被业界誉为“中国Internet建筑师”。在亚信的业绩上，记录着中国六大电信运营商全部互联网的骨干网络工程和数百项大规模网络

建设工程的名字。2000年，亚信在Nasdaq成功上市，成为首个在美国上市的中国互联网技术公司。经过多次成功的融资、并购，标志着亚信作为一家高科技公司得到了国际资本市场的认可。

2003年春天，面对突如其来的SARS危机，亚信“业务持续应急方案”的及时启动和有效执行同样值得称道。

亚信早有准备

早在4月4日，当大多数北京市民对SARS还不以为然的时候，亚信CEO张醒生主持召开了公司高层会议，会上提出：SARS有可能影响公司的业务运营，需要引起高度重视。

会后，亚信便开始组织起草“业务持续应急方案”。4月16日，张醒生召集公司高层人员的紧急会议，商讨并通过了“业务持续应急方案”。在此期间，亚信建立了SARS领导小组，由张醒生担任组长，行政人事部门牵头，各业务部门的关键领导人员都担任领导小组的成员。

在4月20日前，亚信对SARS疫情发展的监视及分析已经完成，一旦疫情加重就可以立即执行应急计划。4月22日，北京公布准确的SARS患病人数，在得知北京疫情愈来愈严重之后，亚信高层最终决定，于4月23日正式实施了应急方案，同时，北京地区的员工开始实施“在家远程办公”的工作方式。

在家远程办公

在实施“在家远程办公”之前，亚信已紧急对公司内部管理所依托的虚拟专网（VPN）的宽带网进行了升级，员工邮箱也扩大了一倍。方案还对公司高层管理人员作出了相应的管理办法，规定高层管理人员不能同时出差，手机必须24小时开机。方案还明确了一旦某个人不能再履行管理职责，其工作由谁来接替，例如，当出现情况时，CEO张醒生的工作由CFO韩颖接替。

方案规定，在紧急情况下，亚信对软件开发的应急办法是异地备份。公司通过进行容灾数据备份，防止发生灾难对数据造成不可挽回的损失。在SARS期间，亚信在北京的软件已在成都等两个城市进行了备份，以防止一旦北京的研发机构出现员工感染、人员被迫隔离，而造成不必要的损失。亚信在广州、上海、杭州、成都等办事处研发的软件，也在其他地区进行了一个或一个以上的备份。

为了防止一旦员工出现感染病例后，对办公场所进行的强制隔离，方案还确定了将离公司最近的友谊宾馆作为第二办公地点。

公司要求“在家远程办公”的员工每天要发邮件，通报他们当天的情况。一旦员工本人或其亲属有发烧症状必须立刻上报，并在24小时内就医，医生诊断后排除问题才能上班。管理人员通过内部网的管理系统，能够随时了解到员工在内部网上的逗留时间，以及员工查看公司通知的确切情况，并对虽天的情况进行一次或一次以上的总结。

在SARS的非常时期，张醒生虽然也可以在家上班，指挥公司的运转。但作为公司的CEO，他表现出企业领导者应有的临危不乱、身先士卒的精神，每天都坚持到公司上班，以便让亚信的员工和客户都知道：公司的管理层依然在办公室里上班，亚信一切运转如常。

由于亚信自身强大的网络支撑管理能力，近90%的亚信员工已配备笔记本电脑，公司虚拟专网安全、完备并提前进行了扩容，再加上亚信近60%的员工都从事与软件开发相关联的工作，非典期间执行“远程在家上班”制度，没有对公司的正常运作造成任何大的影响。

与客户同舟共济

在SARS期间，手机短信业务量骤增。仅卫生部授权发布的每日疫情通告，就使中国移动一天增加600万条短信。由于电信运营商具有不间断服务的特性，因此，如何在SARS期间确保稳定、可靠的服务至关重要。

4月28日，亚信向它每一个客户单位都发了由张醒生亲笔签名的“抗非典特殊时期”亚信公司对它们的业务和网络保障支持的承诺函。为了确保对客户的有效服务，亚信将服务人员分为A、B、C三个组，8小时一班轮值工作，能够远程完成工作的尽量通过网络完成。如若客户需要，服务人员将马上到现场解决问题。

作为中国移动短信网关软件的提供商，亚信承诺提供7×24小时的支持服务。由于“五一”期间中央电视台播出的SARS相关节目中有短信互动，使移动短信量激增。为以防万一，亚信专门放了一台备份服务器在北京移动的机房里。正在运营商处进行二次开发的亚信员工在“五一”节日期间仍旧留守岗位。

相比其他竞争对手的价格优势而言，此时，亚信在技术和管理上的优势就显现出来了。亚信的短信网关系统确保：当20%的设备出现故障时能正常工作；当50%的设备出现故障时业务不中断。在亚信承担建设的短信业务量较大的省市，公司专门指派固定工程师，每天通过网络对短信业务进行跟踪、观察，及时发现并排除故障隐患。

在SARS出现之前，本来有3个软件开发商在网通做开发，当SARS一出现时，其他开发商的人员都撤离了，只有亚信的人还留在那里。虽然亚信所有这一切服务、承诺和备份，都增加了其运营成本，但亚信周到诚信、与客户同舟共济的服务，将为公司今后带来更多的商机。

并非权宜之计

事实上，虽然亚信当时能够用于制订应急方案的时间只有短短十来天，但这一方案却很全面，并非是完全针对SARS的权宜之计。

张醒生将亚信的“业务持续应急方案”形容为“希腊式”。之所以这样命名，主要是源于其管理机制的整体框架与希腊建筑类似。处于上层三角型屋顶的是亚信的高层管理团队和危机管理机构，中间的支柱是应对不同类型危机的策略，这些支柱坐落在一个以强大的IT技术为后盾的管理平台上。

亚信将危机管理初步分为以下三类：其一是诸如战争、地震、疫病之类的灾难危机，主要由人事行政部门牵头进行管理；其二是诸如产品质量问题、流程出错等业务危机，主要由业务部门负责协调；其三是公共关系危机，由市场部门主导解决。

张醒生认为，应急方案的有效实施，必须以“一把手工程”为前提，CEO是处于屋顶尖上的人，一旦紧急情况发生，CEO

理应担任危机管理小组的组长。

问题：

1. 亚信启动应急方案，从容应对“非典”对你有何启示？

2. 危机管理的过程包括哪些？如何做好危机预防？

复习思考题

1. 什么是知识管理？它有哪些特征？

2. 知识管理的基本内容有哪些？

3. 一个企业实施知识管理应做好哪些工作？

4. 什么是学习型组织？它有哪些特征？

5. 学习型组织的学习有何特点？

6. 如何理解彼得·圣吉提出的学习型组织所需的五项修炼技能？

7. 什么是柔性管理？内容有哪些？

8. 你认为企业应如何实施柔性管理？

9. 什么是危机管理？有效的危机管理应遵循哪些原则？

10. 危机管理过程包括哪些内容？